Eisele | Klassiker des Produktdesign

Petra Eisele

Klassiker des Produktdesign

Reclam

RECLAMS UNIVERSAL-BIBLIOTHEK Nr. 19643
2014, 2019 Philipp Reclam jun. GmbH & Co. KG,
Siemensstraße 32, 71254 Ditzingen
Durchgesehene und aktualisierte Ausgabe 2019
Gestaltung: Anja Weßner, Sarah Schmitt, entstanden im Rahmen eines interdisziplinären Seminars Buchgestaltung/Designgeschichte an der Hochschule Mainz unter der Leitung von Prof. Dr. Petra Eisele und Prof. Johannes Bergerhausen
Umschlagabbildung: Courtesy Alessi
Druck und Bindung: Esser printSolutions GmbH,
Untere Sonnenstraße 5, 84030 Ergolding
Printed in Germany 2024

ISBN 978-3-15-019643-4
www.reclam.de

Inhalt

Vorwort

Ein »Klassiker« zu sein, ist kein objektives Merkmal eines Designobjekts. Vielmehr entstehen Designklassiker in komplexen Prozessen gesellschaftlicher Auseinandersetzung und Aneignung. Prädestiniert dafür, sich als Designklassiker zu etablieren, sind Produkte, die in ihrer eigenen Zeit und darüber hinaus als besonders gültige Gestaltungslösungen verstanden werden. Es sind Produkte, dic Maßstäbe gesetzt haben, indem sie über Generationen hinweg als besonders wichtig oder gar vorbildhaft anerkannt wurden; Objekte, die durch Zeigen und Abbilden, durch Reden und Schreiben immer wieder neu reflektiert und durch museale und mediale Inszenierungen zu einem System von Bedeutungen geworden sind; Objekte, die weit über ihren praktischen Nutzen hinausweisen: Ob im musealen Kontext wie ein Kunstobjekt präsentiert oder medial zum Mythos überhöht, wurden Produkte, die ursprünglich für einen zutiefst alltäglichen, praktischen Gebrauch entwickelt wurden, zu Objekten der Begierde und/oder der sozialen Distinktion.

Zunehmend der Bildkommunikation verpflichtet, konzentriert sich die aktuelle Rezeption dieser Objekte auf das Zeigen und Abbilden. In unendlichen Variationen immer wieder neu in Szene gesetzt und als »Loop« unendlich wiederholt, verankern Bilder bestimmte Objekte als »Klassiker« in unserem kulturellen Gedächtnis. Das Reden und Schreiben hingegen rückt als sinnbildende intellektuelle Tätigkeit sukzessive in den Hintergrund.

Vorwort

Mit dieser Publikation soll das eigentlich Außerordentliche der Designklassiker in Wort *und* Bild gefasst werden: Mit kurzen Texten und wenigen, aber besonders charakteristischen Bildern wird das designhistorisch Bedeutende vorgestellt – das, was die zutiefst banalen Alltagsdinge zu Klassikern des Produktdesigns macht. Die Chronologie der Objekte schreitet vom 19. Jahrhundert bis in die Gegenwart. Eingebunden in diese lineare Folge sind kurze Essays, die den designhistorischen Kontext in groben Zügen erläutern.

Wie bei allen Überblicksdarstellungen mussten auch bei den *Klassikern des Produktdesigns* Schwerpunkte gesetzt werden, die in einer deutschsprachigen Publikation notwendigerweise die speziell deutschen Gestaltungsdiskurse und Gestaltungstraditionen im Deutschen Werkbund, am Bauhaus sowie an der Ulmer Hochschule für Gestaltung, aber auch die Positionen des in Auseinandersetzung damit erwachsenden »Neuen deutschen Designs« in den Fokus rücken. Natürlich werden auch international stilbildende Produkte berücksichtigt, die für die bundesdeutsche Designentwicklung von Bedeutung waren und sind.

Angesichts der Beschränkung auf 150 Objekte war aus der großen Bandbreite eine Auswahl zu treffen, die sich auf die Frage nach der Innovationskraft eines Produkts in seiner Zeit konzentriert und die genannten Wechselwirkungen mit medialen und rezeptionsästhetischen Phänomenen berücksichtigt, letztlich aber auch aus den subjektiven Erfahrungen und Bewertungen der Autorin schöpft.

Die ausgewählten Gegenstände spiegeln zum einen die Tradition der dekorativen Künste, zu der Dinge des täglichen Gebrauchs wie Möbel oder Geschirr gehören, die früher manuell beziehungsweise handwerklich hergestellt wurden. Zum zweiten werden Gegenstände behandelt, die keine kunsthandwerklichen Vorbilder haben – klassisches Industriedesign: Automobile, elektrische oder elektronische Geräte bis hin zu mobilen digitalen Endgeräten. Vertreten sind jedoch auch konzeptionelle Entwürfe, die nie massenindustriell umgesetzt wurden, oder Kleinserien, die als gestalterische Statements ihrer Zeit gelten mögen. Dies trägt der Tatsache Rechnung, dass Produktdesign im Kern zwar auf Vervielfältigung zielt, aber auch experimentelle Momente beinhalten kann, die über ihre Zeit hinaus Wirksamkeit entfalten.

Bei den neuen und neuesten gestalterischen Positionen wurde eine fehlende historische Distanz zugunsten der Aktualität bewusst in Kauf genommen. Ihre Auswahl will als Anregung dafür verstanden werden, über ihre mögliche historische Gültigkeit und die Frage nachzudenken, welche Formen eigentlich *unserer* Zeit in besonderer Weise gerecht werden.

Dieses Nachschlagewerk möchte dem Leser in Kürze über epochemachende gestalterische Positionen des Produktdesigns informieren. Die Einzeldarstellungen der Objekte sowie die Zusammenfassung der designhistorischen Entwicklungen sollen einem allgemein interessierten Publikum Orientierung, aber auch die Möglichkeit bieten, sich dem Thema nach eigenem Interesse zu nähern. Entsprechend eröffnet das Buch ganz unterschiedliche Zugänge: Gebräuchliche Bezeichnungen, unter denen die Produkte bekannt geworden sind, erleichtern den schnellen inhaltlichen Einstieg. Die Chronologie der Produktionsjahre nutzt die dem Medium Buch ureigene Linearität zur Orientierung. Darüber hinaus erlauben die systematisch gesetzten Verweise zwischen den Objekt- und Epochendarstellungen sowie zwischen den Objekten selbst das Verfolgen inhaltlicher und historischer Bezüge; Personen- sowie Objektregister laden zum gezielten Nachschlagen ein.

Natürlich möchte das Buch auch als Anregung zum vertiefenden Weiterlesen verstanden werden, weshalb das Literaturverzeichnis wichtige Publikationen auflistet, die sich inhaltlich an der Gliederung des Buches orientieren. Diejenigen Publikationen, aus denen wesentliche Informationen der Essays entnommen wurden, finden sich jeweils direkt im Anschluss.

Die Recherchen zu dieser Publikation gestalteten sich vielschichtig und komplex. Zahlreiche inhaltliche Fragen waren zu klären, beispielsweise ob ein erster Entwurf, der Prototyp, die Erstpräsentation, das Datum des Patents oder die Produktion eines Produkts, das sich in den verschiedenen Ländern wiederum zum Teil gravierend unterscheiden kann, als historischer Referenzpunkt der Orientierung dienen sollte. Recherchen in einschlägigen Standardwerken und Katalogen, aber auch Gespräche mit Fachkolleginnen und -kollegen bestätigten die Schwierigkeiten und Widersprüchlichkeiten bei der Datierung von Designobjekten.

Das visuelle Konzept reagiert auf die Tatsache, dass die »Klassiker des Produktdesigns« bereits durch Bildstereotypen in unserem visuellen Gedächtnis verankert sind. Die kleinen Bilder mit freigestellten Objekten unterstützen unsere Erinnerung und können wie ein Daumenkino zur Designgeschichte genutzt werden. Die größeren Bilder hingegen rücken die jeweiligen Besonderheiten der Produkte in den Vordergrund, indem der/die Designer/in und sein/ihr Objekt, charakteristische Produktionsschritte oder ungewöhnliche Produktinszenierungen gezeigt werden. Sie ermöglichen es dem Betrachter, einen neuen Blick auf das vermeintlich Bekannte zu werfen.

Industrialisierung

Von der Industrieform zum Kunstgewerbe

1820 Armlehnstuhl und Bank
1849 Sicherheitsnadel
1859 Thonet-Stuhl
1891 Schweizer Messer
1896 Leitz-Ordner
1899 Büroklammer

Design, wie wir es heute kennen, ist ein verhältnismäßig neues Phänomen, das eng mit den technischen Umwälzungen seit der zweiten Hälfte des 18. Jahrhunderts verbunden ist. Die Industrielle Revolution, die zunächst von Großbritannien ausgegangen ist, veränderte die Produktion von Gütern nachhaltig. Verspätet, aber sehr schnell gelang in Deutschland um die Mitte des 19. Jahrhunderts eine Beschleunigung des industriellen Wachstums und der Anschluss an die fortschrittlichen technischen und wirtschaftlichen Entwicklungen.

Maschinentechnik und Maschinenform. Zunächst bauten technisch versierte Erfinder bestehende Handwerksbetriebe zu Mechanischen Werkstätten aus oder gründeten Maschinenbau-Anstalten, für die und in denen die neuen, oft mit Dampf betriebenen Maschinen entwickelt wurden. Diese speziellen Instrumente bildeten die eigentliche Voraussetzung für die industrielle Produktion. So basierte die neue Art des Produzierens im Kern auf den Experimenten und Entwicklungen der frühindustriellen Maschinenbauer oder Ingenieure, die – oft auf handwerklicher Basis und in langwierigen Prozessen – herstellungstechnische und/oder technische Innovationen austüftelten. In diesem ingenieurhaften Entwerfen gab es noch keinen Designer. Es war der Erfinder oder Konstrukteur, der eine Zeichnung oder einen Plan anfertigte oder einen Zeichner mit einer technischen Zeichnung oder einem Plan beauftragte.

Industrialisierung

Selbst kleine Alltagshilfen wie Sicherheitsnadeln → 22 oder Büroklammern → 30 können als vorbildliche Beispiele dieser frühen Ingenieurleistungen angesehen werden. Diese für die maschinelle Produktion entworfenen Objekte zeigen Formen ohne historische Bezüge, die technisch günstig produziert und praktisch leicht nutzbar waren. Entsprechend präsentieren sich viele Erfindungen des 19. Jahrhunderts wie Schreib- und Rechenmaschinen, Locher, Tacker oder auch der Leitz-Ordner → 28 weitgehend ohne dekorative Elemente.

Kunstindustrie und Gewerbekunst. Dagegen waren Gebrauchsformen für den gehobenen Konsum im 19. Jahrhundert durch große kunsthandwerkliche Traditionen geprägt. In den aufkommenden Manufakturen etablierten sich künstlerische Spezialisten, Dessinateure oder Musterzeichner, die modische Güter entwarfen. Der einflussreichste und bekannteste war sicherlich Karl Friedrich Schinkel → 20, der zusammen mit Peter Christian Wilhelm Beuth zwischen 1821 und 1837 die *Vorbilder für Fabrikanten und Handwerker* herausgab, eine Sammlung musterhafter Entwürfe für die kunstindustrielle Produktion, die große Verbreitung fand. Bereits hier, in der vorindustriellen Manufaktur, trennten sich gestalterische Konzeption und praktische Umsetzung.

In der Folge verbreiteten Vereine zur Gewerbeförderung Vorlagenblätter prominenter oder weniger prominenter Musterzeichner; Gewerbe- und Industrieausstellungen, die mit der Londoner Weltausstellung 1851 einen ersten wichtigen Höhepunkt erlangten, stellten Vorbildliches für die nun erstarkende industrielle Produktion vor. Darüber hinaus wurden nicht nur Kunstgewerbemuseen mit eigenen Vorbildsammlungen gegründet, sondern auch Kunstgewerbeschulen, an denen an historischen Stilen geschulte Musterzeichner ausgebildet wurden. Diese sollten das stetig steigende Verlangen nach ästhetisch hochwertigen Vorlagen bedienen, um international konkurrenzfähige Produkte herstellen zu können.

Schinkel gehörte zur ersten Generation, die sich historisierend an ästhetischen Vorbildern der Vergangenheit schulte und diese neu interpretierte. Die sich abzeichnenden (produktions-)technischen Umbrüche animierten ihn zu dieser »Rückversicherung« in der Geschichte. Fasziniert von der Ästhetik der versunkenen griechischen Kultur, entwickelte er einen staatstragenden Neoklassizismus. Inspiriert von der Deutschen Romantik und den Freiheitskriegen erschien ihm aber auch eine Adaption gotischer Formen als besonderer Ausdruck nationaler Identität möglich.

Industrieller Historismus und Stileklektizismus. Nach der Reichsgründung 1870/71 nahm die Serienproduktion in Fabriken zu. Vollkommen identische, typisierte Einzelteile wurden in unterschiedlichen, vielfältigen Schritten hergestellt und in immer gleichen, zeitlich durch die Maschine getakteten Arbeitsschritten montiert.

Arbeitsteilung war schon in den vorindustriellen Manufakturen bekannt. Allerdings verschärfte sich die Situation mit zunehmender Industrialisierung durch zugewanderte ungelernte Fabrikarbeiter vom Land, die Teilarbeiten im Produktionsprozess übernahmen, so dass sich in den Fabriken ein zerstückeltes, reproduktives Arbeiten ausbildete. Auch die Rolle des Musterzeichners veränderte sich. Er unterschied sich als anwendungsorientierter Kunstgewerbler deutlich vom Ingenieur und Künstler.

Industrialisierung

Die maschinelle Serienproduktion führte einerseits zu einer Vergrößerung und Differenzierung des Warenangebots und zu einer massiven Kostensenkung, so dass die Käufer, die sich bis dato hatten bescheiden müssen, nun am Konsum teilhaben und aufwendig gestaltete Produkte erwerben konnten. Andererseits kam es durch die industrielle Produktionsweise materiell wie gestalterisch zu einem Qualitätsverlust: Pseudohandwerkliche Dekore verschleierten ihre industrielle Herkunft, und minderwertige Materialien oder sogenannte Surrogate, billige Ersatzstoffe, täuschten hochwertige Materialien lediglich vor.

Vor allem aber setzte ein übertriebenes Dekorieren ein, das oftmals so weit ging, die originäre, praktische Funktion eines Gebrauchsgegenstandes zu verschleiern. Um den repräsentativen Ansprüchen im wirtschaftlich erstarkten Kaiserreich nachzukommen, applizierten Musterzeichner oder Dessinateure Ornamente zunehmend willkürlich auf die Oberfläche der Dinge, was zu einem unreflektierten Eklektizismus von Stilen und zu einem *horror vacui* historisierender Ornamente führte. Auch dafür hatten technische

Erfindungen wie die Reliefkopiermaschine die Voraussetzung geschaffen, indem sie nicht nur eine beliebig hohe Reproduktion historischer Ornamente, sondern auch deren Variation in Größe und Proportion erlaubte.

In ebenjener Phase, in der ein industrielles Produzieren technisch möglich geworden war, wurde vonseiten der Gestalter also eine rein ingenieurhaft entwickelte industrielle Form vermieden: Die Maschine diente vorerst dazu, historische Stile zu adaptieren und auf das massenindustriell Gefertigte zu übertragen, wohl auch, um durch eine vermeintliche Vertrautheit des Bekannten die Fremdheit des Neuen zu überspielen.

Mundt, Barbara: **Historismus.** Kunstgewerbe zwischen Biedermeier und Jugendstil. München 1981.

Selle, Gert: **Design im Alltag.** Vom Thonetstuhl zum Mikrochip. Frankfurt a. M. 2007.

Selle, Gert: **Geschichte des Design in Deutschland.** Aktualisierte und erweiterte Neuausgabe. Frankfurt a. M. / New York 2007.

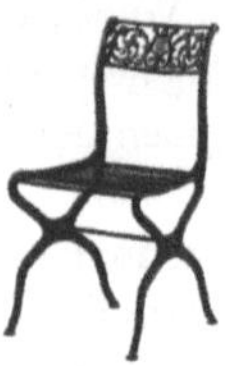

Gartenbank, Gartenstuhl in Eisenkunstguss
Entwurf: 1820–25
Hersteller: Königliche Eisengießerei
Saynerhütte
D 60, Tecta, Lauenförde

1825

Armlehnstuhl und Bank

Karl Friedrich Schinkel

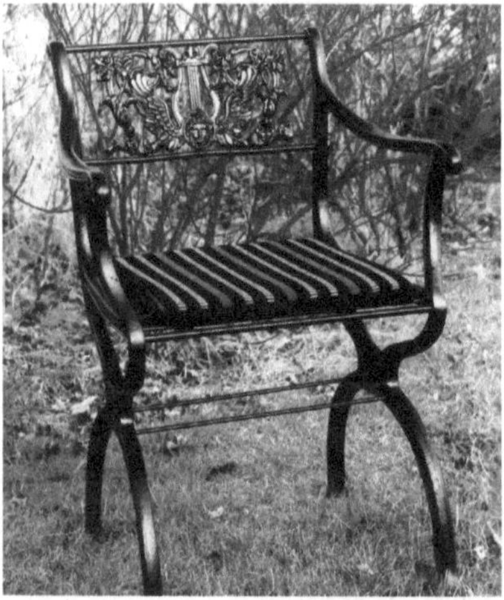

Eleganz auch für draußen:
Gartenstuhl für die königlichen Gärten

Rationelle Gartenmöbel. Dass die industrielle Produktion von Möbeln bereits im ersten Drittel des 19. Jahrhunderts in Deutschland eingesetzt hat, verdeutlichen die Entwürfe des preußischen Baumeisters Karl Friedrich Schinkel. Die Konstruktion seiner Gartenmöbel aus Guss- und Schmiedeeisen zielt auf höchste Stabilität bei möglichst geringem Materialverbrauch.

Die Seitenteile für Bank und Stuhl werden aus denselben Gussformen hergestellt, die durch schmiedeeiserne Stäbe miteinander verbunden sind. Die Stäbe und die gusseiserne Rückenlehne, deren ornamentale Füllung aus Lyra und Akanthusranken im sogenannten offenen Herdplattenguss hergestellt wurde, variieren in der Breite, so dass sowohl Bänke als auch Stühle gefertigt werden konnten.

Dieses bedeutende Gartenmöbel aus Gusseisen wurde vermutlich von der Königlichen Eisengießerei Saynerhütte produziert und kam in den königlichen Gärten in Berlin und Potsdam zum Einsatz. Es beeinflusste die Gestaltung zahlreicher metallener Bänke in öffentlichen Parks und auf Plätzen. Seit 1982 wird der Stuhl D 60, bzw. die Bank D 60/2 bei Tecta, Lauenförde, als Reedition hergestellt. Die Scherenform der Seitenteile wurde ca. 100 Jahre später bei Mies van der Rohes Barcelona-Chair → 84 rezipiert.

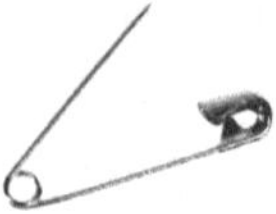

Patent: 1849

1849

Sicherheitsnadel

Walter Hunt

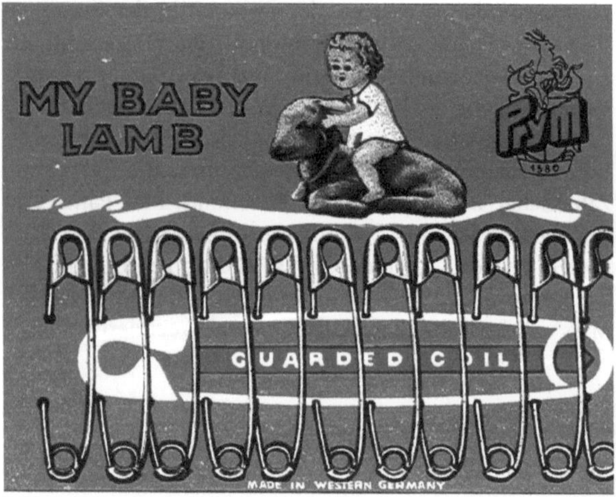

Nadel patentgesichert

Immer geschützt. Die moderne Sicherheitsnadel, wie wir sie heute kennen, wurde von dem New Yorker Mechaniker Walter Hunt angeblich innerhalb von nur drei Stunden entwickelt. Im Gegensatz zu ihren Vorgängerinnen ist seine Sicherheitsnadel so gebogen, dass die Spitze der Nadel in einer Metallhülse einrasten und die spitze Nadel auf diese Weise sichern kann.

Hunt baute ein funktionierendes Modell, das er sich 1849 unter der Nummer 6281 in New York patentieren ließ. Allerdings sind weitere Patente für Sicherheitsnadeln zu verzeichnen, sogar aus demselben Jahr. Etwa ein englisches Patent auf eine aus Draht gebogene Nadel von Charles Rowley, die heute noch für Kilts und Broschen verwendet wird. Natürlich stammt die Urform der Sicherheitsnadel nicht aus dem 19. Jahrhundert. Bereits in der Bronzezeit gab es Fibeln, Gewandnadeln, nach demselben Verschlussprinzip wie die Sicherheitsnadel.

Nachdem Hunts Sicherheitsnadel zunächst von Hand gefertigt worden war, begann 1911 bei der Firma Prym in Stolberg bei Aachen die Automatisierung der Produktion mit eigens entwickelten Maschinen. Mit diesen konnten kurz vor dem Ersten Weltkrieg bereits 146 verschiedene Größen und Sorten hergestellt werden – ca. 300 000 Kilogramm im Jahr.

Hätte Hunt den Erfolg seiner Erfindung erahnt, hätte er die Rechte an seinem Patent für die Sicherheitsnadel sicherlich nicht verkauft – für 400 Dollar an einen Mann, dem er nur 15 Dollar geschuldet hatte.

Industrialisierung → 14

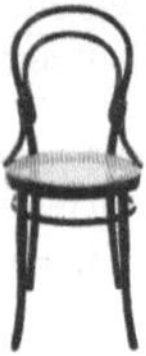

Stuhl Nr. 14
(auch bekannt als Wiener Kaffeehausstuhl)
Entwurf: 1859/60
Produktion: Ab 1865 durch Gebrüder Thonet, Wien

1859

Thonet-Stuhl

Michael Thonet

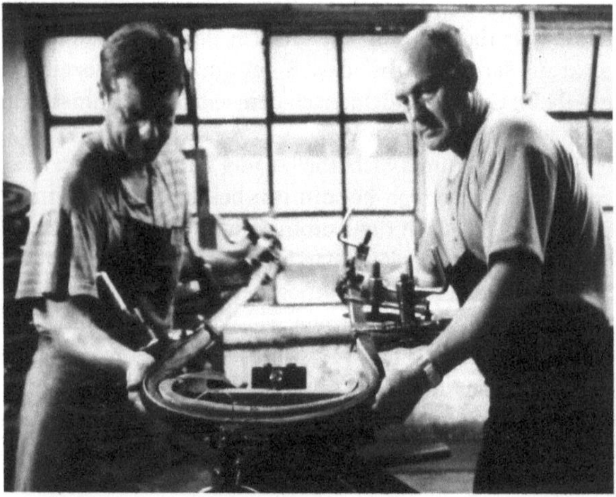

Gebogen unter Druck: Arbeiter im Thonet-Werk Frankenberg beim Biegen einer Stuhllehne

Archetyp des modernen Möbeldesigns – das erfolgreichste Möbel des 19. Jahrhunderts. Thonet-Bugholzstühle basieren auf einer speziellen Holzverarbeitungstechnik, bei der Buchenholzstäbe nach einer Schablone maschinell gedrechselt und dann unter Dampfeinwirkung in einem eisernen Rahmen gebogen werden.

Mit dem Einsatz extrem starker Kräfte, die beim Biegen des Holzes auf das Naturmaterial wirken, wurde der Bruch mit der handwerklichen Tradition radikal vollzogen. Insofern gelten die Thonet-Bugholzstühle als Meilenstein auf dem Weg zur industriellen Fertigung im Möbelbau – als erste Beispiele erfolgreicher Massenproduktion, die auf standardisierte Einzelteile setzte.

Der Thonet-Stuhl Nr. 14 vereinte zahlreiche Vorteile in sich: Die Reduktion auf nur sechs Teile und sechs Schrauben erlaubte es, den Stuhl zu zerlegen und große Stückzahlen in normierten Transportkisten zu verschicken, was eine weltweite Verbreitung des preiswerten Stuhls ermöglichte.

Auch stilistisch wies der Kaffeehausstuhl Nr. 14 neue Wege: Seine geschwungene Linienführung leitete sich allein aus den technischen Bedingungen des Biegeverfahrens her und grenzte ihn von den ornamentüberladenen Exemplaren seiner Zeit ab. Damit avancierte er zum Vorbild modern-funktionaler Maschinensachlichkeit. Entsprechend feierten Vertreter der Avantgarde wie Le Corbusier den Kaffeehausstuhl als Vorbild für anonyme und standardisierte Universalformen.

Industrialisierung → 14

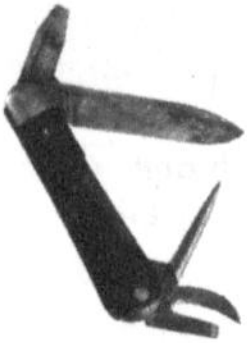

Schweizer Offiziersmesser Victorinox
Entwurf: 1891/97

1891

Schweizer Messer

Karl Elsener

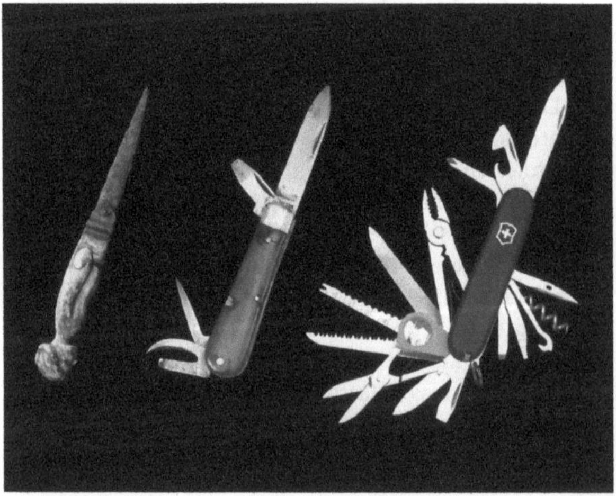

Universell einsetzbarer Alleskönner:
das Schweizer Offiziersmesser

Multifunktionales Kleinod der Feinmechanik. Bereits 1891 lieferte der Schweizer Messerschmied Karl Elsener Mehrzweck-Sackmesser an die Schweizer Armee mit einer Klinge, einem Schraubenzieher, einem Lochstanzer und einem Dosenöffner. Zentrales Element war ein ausgeklügeltes System von Nocken und Federn für das Einrasten der Klinge.

1897 veränderte Karl Elsener das Aussehen des Messers, indem er elegant geformte rote Griffschalen anbrachte. Zudem ließ Elsener das Offiziersmesser als Handelsmarke schützen. In der Folge erfreute sich das Messer in den Truppen der Schweizer Armee solch hoher Wertschätzung, dass sich die Soldaten das nützliche Werkzeug von ihrem Sold kauften. Als Kopierschutz wurden 1909 zusätzlich das Schweizer Kreuz und Schild aufgeprägt. Ab 1921 verfügt das Schweizer Messer über Klingen aus rostfreiem Stahl, woraus sich auch die Namensgebung Victorinox ableitete – nach Elseners verstorbener Mutter Victoria sowie nach inox, der Abkürzung für rostfreien Stahl.

Das kleine und leichte Schweizer Messer ist ein Meisterwerk der Feinmechanik, da es zahlreiche verschiedene Funktionen auf engstem Raum verdichtet. Die größte Version SwissChamp XLT verfügt über 50 Funktionen. Das Schweizer Offiziersmesser ist heute in 120 Ländern erhältlich; es gibt 100 Modelle.

Das Schweizer Offiziersmesser wurde auch an die Bundeswehr geliefert, allerdings in Olivgrün mit Bundesadler.

Industrialisierung →14

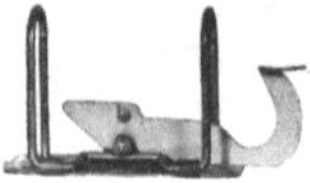

Erfindung Bügel- bzw.
Hebelmechanismus: 1893
»Registrier-Sammelmappe A«: 1886
Produktion: Seit 1998 Esselte Leitz,
seit 2016 Leitz Acco Brands GmbH & Co. KG

1896

Leitz-Ordner

Louis Leitz

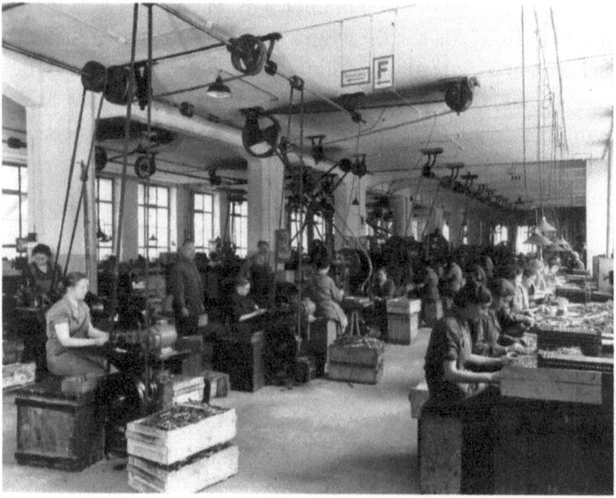

Der Leitz-Ordner wurde zum Gattungsbegriff für Aktenordner.

Nur echt mit Fingerloch und Mausefalle. 1871 gründete der Mechaniker und Bücherfabrikant Louis Leitz in Stuttgart seine »Werkstatt zur Herstellung von Metallteilen für Ordnungsmittel«. Sein erstes Produkt waren sogenannte »Bibliorhapten«, zu deutsch »heftende Bücher«, mit denen Briefe und andere Schriftstücke mit einem Schnappmechanismus zeitlich fortlaufend mit Nadeln aufgespießt werden konnten.

1892 entwickelte Leitz einen Registrator mit Umlegehebel, den er auf einem Holzbrett montierte. 1893 wurde dann ein Bügel- bzw. Hebelmechanismus erfunden, mit dem man Briefe an jeder beliebigen Stelle einreihen und entnehmen konnte. Diese Mechanik wurde weiter verbessert, in einen Buchband eingenietet und kam 1886 unter der Markenbezeichnung Leitz als »Registrier-Sammelmappe A« in den Handel.

Nachdem Leitz 1896 die zwischen den Bügeln stehenden Hebel nach außen verlegt hatte, trat der Leitz-Ordner seinen Siegeszug an. Er revolutionierte die Bürowelt der Amtsstuben, aber auch der Privathaushalte, so dass sich der Begriff Leitz-Ordner schnell als allgemeiner Gattungsbegriff für Aktenordner durchsetzte.

Bis heute gibt es in Deutschland kaum ein Büro ohne Leitz-Ordner. Jährlich werden in Deutschland etwa 25 Millionen verkauft. 2005 wurde die Mechanik weiter verbessert, zudem können Blätter erstmals auch auf der linken Seite eingelegt werden.

Weiterhin interessant zu wissen: Passend zum Ordner hat die Firma Leitz auch einen Locher mit einem Lochabstand von 8 Zentimetern herausgebracht.

Industrialisierung→14

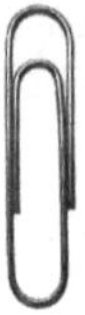

Erfindung: 1867
Patent: 1899

1899

Büroklammer

Johan Vaaler

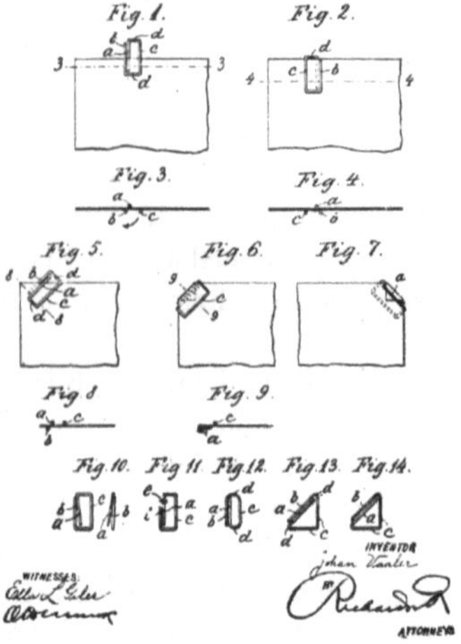

Das Patent von 1901 zeigt mehrere Versionen, wobei »Fig. 12« die spätere Form der »Gem«-Büroklammer erahnen lässt.

Doppelt gebogen hält besser. 1867 erhielt Samuel B. Fay das erste amerikanische Patent für eine Büroklammer. Mit der Klammer wurden Preisschilder an Kleidungsstücken befestigt. In seiner Patentschrift bemerkte er aber, man könne mit der Klammer auch Papiere zusammenhalten. Gestalterisch hat die Form dieser »Urklammer« jedoch nur wenig mit der heute gebräuchlichen Büroklammer zu tun.

Die Erfindung der »modernen« Büroklammer wird dem Norweger Johan Vaaler zugeschrieben, der 1899 in Deutschland sein Patent anmeldete, ohne es allerdings zur Anwendung zu bringen. Im selben Jahr wurde dem Amerikaner William Middlebrook aus Waterburg (Connecticut) ebenfalls ein Patent erteilt, das eine industrielle Herstellung erlaubte. Die klassische Form der Büroklammer aus zwei konzentrischen Ovalen wurde seit den Neunzigerjahren des 19. Jahrhunderts von der englischen Firma »The Gem Manufacturing Company« hergestellt. Dieses sogenannte Gem-Modell setzte sich gegen seine Konkurrenten durch und wurde bis 1908 in den USA zum Renner. Heute besteht die Büroklammer aus einem 9,85 Zentimeter langen gebogenen Draht mit 0,8 Millimetern Durchmesser.

Weiterhin interessant zu wissen: Während des Zweiten Weltkriegs war die Büroklammer am Sakko- oder Mantelaufschlag in Norwegen ein Zeichen für den Widerstand gegen die deutsche Besatzung.

Industrialisierung→14

Sachlichkeit

Von der Reformbewegung zum Werkbund

1902/04 Armlehnstuhl
1902/03 Hill-House-Stuhl
1905 Sitzmaschine
1908 Ford Model T
1909 Elektrische Tee- und Wasserkessel

Ende des 19. Jahrhunderts lehnte sich eine neue Künstler-, Architekten- und Kunstgewerbegeneration gegen die minderwertige Qualität deutscher Produkte auf. Die Kritik an den ästhetischen wie sozialen Folgen der Industriegesellschaft mündete in einer Erneuerungs- und Reformbewegung, die auf eine ganzheitliche Verbindung von Kunst und Leben zielte, was zu einer ästhetischen Erneuerung aller Lebensbereiche führte. Für den Gestaltungsbereich bedeutete dies, dass freie und angewandte Kunst stärker als bislang als Einheit verstanden wurden, was zunächst eine ästhetische Erneuerung aus der Tradition des kunsthandwerklichen Unikats bedingte.

Kunstgewerbe- und Lebensreform. Es war der Jugendstil, der sich um die Jahrhundertwende der Formerneuerung und der Erneuerung kunsthandwerklicher Produktion verschrieb. In Glasgow → 42, London, Brüssel, Paris, Darmstadt, Weimar, München oder Wien → 38, 44 manifestierte eine neue Avantgarde von Gestaltern eine aus der Natur abgeleitete organisch-florale oder streng geometrische Ornamentik, die ein Elitepublikum mit hochwertigen Einzelstücken oder Kleinserien bediente. Den

Hintergrund bildete der unbedingte Wille zur kulturellen Erneuerung. Von einer neuen ästhetischen Haltung getragen, die alle Lebensbereiche umfasste, zielte er auf die Einheit von Kunst und Handwerk.

Sachlichkeit

In Teilen gelang es den Künstlern und Architekten des Jugendstils, an die Realität einer hochentwickelten Industriegesellschaft Anschluss zu finden, die zunehmend mit den negativen sozialen Folgen der Massenproduktion kämpfte. Eine fortschrittliche lebens- und kulturreforminteressierte bürgerliche Schicht drängte auf »Natürlichkeit« und strebte nach besseren Arbeitsbedingungen; in erster Linie setzte sie sich aus bodenständigen Handwerkern zusammen. Sie verschrieb sich der Aufgabe, mittels eigens entworfener Siedlungen und Kulturprogramme die Situation der Arbeiter selbst, aber auch das von ihnen Produzierte zu verbessern.

Zentren dieser Reformbewegung waren die 1898 gegründeten Münchener Werkstätten für Handwerkskunst sowie die Dresdner Werkstätten für Handwerkskunst in Dresden-Hellerau, in denen einfache Möbel und alltagstaugliche Gebrauchsgegenstände für breite Bevölkerungsschichten hergestellt wurden.

Die Gartenstadt Hellerau avancierte auch mit ihrem sozial-erzieherischen Ansatz zum Erfolgsmodell: Ein spezielles pädagogisches Lehrprogramm zielte darauf ab, den Fabrikarbeiter so zu bilden, dass er seine Arbeit als sinnstiftend erlebte. Als besonders zukunftsweisend sollte sich die Haltung erweisen, Kunst in den Dienst der Maschinenproduktion zu stellen, um ästhetisch hochwertige Gebrauchsmöbel für den Massenbedarf anbieten zu können.

In Hellerau wurde dieser Überzeugung mit einfachen Typenmöbeln von Bruno Paul oder Maschinenmöbeln von Richard Riemerschmidt Rechnung getragen.

Kunstindustrie und Industrieästhetik. Nun galt die schmucklose Sachform als gestalterisches Ziel. In ihrer Präzision, Einfachheit und formalen Reduktion sollte sie der maschinellen Serienproduktion und der Arbeitsteilung entsprechen. Allerdings war damit nicht die einfache Maschinenform eines Gestalters, der ingenieurhaft entwarf, intendiert. Gefordert war ein neuer, moderner, durch die Diskurse des Jugendstils und der Reformbewegung ästhetisch hochreflektierter Gestalter, der Kunst und Industrie zusammenzuführen verstand.

Vorbildlich geschah dies bei der Allgemeinen Electricitäts-Gesellschaft (AEG), deren Produktion auf den effektiven Einsatz von Arbeitszeit, Material, Maschinen und Werkzeug ausgerichtet war. Peter Behrens, dem künstlerischen Beirat der AEG, gelang es in besonderer Weise, die techno-ökonomische Realität der Massenproduktion des international bedeutenden Industriekonzerns in eine eigenständige »sachliche« Produktgestaltung zu übersetzen. Mit dieser wurden die technischen Funktionsprinzipien symbolisch zum Ausdruck gebracht. →48 Behrens gelang es auch, das graphische Erscheinungsbild des Elektrokonzerns sowohl nach innen als auch nach außen einheitlich zu gestalten, was ihn zum Vater des Corporate Design in Deutschland werden ließ.

Als besonders schlagkräftige Vereinigung, mit der die neue Industrieästhetik in der gesellschaftlichen Realität verortet wurde, die aber auch erzieherisch-propagandistisch tätig war, fungierte der 1907 gegründete Deutsche Werkbund (DWB), in dem sich Künstler, Architekten und Unternehmer zusammenschlossen. 1914 kam es anlässlich einer großen Werkbund-Ausstellung in Köln zu einer bemerkenswerten Theorie-Debatte, die als Werkbund-Streit in die Geschichte des Designs eingegangen ist. Hermann Muthesius und Henry van de Velde stritten um den richtigen Weg für eine gültige Form: Muthesius forderte in zehn Thesen die Typisierung der Industriegüter zur Erlangung eines »überzeugenden Stilausdrucks« und zur Steigerung des deutschen Exports. Henry van de Velde, Leiter der Weimarer Kunstgewerbeschule, sprach sich leidenschaftlich für künstlerische Individualität und freies spontanes Schöpfertum aus, die sich niemals der Disziplin und den Regeln einer Typen- oder Kanonbildung unterordnen dürften. Dieser Streit verdeutlicht exemplarisch das Gespaltensein vor dem Ersten Weltkrieg zwischen unbedingtem Drang zur Sachlichkeit und künstlerischem Individualismus.

Sachlichkeit

Buddensieg, Tilmann: **Industriekultur.** Peter Behrens und die AEG 1907–1914. Berlin 1979.
Fischer, Wend (Hrsg.): **Zwischen Kunst und Industrie.** Der Deutsche Werkbund. Katalog München 1975.
Schwartz, Frederic J.: **Der Werkbund.** Ware und Zeichen 1900–1914. Hrsg. vom Museum der Dinge Werkbundarchiv Berlin und vom Karl-Ernst-Osthaus-Museum, Hagen. Amsterdam/Dresden 1999.

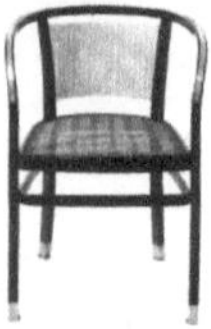

Produktion: Jacob & Josef Kohn, Wien
für die Postsparkasse: Gebrüder Thonet, Wien

1902/1904

Armlehnstuhl

Otto Wagner

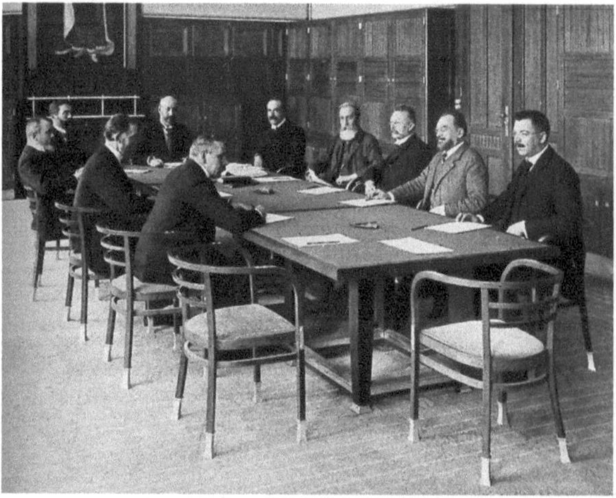

Sitzungssaal des Postsparkassenamtes mit einer Variante des Armlehnsessels mit Beschlägen aus Aluminium, 1906

Bugholz quadratisch. Im Gegensatz zu seinen Wiener Gestalterkollegen, die der Technikeuphorie dies- und jenseits des Atlantiks eher skeptisch gegenüberstanden, hatte der Wiener Architekt und Stadtplaner Otto Wagner schon vor der Jahrhundertwende die Bedeutung der Großstadt erkannt und sich zugunsten eines »Nutzstils« vom historistischen Stileklektizismus entfernt.

Entsprechend griff Wagner, der 1894 die Leitung der »Spezialschule für Architektur« an der Wiener Akademie der bildenden Künste übernommen hatte, bewusst auf damals neue Verarbeitungstechniken zurück, wie sie die Wiener Firma »Jacob & Josef Kohn« für Bugholzmöbel entwickelt hatte. So auch 1902, als er für die Einrichtung des Depeschenbüros »Die Zeit« einen Armlehnstuhl entwickelte, der die innovative Biegetechnik dieser Firma nutzte: Vorderbeine, Armlehne und Rückenlehne des Stuhls wurden aus einem einzigen Buchenholzstab gebogen. Im Gegensatz zu den bekannten Thonet-Stühlen → 24 waren die Buchenholzstäbe jedoch nicht rund, vielmehr verfügten sie über einen viereckigen Querschnitt. Die Hinterbeine wurden aus zwei durch Querstreben verbundene Einzelteile gebildet. Zusätzlich verstärkte ein Fußring die Konstruktion. Für die Einrichtung der Wiener Postsparkasse modifizierte Wagner diesen Stuhl.

Mit dem vierkantigen Holz gelang es Wagner, die Formen aus dem traditionellen Möbelbau aufzunehmen und mit der industriellen Produktion zu verbinden – ein Eindruck, der durch Metallbeschläge weiter verstärkt wurde.

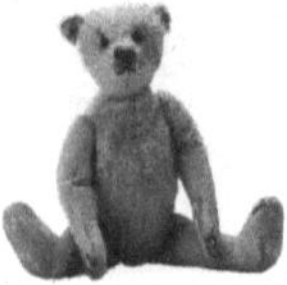

Bär 55 PB
Produziert: Bis heute durch Steiff, Giengen an der Brenz

1902

Teddybär

Richard Steiff

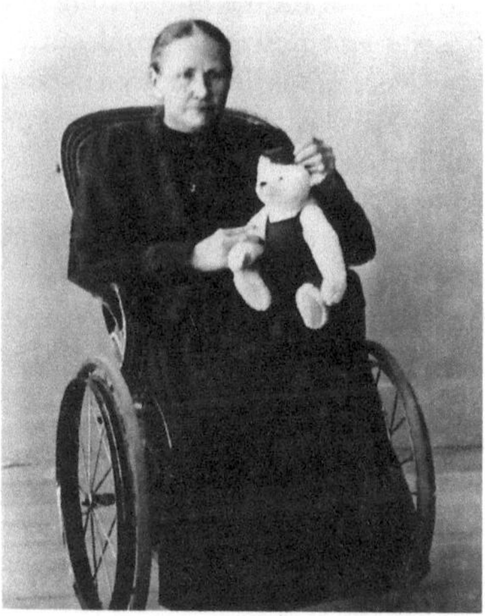

Anfang einer großen Erfolgsgeschichte: Margarete Steiff mit ihrem Teddy

Industriell produzierte Vertrautheit. Der Teddybär wurde zweimal etwa zur gleichen Zeit erfunden: Zum einen stellte Richard Steiff einen Plüschbären mit beweglichen Gliedmaßen unter der Artikelbezeichnung Bär 55 PB (55 cm, Plüsch, beweglich) her, der damals im Handel acht Mark kosten sollte. Parallel dazu präsentierte der amerikanische Spielzeughändler Morris Michtom einen Plüschbären, der jedoch deutlich weniger erfolgreich war als das Stofftier aus dem Hause Steiff.

Dafür können die Amerikaner für sich beanspruchen, den Begriff »Teddybär« eingeführt zu haben. Namenspate ist der amerikanische Präsident Theodore Roosevelt, der sich 1902 geweigert haben soll, einen kleinen Bären zu erschießen. Daraufhin soll der Besitzer eines Spielzeugladens in New York einen ausgestopften Bären mit dem Schild »Teddy's Bear« in sein Schaufenster gestellt haben – was zum Begriff Teddy Bear und schließlich Teddybär führte.

In Deutschland stieg die Nachfrage nach Teddybären schnell an. 1907 ging mit circa einer Million produzierter Teddys als »Bärenjahr« in die Geschichte der Margarete Steiff G.m.b.H. ein. Heute machen die Teddybären etwa die Hälfte der Stofftierproduktion bei Steiff aus. Das liegt nicht nur an den Kindern, bei denen der »Teddy« nach wie vor sehr beliebt ist, sondern auch an den vielen Sammlern, den sogenannten Arktophilen (nach griech. *arktos* für Bär), die sich auf Teddybären spezialisiert haben.

Weiterhin interessant zu wissen: Nachdem Roosevelt den Spitznamen Teddy erhalten hatte, fragte Steiff offiziell beim Weißen Haus an, ob man den Namen nutzen dürfe.

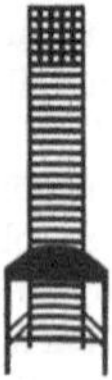

292 Hill House
(auch bekannt als Ladder-Back Chair)
Reedition: Seit 1973 durch Cassina, Mailand

1902/03

Hill-House-Stuhl

Charles Rennie Mackintosh

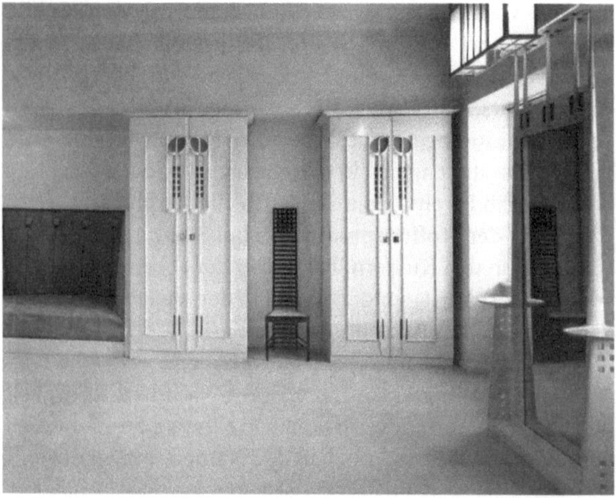

Zwischen den Schränken: der Ladder-Back Chair im Schlafzimmer des Hill House in Helensburgh bei Glasgow, 1903

Die maskuline Strenge des Jugendstils. Charakteristisch an diesem Stuhl ist nicht nur seine radikale Schlichtheit, sondern auch die tiefschwarze Beize, mit der die Maserung des Eschenholzes verborgen wurde. Die überhöhte Rückenlehne zeichnet sich durch eine strenge Geometrie und einen graphischen Rhythmus der schmalen Sprossen aus, die ihren Abschluss oben in einem quadratischen Gittermotiv finden.

Der Hill-House-Stuhl kann als abstrakte Figuration verstanden werden, mit der sich der Glasgower Architekt Mackintosh vom ornamentalen Überschwang des 19. Jahrhunderts, aber auch vom organischen Naturalismus des Jugendstils abgrenzte.

Der Stuhl wurde zusammen mit anderem Mobiliar für das Hill House entwickelt, einem Landhaus, das Mackintosh für den Glasgower Verleger Walter Blackie in Helensburgh entworfen hatte. Der Stuhl mit dem hohen Leiterrücken war für das in Weiß gehaltene Schlafzimmer vorgesehen und sollte zwischen zwei hohen weißen Schränken Platz finden. Er war also wohl mehr als Kleiderablage denn als Sitzmöglichkeit gedacht. Sicherlich sollten das schwarz gebeizte Holz und die strenge geometrischen Gliederung als »maskulines Element« einen Kontrast zu den glatt lackierten Oberflächen und den weißen, hellrosa und hellgrün gehaltenen floralen Elementen an Schränken und Wänden herstellen – ganz im Sinne der Idee des Gesamtkunstwerks, der sich die Jugendstilkünstler verschrieben hatten. Und so taucht das quadratische schwarze Gittermotiv auch an anderen Stellen im Schlafzimmer auf, etwa an der Frontseite des Bettgestells.

Sachlichkeit → 32

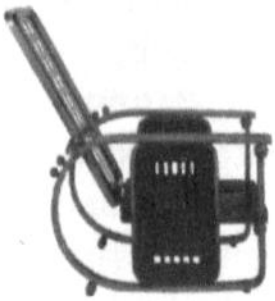

Sessel mit verstellbarer Rückenlehne, Nr. 670
Entwurf: 1905
Produktion: Ca. 1905–16 durch
Jacob & Josef Kohn, Wien
Reedition: Seit 1997 durch Wittmann
Möbelwerkstätten, Wien

1905

Sitzmaschine

Josef Franz Maria Hoffmann

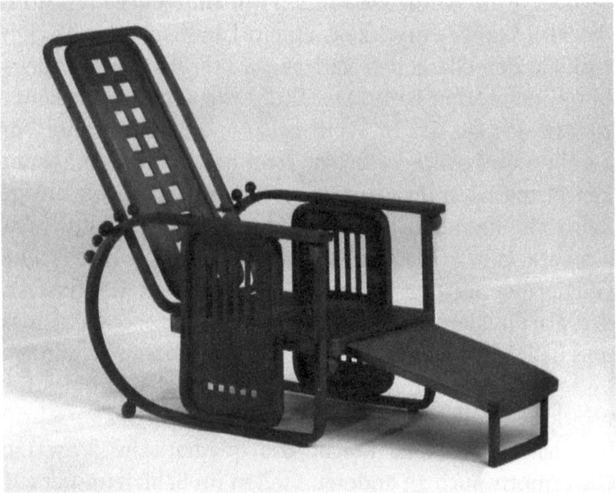

Modern und dekorativ zugleich:
Josef Hoffmanns Ruhesessel

Dekorative Maschinenästhetik. Die Sitzmaschine des Wiener Architekten Josef Hoffmann markiert den Übergang vom geometrischen Jugendstil der Wiener Sezession hinzu einer neuen Maschinenästhetik, wie sie die erste Hälfte des 20. Jahrhunderts entschieden prägen sollte: Verwurzelt in der Formensprache des Jugendstils, verbindet der Sessel die einfache Eleganz des Bugholzes mit der Strenge des Maschinenhaften.

Der 1908 erstmals präsentierte Sessel nutzte das Bugholzverfahren und basiert auf einfachen Holzbrettern mit geometrischen Gittermustern, die von gebogenen Vierkanthölzern gefasst werden: Das Mittelstück der Rückenlehne mit seinen zweireihigen quadratischen Öffnungen wird von den gebogenen Vierkanthölzern gefasst. Die Rückenlehne kann durch einen Querstab arretiert werden und durch Holzkugeln an der Armlehne in die gewünschte Neigung gebracht werden.

Die Sitzmaschine verband modernen Komfort mit dekorativem Anspruch, indem sie das Überflüssige notwendig erscheinen ließ. Der Sessel wirkt mit seiner verstellbaren Rückenlehne auf den ersten Blick durch und durch maschinenhaft und praktisch, in seiner Gestaltung ist er jedoch verhältnismäßig aufwendig. Er entspricht damit dem gehobenen bürgerlichen Interieur der Jahrhundertwende: Die Holzkugeln sind ein Markenzeichen Hoffmanns, ein Stilelement, das dekorative Elemente aus dem vermeintlich Zweckmäßigen ableitet.

Sachlichkeit→32

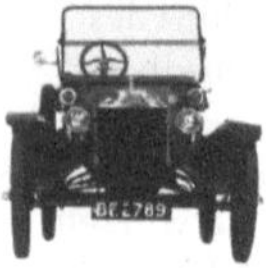

T-Modell (auch bekannt als Tin Lizzy)
Erstpräsentation/Markteinführung: 1908
Produktion: 1908–27 durch Ford Motor Company, Detroit

1908

Ford Model T

Henry Ford

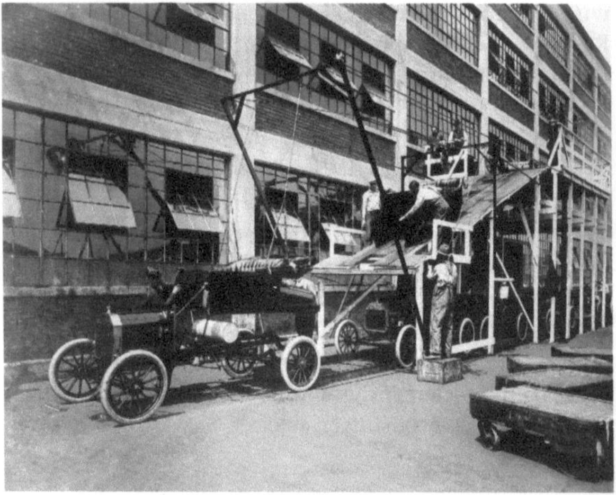

Vom Fließband auf die Straße: das T-Modell bei der Produktion, 1913

DAS Auto des 20. Jahrhunderts. Fords T-Modell machte das Automobil weiten Teilen der Bevölkerung zugänglich. In der Tat gelang es Ford damit, den noch jungen Automobilmarkt zu erobern. Bereits bei seiner ersten Präsentation 1908 war das neue Fahrzeug eine Sensation und wurde schnell zum Publikumserfolg: 1921 waren 55 Prozent der amerikanischen Autos ein T-Modell; bis 1927 konnten 15 Millionen Fahrzeuge verkauft werden.

Grundlage des Erfolges bildete die Entscheidung, das Fahrzeug auf einfachste Bedürfnisse abzustimmen. Entsprechend zeichnet sich das Modell T durch spartanische Ausstattung und äußerst mäßigen Komfort aus. Zudem wurde es über Jahre hinweg ohne nennenswerte Differenzierung ausschließlich in schwarzer Lackierung angeboten.

In seiner Reduktion auf das Wesentliche präsentiert sich das Fahrzeug auch technisch kompromisslos: Eine große Anzahl speziell entwickelter Maschinen gewährleistete hohe Fertigungsgenauigkeit der mechanischen Komponenten in der Produktion. Auch war das Automobil mit seinem kräftigen Vierzylindermotor bestens für die Widrigkeiten amerikanischer Straßen gerüstet. Zudem konnten viele Ersatzteile direkt beim Eisenwarenhändler vor Ort beschafft werden, so dass einfache Reparaturen selbst auszuführen waren.

Eng verbunden mit dem Modell T ist die Fließbandproduktion: Um höhere Löhne und geringere Produktionskosten zu erreichen, wurde 1913 in der Detroiter Automobilfabrik eine »Assembling line« installiert, an der die Produktion in einfachen, immer gleichen Arbeitsschritten erfolgte.

Sachlichkeit→32

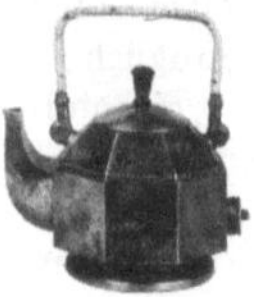

Produktion: AEG, Berlin

1909

Elektrische Tee- und Wasserkessel

Peter Behrens

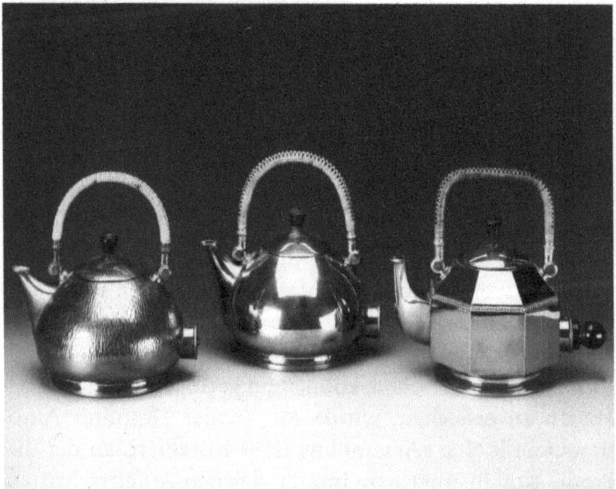

Systematische Form- und Materialkombinationen: elektrische Tee- und Wasserkessel von Peter Behrens

Variation durch Kombination. Nachdem Peter Behrens im Juni 1907 als künstlerischer Berater der Berliner »Allgemeinen Electricitäts-Gesellschaft« (AEG) eingestellt worden war, gestaltete er von der Drucktype und dem graphischen Erscheinungsbild über die Produkte bis hin zur Fabrik und Arbeitersiedlung alles, was zur AEG gehört. Damit wurde er zum Vater des Corporate Designs.

Behrens, der zu den Gründungsmitgliedern des 1907 ins Leben gerufenen Deutschen Werkbundes (DWB) gehörte, verstand seine Arbeit als Umsetzung der Werkbund-Forderungen: aus den Gesetzmäßigkeiten der industriellen Produktion neue ästhetische Qualitäten zu entwickeln. Als geradezu prototypisch für diese Haltung sind die elektrischen Heißwasserkessel für die AEG anzusehen. Hier setzte Behrens auf die Kombination unterschiedlicher standardisierter Komponenten – eine Idee, die dem Berliner Ingenieur Michael von Dolivo-Dobrowolsky geschuldet ist.

Behrens bot den Wasserkocher in verschiedenen Größen und Formen, Materialausführungen und Oberflächenvarianten, Deckelformen und Griffen an und hatte damit 81 Variationsmöglichkeiten erarbeitet. Allerdings wurden »nur« dreißig Kesselvarianten produziert und im AEG-Katalog präsentiert. Die verschiedenen Typen wurden 1912 für 19 bis 24 Mark verkauft – ein Preis, der für einen Großteil der Bevölkerung jedoch unerschwinglich war und so den Zielen des Werkbundes entgegenlief, mit gut gestalteten und preiswerten Produkten breitenwirksam erzieherisch wirken zu können.

Klassische Moderne

Das Bauhaus und die Avantgarde der Zwanzigerjahre

1918	Rot-Blauer Stuhl
1924	Bauhausschachspiel
	Bauhauslampe
	Tee-Extraktkännchen
1925	Wassily-Chair
1926	Gasrohrstuhl
1927	Frankfurter Küche
	Verstellbarer Beistelltisch
	MR 10, MR 20
1928	Freischwinger B 32
	LC4
	Grand Confort
	Kandemlampen
1929	Barcelona-Chair
1931	Form 1382
	Teeservice
1932/33	Service Urbino

Der Erste Weltkrieg hatte die Kehrseite der Technik mehr als deutlich zutage treten lassen und zunächst eine Abkehr von einer technoiden Industrieästhetik bewirkt. Zeitlich parallel beflügelte die russische Avantgarde-Kunst, die in ihren radikal abstrakten Werken den ebenso radikalen gesellschaftlichen Bruch mit der Vergangenheit vollzogen hatte wie die Russische Revolution selbst, intellektuelle Kreise. Auch in Deutschland wollten Architekten, Künstler und Gestalter beim Aufbau einer besseren künftigen Gesellschaft tätig werden und entwickelten großes utopisches Potential.

Das Bauhaus. Das 1919 von Walter Gropius gegründete Staatliche Bauhaus in Weimar gilt als die bedeutendste Kunstschule der Moderne, der es gelang, die unterschiedlichen avantgardistischen Tendenzen ihrer Zeit zu bündeln.

Mit der Gründung wurde ein Manifest veröffentlicht, das die Vereinigung der Künste unter dem Primat der Architektur forderte. Charakteristisch für die gestalterische Arbeit am frühen Bauhaus war eine expressionistisch inspirierte Formensprache, die sich in handwerklich gefertigten Einzelstücken manifestierte. Insbesondere Johannes Itten

Klassische Moderne

avancierte zur charismatischen Leitfigur. Ihm gelang es, das Gefühl des schwärmerischen Neuanfangs mit kunstschulreformerischen Ideen zu verbinden, indem er eine einjährige Vorlehre – auch Vor- oder Grundkurs genannt – einführte. Hier sollten die Studierenden vom Ballast traditioneller Vorstellungen befreit werden und mittels unkonventioneller Methoden grundlegende gestalterische Erfahrungen verinnerlichen können. Derart ausgebildet, entschieden sich die Studierenden dann für die Mitarbeit in einer der Werkstätten, die von einem »Meister des Handwerks« und von einem Künstler, dem sogenannten »Meister der Form«, geleitet wurden.

Kunst und Technik – eine neue Einheit. 1923 verdeutlichte die Bauhausausstellung eine programmatische Neuorientierung. Nachdem Gropius 1922 von der Thüringischen Landesregierung aufgefordert worden war, Rechenschaft über das Geleistete abzulegen, konzipierte er eine Ausstellung, für die er die Losung »Kunst und Technik – eine neue Einheit« ausgab. Dieses Motto bestimmte nicht nur die ausgestellten Exponate, sondern gab auch auf theoretischer Ebene Richtlinien für die weitere Bauhausarbeit vor: Jetzt sollte es darum gehen, das gestalterische Schaffen in den Dienst der industriellen Produktion zu stellen.

Die praktische Umsetzung dieser Forderungen, Gropius' Ansinnen, einen größeren Auftrag in der Möbelwerkstatt ausführen zu lassen, stieß allerdings auf erbitterten Widerstand Ittens und löste einen internen Konflikt aus, der mit Ittens Weggang endete. An seine Stelle wurde der ungarische Konstruktivist László Moholy-Nagy berufen, mit dem in den folgenden Jahren ein neues Selbstverständnis des Gestalters als »Künstleringenieur« propagiert wurde. Es fand in der von ihm geleiteten Metallwerkstatt seinen besonderen Ausdruck: in spiegelnden Metalloberflächen und einer abstrakt-geometrischen Formensprache.→62, 64

In den Objekten, die in dieser Zeit am Bauhaus gefertigt wurden, manifestiert sich moderne Industrieästhetik in einer neuen Produktsprache, die künstlerische Abstraktion als Gestaltungsgrundlage verinnerlicht hatte. So ist bemerkenswert, dass es an dieser Schule gelang, eine neue, an industrieller Produktion ausgerichtete Formgebung anhand einzelner Prototypen vorzustellen. Auch wenn diese nicht massenindustriell und damit preiswert umgesetzt werden konnten, symbolisierten sie jedoch ästhetisch die Rationalität industrieller Technik und Produktion in einem Gegenstand.

Mit dem Umzug des Bauhauses nach Dessau war es zudem möglich geworden, zu einem historisch frühen Zeitpunkt ein in sich stimmiges, modernes Gesamtkonzept umzusetzen, in dem eine neue Architektur (»Neues Bauen«) mitsamt dem dazugehörigen Interieur→66 nicht nur besichtigt, sondern auch mit adäquaten medialen Mitteln (Neue Typographie / Neues Sehen) inszeniert und öffentlich kommuniziert werden konnte.

Propaganda für die Moderne. Um Akzeptanz für funktionale Architektur und Gestaltung erreichen zu können, waren in der zweiten Hälfte der Zwanzigerjahre vermehrt gestalterisch und typographisch ambitionierte Avantgarde-Zeitschriften gegründet worden. Zudem wurden die Vorteile des »Neuen Bauens« und des »Neuen

Wohnens« in großen Ausstellungs- und Siedlungsprojekten vorgeführt, unter anderem die Stuttgarter Weißenhof-Siedlung, in deren circa 60 Häusern 1927 erstmals Freischwinger aus Stahlrohr →68, 74, aber auch andere avantgardistische Stahlrohrmöbel →66 und moderne Einrichtungsgegenstände ausgestellt wurden. Große kommunale Wohnungsbauprojekte wie die »Siedlung Dammerstock« in Karlsruhe oder das »Neue Frankfurt« stellten moderne Konzepte für den sozialen Wohnungsbau vor, die einen hohen Gebrauchswert vorsahen, um den Familienalltag zu erleichtern. →70

Klassische Moderne

Volksbedarf statt Luxusbedarf. Nachdem Gropius das Bauhaus 1928 verlassen hatte, übernahm der Schweizer Architekt Hannes Meyer die Leitung der Schule. Damit fand nicht nur eine personelle Zäsur statt. Nun wurde das feinsinnig Ästhetische durch »Nützlichkeitssinn« ersetzt – unprätentiöse Möbel aus Sperrholz, auch für den Eigenbau geeignet, sollten die Produkte preiswerter machen und nach Meyers sozialistisch inspirierter Maxime »Volksbedarf statt Luxusbedarf« auch für die Arbeiter erschwinglich sein. Entsprechend wurde die wirtschaftliche Verwertbarkeit der Bauhausprodukte weiter erfolgreich forciert. →82 In der Ausbildung dominierte Wissenschaftlichkeit und rational Überprüfbares. Die Architekturabteilung beispielsweise führte nun sogenannte Funktionsanalysen durch, die in Diagrammform möglichst umfassend alle bedeutenden Nutzungsfaktoren eines Gebäudes festhielten: Lichteinfall, Geräuschbelästigung oder Bewegungsabfolgen im Raum – sogar die von Postboten und Dieben.

Bürgerliche Moderne. Die über Jahre und mit zunehmender Intensität und Professionalität betriebenen öffentlichkeitswirksamen Aktivitäten verfehlten ihre Wirkung nicht. Moderne Architektur und Formgebung wurden in intellektuell-bürgerlichen Teilen der Gesellschaft immer stärker akzeptiert und kamen sogar mit Mies van der Rohes Barcelona-Pavillon für staatliche Repräsentationsaufgaben zum Einsatz.[→ 84] In den späten Zwanziger- und den beginnenden Dreißigerjahren wurden die Erkenntnisse der gestalterischen Avantgarde in den gehobenen Konsum überführt. Etablierte Firmen wie Thonet[→ 74, 76], Arzberg[→ 86], KPM[→ 98] oder Schott & Gen.[→ 88] übernahmen oder entwickelten selbst moderne Produktformen, die den herstellungstechnischen Anforderungen der industriellen Serienproduktion bestens entsprachen.

Nachdem Meyer unter rechtsradikalem Druck von seinem Amt als Bauhausdirektor zurückgetreten war und das Bauhaus verlassen hatte, übernahm Ludwig Mies van der Rohe[→ 74, 84] die Leitung des Bauhauses. Als Architekt, aber auch als Ausstellungsgestalter und Designer hatte er bereits international für Aufsehen gesorgt. Angesichts der schwierigen politischen Verhältnisse konzentrierte er sich darauf, das Bauhaus zu entpolitisieren. Er schränkte die Rechte der Studierenden ein und verkürzte das Studium auf sechs Semester. Zudem veränderte er die Aufgaben und Struktur der Werkstätten. Sie sollten nicht mehr selbst produzieren, sondern Modelle für die Industrie liefern. Des weiteren vereinigte er die Werkstätten Metall und Tischlerei/Möbelherstellung mit technischen Werkstätten der Bauabteilung zu einer »Bau- und Ausbauwerkstatt«. Damit schaffte er nicht nur die blühende Produktion in den Werkstätten ab, mit denen sich das Bauhaus zum Teil finanziert hatte, sondern machte das Bauhaus nun zu einer Architekturschule, der einige Werkstätten angegliedert waren. Ungeachtet dieser Bemühungen wurde das Bauhaus nach dem Wahlsieg der Nationalsozialisten in Dessau 1932 unhaltbar. Die Schule siedelte nach Berlin-Steglitz in eine stillgelegte Telefonfabrik um. Von Mies van der Rohe als »Freies Lehr- und Forschungsinstitut« fortgeführt, löste es sich nach Hausdurchsuchungen und Versiegelung durch die Gestapo gezwungenermaßen 1933 selbst auf.

Klassische Moderne

Bauhaus-Archiv Berlin – Museum für Gestaltung / Stiftung Bauhaus Dessau und Klassik-Stiftung Weimar (Hrsg.): **Modell Bauhaus.** Ostfildern 2011.
Droste, Magdalena: **bauhaus 1919–1933.** Köln 2006.
Fiedler, Jeannine / Feierabend, Peter (Hrsg.): **Bauhaus.** Potsdam 2007.
Herzogenrath, Wulf (Hrsg.): **Bauhaus-Utopien.** Arbeiten auf Papier. Katalog Stuttgart 1988.
Nerdinger, Winfried (Hrsg.) in Zusammenarbeit mit dem Bauhaus-Archiv Berlin: **Bauhaus-Moderne und Nationalsozialismus.** Zwischen Anbiederung und Verfolgung. München 1993.

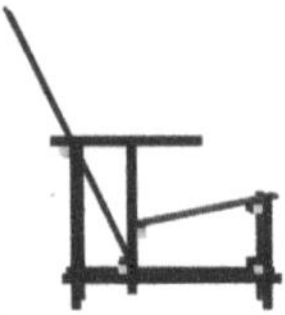

Rot-Blauer Stuhl, Roodblauwe stoel
Entwurf: 1917/18
Produktion: 1918, 1924–73 Gerard van de Groenekan, Utrecht; Reedition: Seit 1973 durch Cassina, Mailand

1918

Rot-Blauer Stuhl

Gerrit Thomas Rietveld

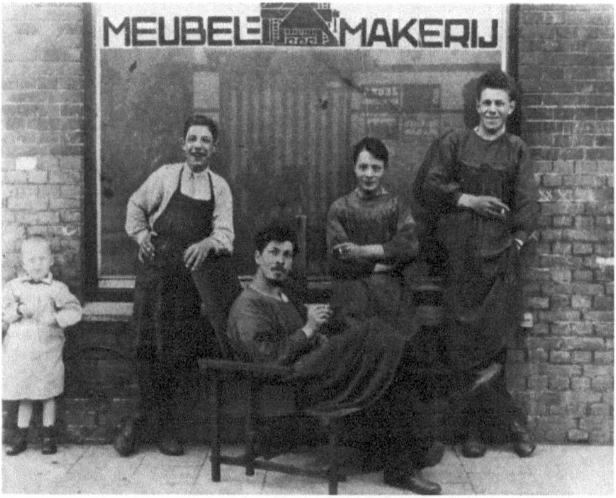

Gerrit Thomas Rietveld auf der ersten Version seines »Rot-Blauen Stuhls«, zusammen mit seinen Schreinern, um 1918

Elementar-geometrisches Manifest zum Sitzen.
Nachdem Gerrit Thomas Rietveld seine eigene Möbelwerkstatt eröffnet hatte, entwickelte der holländische Möbeltischler und Architekt um 1917 erste Versionen eines einfachen Lehnstuhls aus Vierkanthölzern und rechtwinkligen Holzplatten, mit denen er alle künstlerischen und handwerklichen Traditionen beiseiteließ.

Die ersten Prototypen waren schwarz gebeizt oder gar nicht farbig gefasst und noch mit Brettern unter den Armlehnen versehen; zudem gab es eine Herrenversion und eine kleinere für Damen. 1923 entstand der heute berühmte Rot-Blaue Stuhl mit seiner farblichen Fassung in den Primärfarben Rot, Gelb und Blau sowie Schwarz.

Zum einen wollte Rietveld Möbel entwerfen, die preiswert und einfach in Serie herzustellen sind. So verwendete er zwei Buchenholzplatten und dreizehn dünne Fichtenholzplanken, die in jeder Holzhandlung zu kaufen waren. Zum anderen ging es ihm um die Lösung eines »Form-Raum-Problems«. Rietveld betrachtete diesen Stuhl als ein von Polstern und allem Überflüssigen befreites Skelett, ein Möbelstück ohne Volumen oder Masse, das den Raum nicht umschließt, sondern »raumdurchlässig« ist. Was Künstler des Neoplastizismus wie Piet Mondrian oder Theo van Doesburg auf der Leinwand zu lösen versuchten, übertrug Rietveld, der ab 1919 der De-Stijl-Gruppe angehörte, auf den Gestaltungsbereich.

Später gründete Rietveld einen Mitnahme- und Selbstbaumöbelmarkt für einfache Einrichtungsgegenstände.

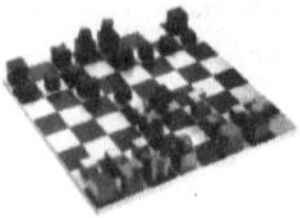

Produktion: Bauhauswerkstätten
Reedition: Seit 1981 durch
Naef Spiele, Zofingen, Schweiz

1924

Bauhausschachspiel

Josef Hartwig

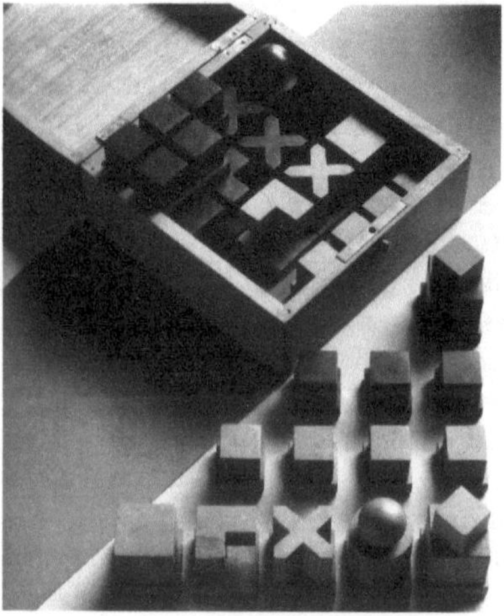

Geometrische Formen geben die Richtung vor: das Bauhausschachspiel von Josef Hartwig

Abstrakte Spiele. Josef Hartwig, der als Werkmeister in der Stein- und Holzbildhauerei des Weimarer Bauhauses lehrte, ersetzte in seinem Bauhausschachspiel die gegenständlichen Schachfiguren durch abstrakte Formen. Würfel und Kugel verdeutlichen, einzeln oder miteinander kombiniert, in ihren Formen die Gangart, in ihrer Größe den Rang und in ihrem Volumen den Wert der jeweiligen Figuren.

Bauer und Turm definierte er durch Würfelformen, um zu verdeutlichen, dass diese Figuren rechtwinklig zum Brettrand ziehen. Ein aus dem Würfel geschnittenes Schrägkreuz visualisiert den Läufer, der diagonal agiert. Ein kleiner Würfel, der übereck auf einem größeren steht, symbolisiert den König mit seinen rechtwinkligen und diagonalen Zügen. Die Dame als beweglichste Figur besteht aus Würfel und Kugel. Indem sich die Funktionen der einzelnen Schachfiguren aus ihrer Form selbst erklären, soll sich der Spieler ganz auf die strategischen Fragen des Spiels konzentrieren können.

Auf der Leipziger Frühjahresmesse 1924 stellte Hartwig sein Schachspiel aus Birnbaumholz folgendermaßen vor: »Uns heutigen Menschen sind die 32 Steine auf den 64 Feldern ein Mittel, um im gegenseitigen Gedankenaustausch […] geistige Fähigkeiten zu schärfen. War in früheren Zeiten die naturalistische Darstellung […] das Gegebene und einzig Richtige, so zwingt uns die heutige Bedeutung des Schachspiels zur abstrakten Gestaltung der Spielsteine.«

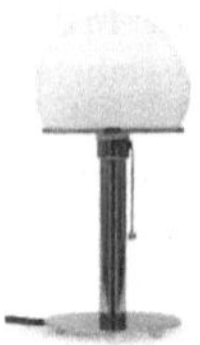

MT 8, Metallversion
(auch bekannt als Bauhausleuchte)
Entwurf: 1923/24; wenige handgefertigte Produkte der Bauhaus-Metallwerkstatt, ab 1925 Vertrieb über die Bauhaus GmbH
Produktion: Ab 1928 industrielle Serienproduktion (1928–30 Schwintzer & Gräff, Berlin; 1928–30 Wilhelm Wagenfeld & Architekturbedarf), ab 1980 Tecnolumen, Bremen

1924

Bauhauslampe

Wilhelm Wagenfeld

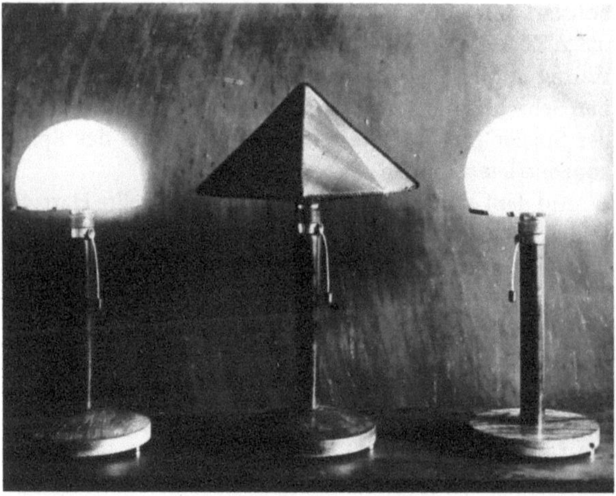

Anonym: Tischlampe mit drei Fußvarianten aus Holz (Foto: Lucia Moholy)

Elementare Erleuchtung. Nachdem László Moholy-Nagy 1923 die Bauhaus-Metallwerkstatt übernommen hatte, wurden dort mustergültige Einrichtungsgegenstände für eine neue industrielle Ästhetik erarbeitet. So entwickelte der Schweizer Silberschmied Carl Jacob Jucker »maschinenmäßige« Leuchten aus Glas, die sich den Themen Kugel, Scheibe und Zylinder widmeten und das Thema »Elektrizität« durch farbige Zuleitungsdrähte im Glasschaft visualisierten.

Etwa ein Jahr später entwarf Wilhelm Wagenfeld eine Metall-Leuchte, bei der eine Metallstandplatte auf drei Metallkugeln über der Tischfläche schwebt. Zudem setzte er eine speziell angefertigte Opalglaskuppel als Lampenschirm ein, die auf verlöteten Metallstreben und einem umlaufenden Metallband ruhte, so dass Fuß, Schaft und Kuppel eine formale Einheit bildeten (Modell MT 8). Eine der ersten Lampen überreichten die Mitglieder der Metallwerkstatt Walter Gropius im Mai 1924 zu dessen Geburtstag. Sie sollte fortan als programmatisches Statement auf dem Schreibtisch des Bauhausdirektors ihren Platz finden.

Moholy-Nagy und Gropius waren der Meinung, diese Lampe sei für die industrielle Produktion geeignet. In der Folge entwickelte Wagenfeld auch eine Glasversion, die das Kabel in ein dünnes vernickeltes Metallrohr verlegte und so formal an seine Metallversion anschloss (MT 9).

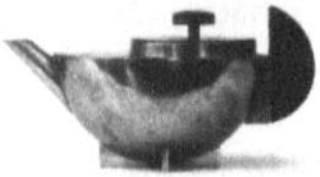

Tee-Extraktkännchen MT 49
(auch bekannt als Silberne Teekanne)
Entwurf: 1924
Reedition: Seit 1995 bei Alessi, Omegna

1924

Tee-Extraktkännchen

Marianne Brandt

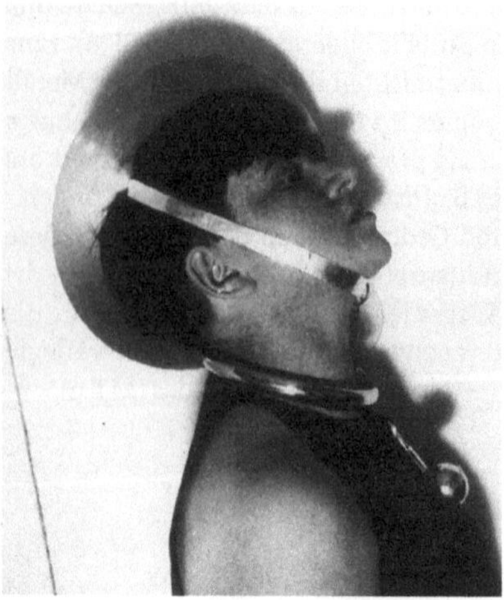

Marianne Brandt:
Selbstporträt mit Schmuck für das »Metallische Fest« am Dessauer Bauhaus, 1929

Träume vom Standard in Silber. Brandts Tee-Extraktkännchen kann als Paradebeispiel für die Verbindung von Kunst und Technik angesehen werden. Im Gegensatz zu Behrens' Wasserkesseln für die AEG →48, die bereits eine Verbindung mit der Technik eingegangen waren, visualisierte die Bauhäuslerin die additiv-konstruktiven Prinzipien der Serienproduktion, indem sie stereometrische, also räumlich-geometrische Grundformen gekonnt gegeneinandersetzte.

Marianne Brandt halbierte den silbernen Kugelkörper exakt in der Mitte, schloss die Oberseite in der Ebene flach ab und versetzte die flache zylindrische Einfüllöffnung mit dem flachen Deckel azentrisch zum halbmondförmigen Griff aus Ebenholz. Besonders elegant löste die Gestalterin die Standfläche, indem sie – anstelle des üblichen Standrings – mit zwei kreuzförmig angebrachten Stegen von der Kugelwölbung der Kanne zur Standfläche überleitete. Ohne den Umriss der Halbkugel zu unterbrechen, betonen die Stege die Hauptachse des Gefäßes und verleihen ihm Schwerelosigkeit.

Brandt fertigte in der Metallwerkstatt des Bauhauses mehrere Stücke dieses Modells, teilweise in unterschiedlichen Materialien. Obwohl vollkommen handwerklich hergestellt, ist der Vorgang des Metalltreibens nicht sichtbar. Gefertigt als Prototyp für die Serienproduktion, visualisiert dieser kleine Gebrauchsgegenstand die neue industrielle Ästhetik sehr überzeugend. Obwohl ausdrücklich für die Serienanfertigung entworfen, wurde das Tee-Extraktkännchen nie industriell hergestellt.

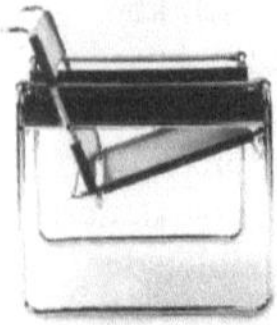

Stahlclubsessel B3 (auch bekannt als Wassily-Chair, Wassily-Sessel, Klubsessel)
Entwurf: 1925
Produktion: 1926–28 Standard-Möbel Lengyel & Co., Berlin; danach Thonet;
Reedition: Ab 1962 durch Dino Gavina; ab 1968 durch Knoll International, New York

1925

Wassily-Chair

Marcel Breuer

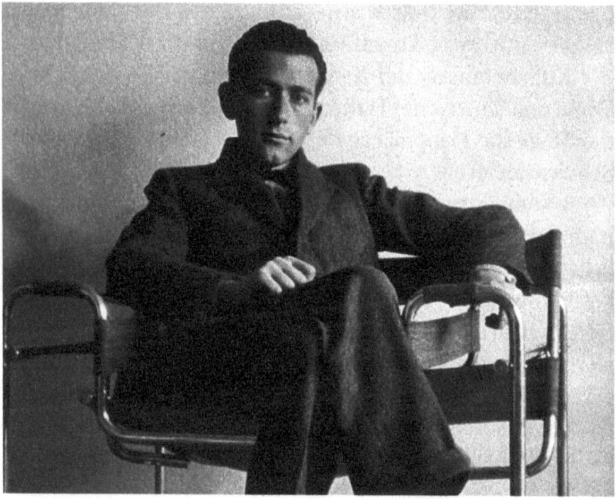

Der stolze »Besitzer«: Marcel Breuer in seinem Wassily-Sessel (B3), um 1926

Ursprung moderner Stahlrohrstühle – luftig in den Raum konstruiert. Metallmöbel sind an sich nichts Neues. Bereits im 19. Jahrhundert wurden sogenannte Stangenmöbel hergestellt, und auch die Fahrradindustrie setzte Stahlrohre ein. Ab 1919 wurden zudem PKW- und Flugzeugsitze aus Stahlrohr gefertigt, die jedoch noch mit Polstern ummantelt waren.

1925 entwickelte Breuer erste Prototypen eines völlig neuartigen Metallsessels: Im Herbst entstand ein erster geschweißter Metallsessel aus vernickeltem Stahlrohr mit grober Segeltuchbespannung – eine starre Metallkonstruktion auf vier Stuhlbeinen. Nachdem dieses Modell in seine Einzelteile zerlegt worden war, entstand Anfang 1926 der Prototyp seines Stahlclubsessels, bei dem die Stuhlbeine durch Kufen ersetzt wurden.

Der »abstrakte stuhl« wurde erstmals auf einer Breuer-Ausstellung in der Kunsthalle Dessau präsentiert. Danach konnte ihn eine größere Öffentlichkeit bei der Eröffnung des Dessauer Bauhauses bewundern. Da dieser handwerklich und mit großem Zeitaufwand hergestellte Klubsessel jedoch nicht für die Serienherstellung geeignet war, entwickelte Breuer eine Schraub- und Steckvariante aus vernickeltem Stahlrohr mit federnder Sitz- und Rückenlehnfläche aus verwebtem Eisengarn, die Ende 1926 bei seiner eigenen Firma Standard-Möbel in Serie ging. So konnte das ausgereifte Modell sowie eine zusammenklappbare Variante 1927 auch in den Häusern von Mart Stam und Walter Gropius auf der Stuttgarter Weißenhof-Siedlung gezeigt werden.

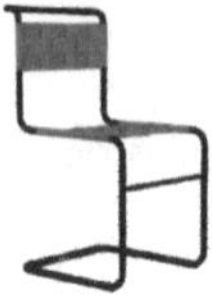

Stahlrohrstuhl S 33 /
Hinterbeinloser Kragstuhl S 33
Entwurf: 1926
Produktion: L. & C. Arnold, Schorndorf;
ab 1927 Thonet, Frankenberg

1926

Gasrohrstuhl

Mart Stam

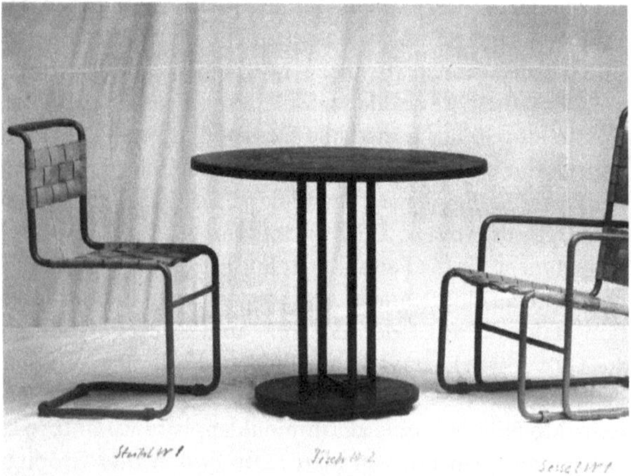

Mart Stam:
Stahlrohrmöbel aus dem Haus Nr. 28 der
Stuttgarter Weißenhof-Siedlung, 1927

Der erste hinterbeinlose Stuhl. Angeblich hat Mart Stam den Stuhl 1926 für seine Frau Leni in Rotterdam entworfen. Für diese eigenwillige Konstruktion verwendete er zehn gleich lange Gasrohrstücke und die dazugehörenden Fittings, also Montageverbindungen. Das Gestell ist so gebogen, dass es nicht auf vier Beinen steht, sondern Standfläche, Vorderbeine und Sitz drei Seiten eines Kubus umschreiben.

Zudem steht die Lehne dieses Prototyps lotrecht über der vierten, offenen Seite des Kubus; Sitzfläche war lediglich ein lose auf die Rohre gelegtes Brett.

Mit der Wahl des industriell massenweise produzierten Materials wollte der niederländische Architekt die reine Zweckgebundenheit zum Ausdruck bringen: Standardisierung, Serienproduktion und unprätentiöses »Low Tech« wurden nun gegen tradierte Material- und Schönheitsvorstellungen gesetzt, die Eleganz und Repräsentation im Blick gehabt hatten.

Zwei Modelle dieses hinterbeinlosen Kragstuhls präsentierte Stam 1927 in seinem Reihenhaus Nr. 28 auf der Stuttgarter Weißenhof-Siedlung: Das eine war ein Stuhl aus einem zu einer einzigen Linie gebogenen Eisenrohr, das andere ein Sessel mit Armlehnen, farbig oder grau lackiert und mit Sitzflächen und Rückenlehnen aus geflochtenen Hanfgurten oder Gummi. Da Stam bei seinem Modell S 33 die Rohrstärke möglichst klein halten wollte, war er gezwungen, den Stuhl innen an den Krümmungen mit Eiseneinlagen zu verstärken. Damit war diese Version steifer, weniger flexibel als Breuers Modell B 32 →76 oder Mies van der Rohes MR 10 →74.

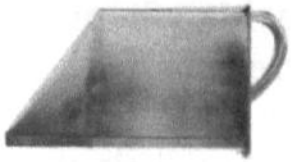

Entwurf: 1926
Produktion: Ab 1927–30 im »Neuen Frankfurt«, Frankfurt a. M.

1927

Frankfurter Küche

Margarete Schütte-Lihotzky

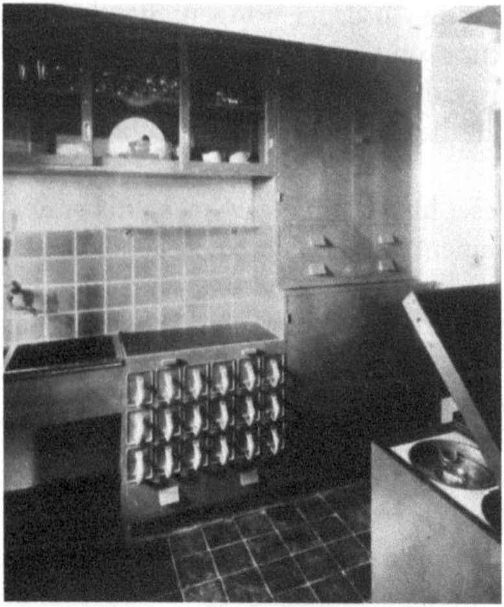

Maximum an Organisation – Minimum an Raum: die »Frankfurter Küche« von Margarete Schütte-Lihotzky

Billig und rational: Die erste Einbauküche. 1926 entwarf die Architektin Margarete Schütte-Lihotzky für die Stadt Frankfurt am Main eine sogenannte arbeitssparende Küche, die der modernen Hausfrau das Leben erleichtern sollte. Konzipiert wurde sie für das »Neue Frankfurt«, eines der größten sozialen Wohnungsbauprojekte der Weimarer Republik. Sie war nur 6,5 Quadratmeter groß und auf kurze Wege ausgerichtet.

Die kleine Küche war bestens ausgerüstet mit Gasherd, Kochkiste zum Warmhalten der Speisen, ausklappbaren Arbeitsflächen, Drehschemel, Hängeschränken mit verglasten Schiebetüren, praktischen Schütten für die verschiedenen, damals noch lose verkauften Lebensmittel sowie Spülbecken, die in die durchgehende Arbeitsplatte integriert waren. Zudem verfügte sie über verschiebbare Pendelleuchten.

Mit der Frankfurter Küche wurden die Prinzipien des von Frederick Taylor propagierten »idealen« Arbeitsprozesses auf den privaten Lebensbereich angewandt, um Hausarbeit ebenso effizient organisieren zu können wie die Fließbandarbeit in der Fabrik: Jeder Handgriff wurde bei der Anordnung der Küchenmöbel, Geräte und Anschlüsse berücksichtigt, um das Arbeiten zu erleichtern. Die Vorratshaltung wurde systematisiert und alle Materialien auf ihre Strapazierfähigkeit hin geprüft. Zwischen 1926 und 1930 wurde die Frankfurter Küche in über 10 000 Wohnungen und Siedlungshäuser eingebaut. Viele Neuerungen und die für damalige Verhältnisse luxuriöse Ausstattung wurden zum Standard für den sozialen Wohnungsbau und Vorbild für die Einbauküchen der Nachkriegszeit.

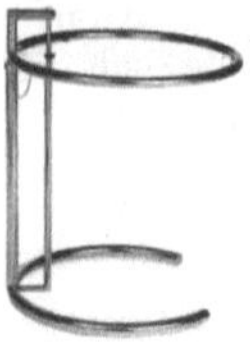

Glastisch E 1027
Entwurf: 1926/27
Produktion: 1927–30 Atelier Eileen Gray / Galerie Jean Désert, Paris
Reedition: Ab 1970 durch Aram Designs (Zeev Aram)
1984–90 durch Vereinigte Werkstätten; ab 1990 ClassiCon, München

1927

Verstellbarer Beistelltisch

Eileen Gray

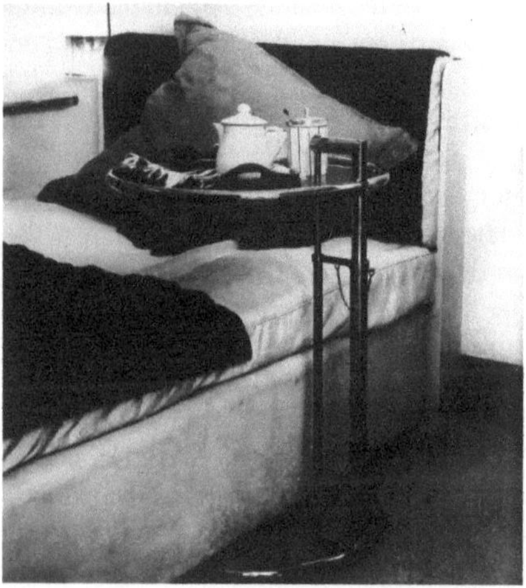

Der E 1027 als Frühstückstisch. Der Fuß war so konzipiert, dass er unters Bett geschoben werden konnte.

Nachttisch aus Stahl und Glas. Eileen Gray hat dieses mechanisch leicht in der Höhe verstellbare Tischchen aus Stahlrohr mit einer Kristallglasplatte 1927 für ihre Villa E 1027 hoch über dem Meer in Roquebrune / Cap Martin an der Côte d'Azur angeblich für ihre Schwester Thora entworfen. Ursprünglich stand das höhenverstellbare Tischchen im Gästezimmer neben dem Bett, war also für das »Bettfrühstück« gedacht.

Aus dieser Funktion leitet sich auch die Form ab: Die runde, durch einen Stahlrohrring gefasste Tischplatte ist nur an einer Seite durch ein Standrohr mit dem Stahlrohrring am Boden verbunden, so dass dieser auch unter Betten mit flachen Füßen geschoben werden kann. Die Höhe des auszichbaren Teleskopbeins wird mit einem Metallstift fixiert, der an einer Metallkette befestigt ist. Das Tischchen ist bis circa einen Meter höhenverstellbar, so dass es auch für hohe Betten geeignet ist.

Mit ihrer Architektur wie auch mit ihren Möbelentwürfen zielte Gray auf flexible Nutzungsmöglichkeiten – Tische sollten leicht durchs ganze Haus und nach draußen transportiert werden können. Entsprechend hat sie das Standrohr des Möbels über die Glasplatte hinausgeführt. Zusammen mit einem kleineren, stabilisierenden Rohr kann es als integrierter Griff genutzt werden und lädt zum Herumtragen des Tischchens ein. Es kann also auch neben dem Sofa, im Badezimmer, selbst auf der Terrasse oder im Garten zum Einsatz kommen.

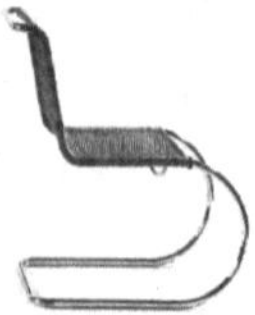

MR 10, MR 20 (auch bekannt als Freischwinger, Weißenhofsessel)
Entwurf: 1927
Produktion: 1927–30 Metallgewerbe Joseph Müller, Berlin, dann Bamberger Metallwerkstätten, ab 1932 Gebr. Thonet, Frankenberg/Eder (S 533); ab 1967 Knoll International (MR Chair), zudem Tecta, Lauenförde (B 42)

1927

MR 10, MR 20

Ludwig Mies van der Rohe & Lilly Reich

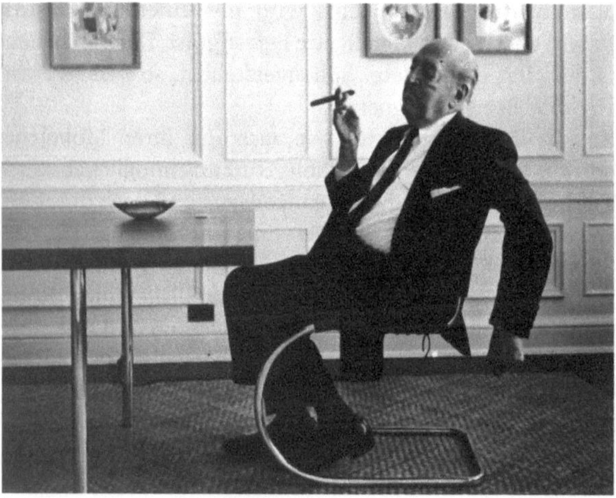

Ludwig Mies van der Rohe in seinem Apartment an der East Pearson Street in Chicago, 1965

Schwung der Moderne. Nachdem Mies van der Rohe von Stams Kragstuhl → 68 erfahren hatte, ersetzte er die fast rechtwinkligen Biegungen durch einen eleganten Bogen. 1927 begannen erste Versuche, Rohre aus Präzisionsstahlrohr kalt ziehen und in einem großen Bogen biegen zu lassen. Das Ergebnis: Mies van der Rohes Stuhlgestell war leicht und außerdem elastisch. Damit hatte er den ersten federnden Freischwinger aus Stahlrohr geschaffen.

Da die gebogene halbkreisförmige Linie sehr elegant wirkt und der Winkel zwischen Sitz und Rückenlehne nicht wie bei Stam rechtwinklig, sondern flacher ist, kann Mies van der Rohes Freischwinger in ästhetischer Hinsicht als Durchbruch verstanden werden.

Die berühmtesten Ausführungen dieses Freischwingers stellen das Modell MR 10 sowie das Modell MR 20 dar, dessen Armlehnen aus einem Stück Rohr bestehen, das parallel, aber in einem größeren Radius der halbkreisförmigen Biegung der Vorderbeine folgt.

Bei diesen Modellen wurde auch die Idee von Lilly Reich umgesetzt, geflochtenes Peddigrohr für den einteiligen Sitz- und Rückenlehnenbezug sowie für die Armlehnen zu verwenden. Der Freischwinger wurde 1927 in verschiedenen Varianten auf der Ausstellung »Die Wohnung« auf der Stuttgarter Weißenhof-Siedlung präsentiert, wo er zur echten Sensation avancierte.

1928 ließ sich Mies van der Rohe die Technik der federnden Elastizität und die Verarbeitung des Naturrohrs als Gemeinschaftsentwurf von ihm und Lilly Reich patentieren.

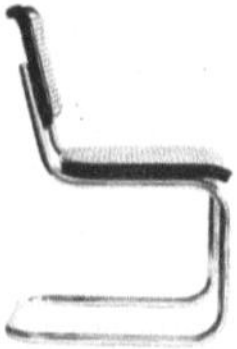

Entwurf: 1928
Produktion: Ab 1929 Gebr. Thonet AG, Frankenberg/Eder
Reedition: Galvina / Knoll Associates / Knoll International, seit 1963 unter der Bezeichnung »Cesca«, benannt nach dem Kosenamen von Breuers Tochter Francesca

1928

Freischwinger B 32

Marcel Breuer

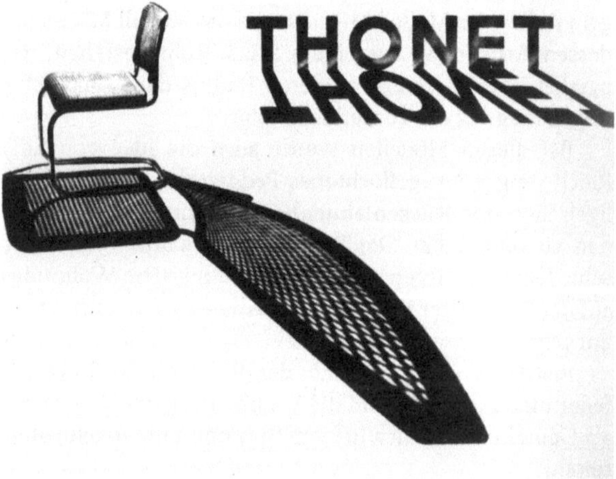

Avantgarde trifft Bürgertum: Thonet-Werbung für Marcel Breuers B32, 1933

Hybrid zwischen Tradition und Moderne. Nachdem Breuer an einem Kragstuhl gearbeitet hatte, der beim Sitzen leicht nachgeben kann, taucht der Freischwinger 1930 erstmals in einem Thonet-Katalog unter der Bezeichnung »B 32, Arch. Marcel Breuer« auf. Formalästhetisch knüpft er an die kubische Gestellform des Stam-Stuhls aus der Stuttgarter Weißenhof-Ausstellung an. →68

Indem Breuer für Rückenlehne und Sitzfläche auf ein Wiener Geflecht zurückgriff, das auf einen Holzrahmen gespannt war, machte er den Stuhl nicht nur bequemer, sondern passte ihn auch den Vorstellungen einer bürgerlichen Klientel an. Denn: Eine allzu aseptisch wirkende Maschinenästhetik lederbespannter Stahlrohrmöbel lehnten diese Käufer ab. Mit der Übernahme des Wiener Geflechts adaptierte Breuer das Markenzeichen der Thonet-Kaffeehausstühle →24, das er mit der Strenge des modernen Maschinenzeitalters verknüpfte.

Insofern ist der B 32 die gelungene Symbiose aus technisch Zeitgemäßem und historisch Etabliertem, die einer modernen Auffassung vom Wohnen den Weg ebnete.

Infolge eines Rechtsstreits wurde der Entwurf ab 1933 Mart Stam zugeschrieben.

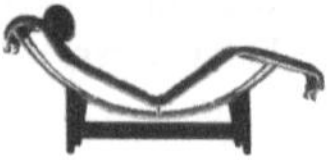

LC4 (auch bekannt als Chaise longue basculante, Chaise longue à réglage continu)
Entwurf: 1928
Produktion: Ab 1930 durch Gebr. Thonet / Wohnbedarf Zürich / Embru
Reedition: 1959–64 Heidi Weber; ab 1965 Cassina, Mailand

1928

LC4

Le Corbusier, Charlotte Perriand, Pierre Jeanneret

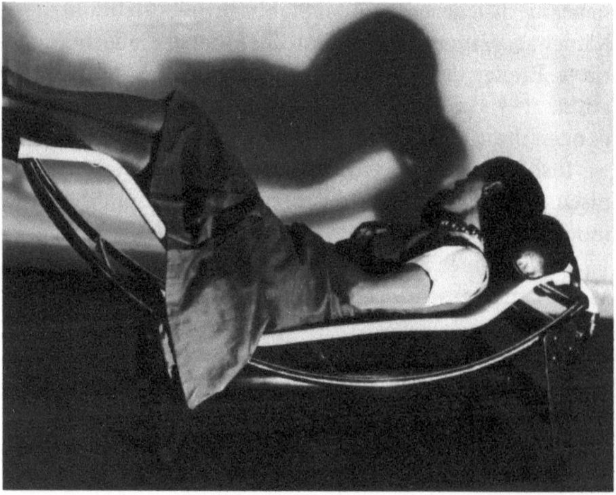

Charlotte Perriand auf dem Stahlrohrliegestuhl »B306«, an dem sie mit Le Corbusier und Pierre Jeanneret gearbeitet hat

Immer im Gleichgewicht. Le Corbusier konzipierte die Wohnung als Wohnmaschine. Entsprechend ist die Liege LC4 als »Ruhemaschine« (machine à repos) gedacht, die den modernen Menschen körperlich entlastet. Formal ist die Chaiselongue durch Formreduktion und Einfachheit gekennzeichnet.

LC4 besteht aus zwei Elementen: zum einen aus einem H-förmigen Untergestell aus Stahl, an dessen Querstreben ein Gummiüberzug sicherstellt, dass die Kufen der Liegefläche in der eingestellten Position verbleiben; zum anderen aus einem aufliegenden bogenförmigen Stahlrohrsegment, das ein stufenloses Verschieben erlaubt und die Liegefläche in Form des ruhenden Körpers trägt.

Bereits Anfang der Zwanzigerjahre hat Le Corbusier an einem hölzernen Liegestuhl mit Polsterauflage und Armlehnen gearbeitet. Inspiriert haben soll ihn ein Liegestuhl von William Morris, eine Chaiselongue der Genfer Firma »Wanner« sowie der »Surrepos« des Pariser Arztes Pascaud – ein anatomisch geformter Polstersitz mit Kopfrolle, der auf einem per Handrad verstellbaren Stahlgestell ruhte.

Zunächst wurde die LC4 von Thonet hergestellt. Wohl in Unkenntnis dieses Lizenzvertrags ließ die Firma »wohnbedarf« die Liege ebenfalls produzieren. Nachdem Le Corbusier entgangene Lizenzen beklagt hatte, bot sie ihm angeblich eine Liege als Entschädigung an – mit der Bemerkung, ihr Warenwert übersteige die Höhe des zu zahlenden Betrages bei weitem.

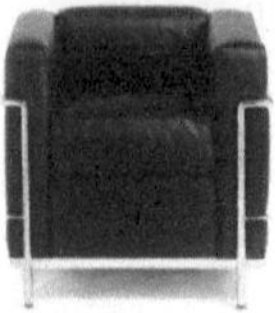

Fauteuil Grand Confort LC2
Entwurf: 1928
Produktion: 1928–30 durch Thonet Frères
Reedition: 1959–64 Heidi Weber; seit 1965 Cassina, Mailand

1928

Grand Confort

Le Corbusier, Charlotte Perriand, Pierre Jeanneret

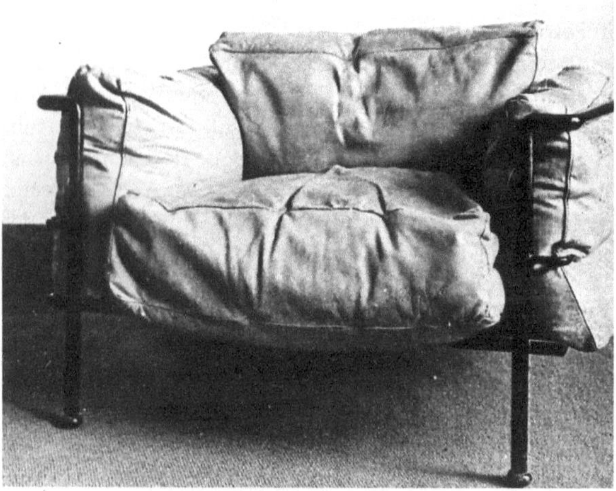

Le Corbusier, Charlotte Perriand, Pierre Jeanneret: Sessel Grand Confort (Grand Modèle), Prototyp mit Stoffkissen, 1928

Sympathisch geknautscht. Beim LC2 rahmt ein Gestell aus vernickeltem und lackiertem Stahlrohr die weichen Polster und schafft so einen Sessel mit »Grand Confort«. Dabei folgt Le Corbusier offensichtlich der Überlegung, dass weiche organische Formen körpernah eingesetzt werden sollen, die er dann jedoch in die strenge Ordnung des Stahlrohrgestells einband.

Es gibt zwei Versionen des bequemen Ledersessels: Das »Grand Modèle« soll es der Dame erlauben, ihre Beine seitlich übereinanderzuschlagen; das »Petit Modèle« war für den aufrecht sitzenden Herrn gedacht.

Der Sessel entstand in enger Zusammenarbeit zwischen Le Corbusier, seinem Vetter Pierre Jeanneret sowie Charlotte Perriand, die als »Associée« in Le Corbusiers Büro arbeitete. Er wurde 1929 auf dem Salon d'Automne in einem größeren Möbelensemble präsentiert, das als Manifest des modernen Möbeldesigns begriffen werden kann. Frühe Abbildungen zeigen, dass der Sessel ursprünglich weitaus lässiger wirkte als die glatte und strenge heutige Version aus schwarzem Leder, waren die fünf eingelegten Kissen doch noch mit Federn gefüllt und daher weich und sympathisch geknautscht.

Weiterhin interessant: Der LC2 wurde auch bei Peugeot hergestellt, da diese Firma in Frankreich die meiste Erfahrung mit Stahlrohr hatte.

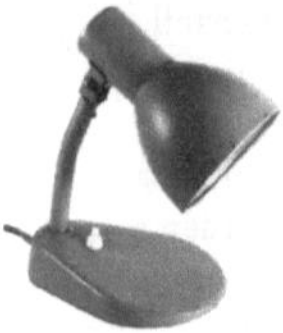

Kandem-Schreibtischleuchte Modell Nr. 756,
Kandem-Nachttischleuchte Modell Nr. 702
Entwurf: 1928
Produktion: Bis 1930 durch Schwintzer und Gräff, Berlin; bis 1945 durch Körting & Mathiesen AG, Leipzig

1928

Kandemlampen

Marianne Brandt, Hin Bredendieck

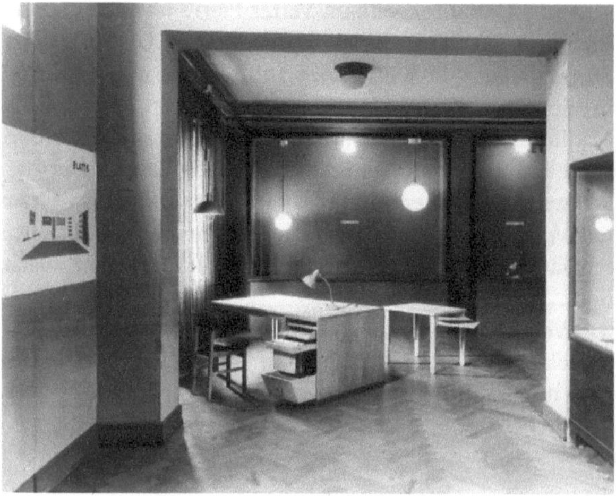

Ausstellungsraum mit Kandemleuchten. Wanderausstellung Bauhaus Dessau im Gewerbemuseum Basel, 1929

Einer der Verkaufsschlager des Bauhauses. Kaum ein Produkt des Bauhauses war zu seiner Zeit so erfolgreich wie die Kandemlampe. Sie war, neben den Tapeten, *das* Massenprodukt des Bauhauses. Es ermöglichte seinen Schöpfern, die angestrebte Zusammenarbeit mit der Industrie in die Tat umzusetzen. So war die Lampe für die Schule eine wichtige Einnahmequelle.

Von der Kandemlampe gab es mehrere Varianten für verschiedene Zwecke. Besonders bekannt wurden die Schreibtisch- und die Nachttischleuchten.

Bei der Schreibtischleuchte handelt es sich um die Überarbeitung eines älteren Entwurfs, von dem der kippbare Arm und schwenkbare Reflektor übernommen, die Form insgesamt und gestalterische Details jedoch grundlegend überarbeitet wurden. Sie war hellgrau, dunkelgrün oder braun lackiert. Zudem gab es Ausführungen in Bronze bzw. vernickeltem Blech.

Die elfenbeinfarben oder seegrün lackierte Nachttischleuchte hatte zwar den gleichen Schirm wie die Schreibtischleuchte, war jedoch niedriger und verfügte über einen kürzeren Arm. Außerdem besaß der Fuß eine glatte, nach vorn geneigte Oberfläche, um das Licht zu reflektieren. Besonders praktisch war ein Loch, mit dem die Leuchte an der Wand aufgehängt werden konnte. Ursprünglich hatte Bredendieck die Leuchten skizziert und sie dann gemeinsam mit Brandt realisiert. Beide beschlossen jedoch die Urheberschaft zu teilen. So wird Brandt als Konstrukteurin der Nachttischleuchte, Bredendieck als Urheber der Schreibtischleuchte genannt.

Klassische Moderne → 50

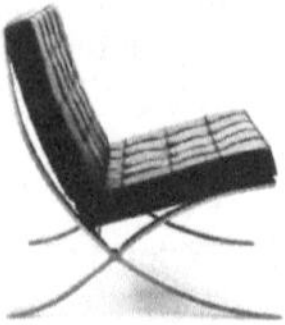

MR 90 Barcelona (auch bekannt als Barcelona-Sessel, Pavillonsessel)
Entwurf: 1929
Produktion: 1929–30 Metallgewerbe Joseph Müller bzw. Bamberg Metallwerkstätten, Berlin; ab 1930 Thonet; Gerry Griffith, Chicago; ab 1948/49 Knoll Associates / Knoll International, New York

1929

Barcelona-Chair

Ludwig Mies van der Rohe

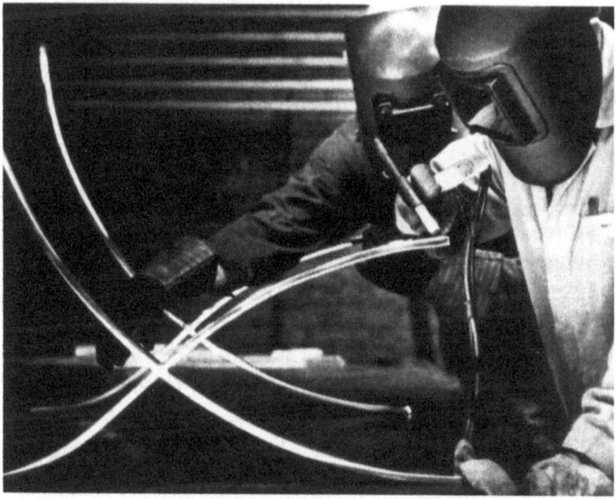

Beim Schweißen des Kreuzgestells von Ludwig Mies van der Rohes »Barcelona Chair«, aus: Interiors, 1964

Der moderne Thron. Der sogenannte Barcelona-Chair wurde in zwei Einzelanfertigungen für den deutschen Pavillon der Weltausstellung in Barcelona 1929 hergestellt. Das Ausstellungsgebäude mit seinen freistehenden Wänden aus Glas sowie einem Raumteiler aus Onyx war Schauplatz der Eröffnungszeremonie, die das spanische Königspaar zelebrierte. Der Pavillon wirkte luxuriös und demonstrierte gleichzeitig Understatement.

Entsprechend stellt der Barcelona-Chair einen modernen Thron dar, der nicht verrückt werden darf. Woher sich die Form des Kreuzgestells aus Flachstahl genau herleitet, ist unklar. Möglicherweise ist er von den scherenförmigen, zusammenklappbaren Faltstühlen ägyptischer Regenten inspiriert, der *sella curulis* römischer Magistratsbeamter oder auch vom gusseisernen Gartenstuhl Karl Friedrich Schinkels mit seinen gegossenen und daher ebenfalls nicht klappbaren Seitenteilen.→20

Dem offiziellen Anlass angemessen – schließlich diente er König Alfonso XIII. und Victoria Eugenia bei der Eröffnungsfeier der Weltausstellung vorübergehend als Thron – verschrieb sich Mies van der Rohe einem luxuriös-eleganten Konzept, indem er anstatt der eher zweckmäßig wirkenden Stahlrohre schwere Flachstahlbänder sowie Leder einsetzte und diese Materialien aufwendig verarbeiten ließ. Insbesondere das Schweißen des Kreuzgestells, aber auch der neun Stahlstreifen für Sitz und Rücken erfordert erfahrene Schweißer; auch die Oberflächenbehandlung erfolgt in zeitintensiver Handarbeit.

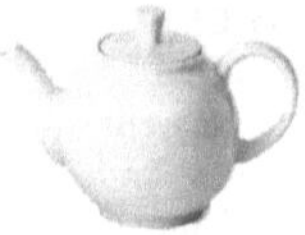

Arzberg 1382 (auch bekannt als Modell 1382)
Entwurf: 1931
Produktion: Ab 1931 Porzellanfabrik Arzberg, Arzberg; seit 2013 Rosenthal GmbH

1931

Form 1382

Hermann Gretsch

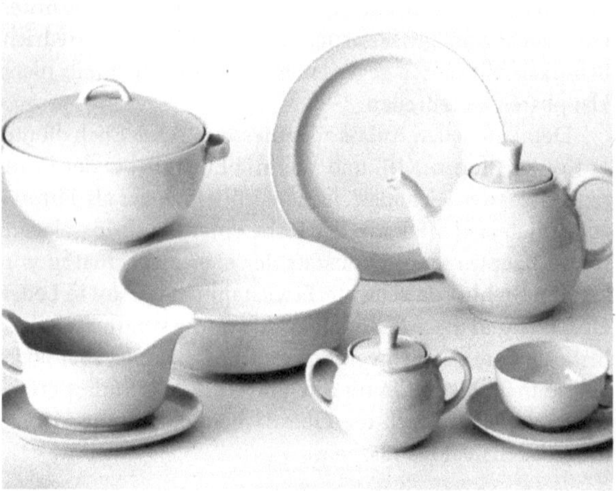

Hermann Gretsch: Kaffee- und Teeservice sowie Essgeschirr »1382«, 1931

Erstes modernes Sammelservice. Das für Arzberg gestaltete Porzellanservice 1382, das auch als »Modell 1382« oder »Form 1382« bekannt ist, verdankt seinen Namen der chronologischen Entwurfsnumerierung im Arzberg-Modellbuch. Das Service verstand sich als Umsetzung einer brauchbaren und sachlich-schönen Idealform und wandte sich gegen preiswert produzierte sogenannte Stilformen, die einem modischen Wechsel unterliegen.

Mit Arzberg 1382 läutete Gretsch die Produktion des modernen, massenproduzierten Gebrauchsporzellans ein, das sich auf einfache geometrische Formen konzentriert. Erstmals wurde damit auch ein sogenanntes Sammelgeschirr eingeführt, das durchaus als soziale Innovation verstanden werden kann. Denn bei Bedarf und je nach finanzieller Situation konnten nun auch einzelne Teile erworben werden. Damit richtete Arzberg die Produktion der »Form 1382« ganz bewusst auf eine lange Lebensdauer des Modells und auf ein Angebot über Jahre, sogar Jahrzehnte hinweg aus.

1382 wurde in mehr als 840 Dekoren produziert, wobei das 1935 von Max Richter entworfene Dekor »Blaublüten« wohl das bekannteste ist. Bis heute wird das Service als deutscher Klassiker des Gebrauchsporzellans erfolgreich produziert und verkauft, auch wenn das Sortiment aufgrund veränderter Gebrauchsgewohnheiten kleiner geworden ist.

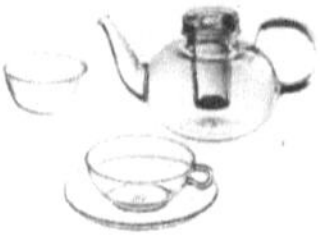

Entwurf: 1931 für Jenaer Glaswerk
Schott & Gen.
Produktion: 1931–62 Jenaer Glaswerke
Schott & Gen.; Reedition: seit 2005

1931

Teeservice

Wilhelm Wagenfeld

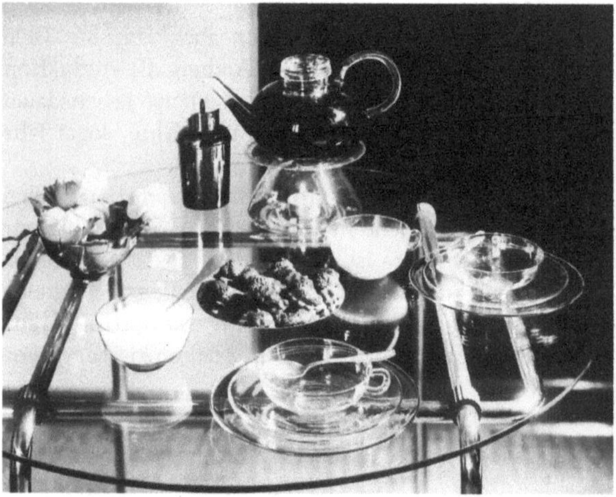

Filigrane Transparenz:
Wilhelm Wagenfelds Teeservice für die
Jenaer Glaswerke Schott & Gen.

Die reine Geometrie des Glases. Den Jenaer Glaswerken Schott & Gen. war es gelungen, ein hitzebeständiges Borosilikatglas zu entwickeln, aus dem die Firma Labor- und Haushaltswaren herstellte. Obwohl sich die gestalterische Avantgarde der Zwanzigerjahre für die unprätentiös-einfache Form des Laborglases aus Jena begeisterte, war die Gestaltung von Glasbackschüsseln aus diesem Material immer wieder Stein des Anstoßes.

Anfang der Dreißigerjahre kritisierte Wagenfeld Haushaltsgeräte aus Jena als Musterbeispiele für schlechtes Design und forderte eine Beteiligung künstlerisch gebildeter Mitarbeiter am Entwurf. Seine Argumente überzeugten Erich Schott, wissenschaftlicher Leiter der Jenaer Glaswerke. Er lud Wagenfeld ein, als gestalterischer Berater für die Firma tätig zu werden.

Die Teekanne aus feuerfestem Glas war Wagenfelds erster selbständiger Entwurf für die Jenaer Glaswerke. Sie gilt als Meilenstein, da sie auf eine größtmögliche Standardisierung in der industriellen Produktion abzielte: Deckel und Sieb wurden gepresst und konnten auch für andere Kannen verwendet werden; das Glas für den Korpus wurde in eine Hohlform gedrückt. Nur der Ausguss wurde manuell geformt.

Indem Porzellan bzw. Steingut nun durch Glas ersetzt wurde, konnte eine neue Industrieästhetik umgesetzt werden, die auf Entmaterialisierung setzt. So fasziniert die dünnwandige Teekanne, die noch 1931 durch schlanke Teetassen, Sahnekännchen, Zuckerdose und Teller zu einem Service ergänzt wurde, durch ihre Transparenz, aber auch durch ihre filigran-elegante Form.

Internationale Entwicklungen

Die Dreißiger- und Vierzigerjahre

1931/32	Paimio-Sessel
1933	Dymaxion-Car
	Volksempfänger
1934	Chrysler Airflow
	Zick-Zack-Stuhl
1937	Savoy Vase
1938	Käfer
	Kubus-Geschirr
	Fledermaus-Sessel
1939	Ente
	Landi
1946	Plywood Chair
	Tupperware
1948	La Chaise
	Womb Chair
1950	ESU – Eames Storage Unit
	Fiberglasstuhl

Streamline. Die Streamline, die sich technisch gesehen an den Prinzipien des Aerodynamismus orientiert, gilt als Charakteristikum der beginnenden Dreißigerjahre in den USA. Für ihre Durchsetzung sind technische und ökonomische Aspekte verantwortlich: Zum einen verbreiteten Wochenschauen und Zeitungen Zeichnungen und Modellfotos des Stromlinienprinzips, wie sie Norman Bel Geddes in seinem Buch *Horizons* 1932 veröffentlicht hatte. Sie machten die Streamline so populär, dass sie zeitgenössische Automobilentwürfe beeinflusste. → 100, 104 Zum anderen wurden 1932 Festpreise eingeführt, die eine starke Konkurrenz unter den Anbietern verursachten. In der Folge versuchten sie ihre Waren durch »Streamlining« zu differenzieren, ein rein oberflächliches Produktstyling, das ihnen ein aufregend futuristisches, dynamisches Aussehen verleihen sollte.

Nationalsozialismus. Mit der Machtergreifung Hitlers veränderte sich die Lage der gestalterischen Avantgarde in Deutschland dramatisch. In der Folge wurde eine Vielzahl von Gesetzen zur organisatorischen Gleichschaltung erlassen, unter anderem das »Reichskulturkammergesetz«

(1933), das alle Berufe, die in journalistischen und kulturell-künstlerischen Bereichen tätig waren, in nationalsozialistische Organisationen überführte. In den folgenden Jahren wurde die Ausgrenzung avantgardistischer Künstler und Gestalter weiter forciert. Sie wurden diffamiert, erhielten Berufsverbot, wurden inhaftiert und aufgrund ihrer jüdischen Herkunft ermordet.

Internationale Entwicklungen

Obwohl eine deutschtümelnde rustikale oder neoklassizistische Ästhetik favorisiert wurde, bedienten die Nationalsozialisten aber auch eine von Teilen des Bürgertums inzwischen akzeptierte moderate Version moderner Gestaltung. Zudem wurden im nationalsozialistischen Deutschland hochmoderne Fabrikationsmethoden und -technologien forciert; Erfahrungen und Methoden der modernen Reklame und Ausstellungsgestaltung wurden für die eigenen ideologischen Ziele eingesetzt. Entsprechend wurden die Werte und die Ästhetik einer technisierten modernen Industriegesellschaft weiter propagiert, allerdings in gemäßigter Form. → 102, 112 Ähnlich antagonistisch verhielten sich die Nationalsozialisten bezogen auf »Amerikanismen«. Zwar lehnten sie die Streamline oder organische Formen ab, konnten aber auf Aerodynamik bei der Entwicklung insbesondere in der Flugzeug- und Automobilindustrie nicht verzichten. → 110

Wurde 1936 im Zuge der Olympischen Spiele in Berlin noch ein weltoffenes Image gepflegt, zeichnete sich im darauffolgenden Jahr ein ganz anderes Bild ab. In der Ausstellung »Entartete Kunst« wurden zahlreiche Bauhaus-Maler sowie avantgardistische Künstler und Gestalter diffamiert, unter anderem Kurt Schwitters, Wassily Kandinsky, Lyonel

Feininger oder Herbert Bayer. Für die Betroffenen folgten quälende Überlegungen, wie sie sich verhalten sollten. Zur Wahl standen wenige Möglichkeiten zwischen Anpassung und Flucht. In der Folge entschieden sich viele Künstler, Gestalter und Architekten für die Emigration. Mit ihnen wurden die Ideen der Moderne in andere Kulturen exportiert und modifiziert.

Organic Design. In den Dreißigerjahren wurde eine der Maschinenproduktion verpflichtete, rational motivierte geometrische Abstraktion, wie sie die europäische Avantgarde in den Zwanzigerjahren propagiert hatte, durch eine stärker von natürlichen Linien inspirierte Formensprache abgelöst.

Jetzt manifestierte sich in den skandinavischen Ländern immer deutlicher eine gestalterische Haltung, in der die Reduktion und Konzentration auf das Einfache mit einer ganz eigenen, naturnahen Formensprache und Materialwahl verbunden wurden. Führender und international einflussreicher Vertreter dieser Haltung war der finnische Architekt und Gestalter Alvar Aalto. Er favorisierte eine weiche, fließende Linienführung seiner Bauten und Objekte, die eine an der Natur und an der Natur des Menschen orientierte Gestaltung zum Ausdruck brachte. →108 So wollte er in seinem Sanatorium in Paimio nicht nur physiologisch-ergonomische, sondern auch sinnliche Ansprüche umsetzen: Er berücksichtigte daher psychologische Aspekte bei der Formgebung und bei der Wahl des Materials. →96

Der finnische Architekt Eliel Saarinen brachte die nordeuropäischen Reformideen in die USA. Unter seiner Leitung avancierte die Cranbrook Academy of Art in Bloom-

Internationale Entwicklungen

field Hill, Michigan, zur international bedeutenden Ausbildungsstätte für Künstler und Gestalter. Aus ihr erwuchs nicht nur eine organische Formensprache, die ästhetische und funktionale Aspekte in Einklang brachte, sondern mit Charles und Ray Eames, Eero Saarinen, Isamu Noguchi, Harry Bertoia, Ralph Rapson oder Florence Schust (später: Florence Knoll) auch eine international einflussreiche Gestaltergeneration, die auch während des Zweiten Weltkriegs mit Materialien und Herstellungstechnologien für das amerikanische Militär experimentierte und unmittelbar nach Kriegsende in eine zivile Nutzung überführte. So mündeten etwa Materialexperimente mit verformtem Sperrholz, wie sie Ray und Charles Eames bei der Produktion von Beinschienen für amerikanische Soldaten durchgeführt hatten, in Stuhlmodellen aus verformtem Sperrholz[→ 120], und die Weiterentwicklung synthetischer Kunststoffe bedingte neue organische Formen im Produkt- und Möbeldesign der Nachkriegszeit.[→ 122, 124, 126, 132]

Adam, Peter: **The Arts of the Third Reich.** London / New York 1992.
Albrecht, Donald / Murphy, Diana (Hrsg.): **Die Welt von Ray und Charles Eames.** Katalog Berlin 1997.
Clark, Robert Judson / Belloli, Andrea P. A.: **Design in America.** The Cranbrook Vision 1925–1950. New York 1983.
Lichtenstein, Claude: **Streamline.** Katalog Baden 1992.

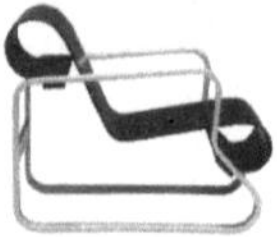

Armsessel 41 und 42
Entwurf: 1930/31
Produktion: Ab 1932 Oy. Huonekalu-ja Rakennustyötehdas AB, Turku, Finnland für Artek Oy. AB, Helsinki

1931/32

Paimio-Sessel

Alvar Aalto

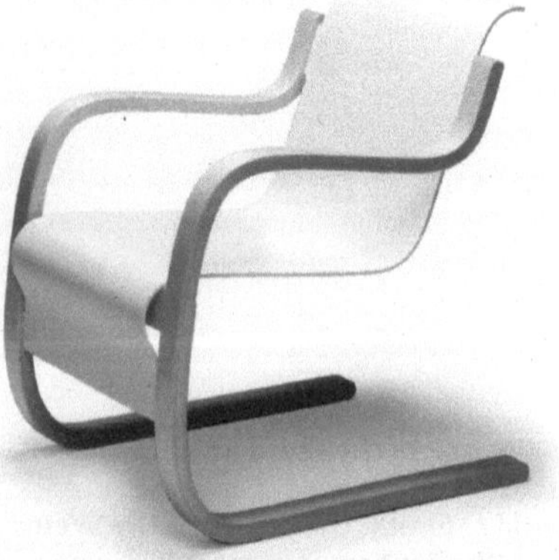

Der Natur verbunden:
Paimio-Sessel Nr. 42 im Tuberkulose-Sanatorium in Paimio, Finnland

Schichtholz: Natürliche Moderne. Nachdem sich die Design-Avantgarde mit den Möglichkeiten des biegbaren Sperrholzmaterials bereits in den Zwanzigerjahren auseinandergesetzt hatte, gelang Alvar Aalto Ende der Zwanzigerjahre der technische Durchbruch: Er entwickelte neue Techniken zum Kleben von Furnier und Möglichkeiten zur Sperrholzverformung.

Gemeinsam mit Otto Korhonen entwarf Aalto für sein Lungen-Sanatorium im finnischen Paimio einen vollständig aus Schichtholz gefertigten Armlehnsessel. Der Paimio-Sessel Nr. 41 bestand aus zwei organisch geschwungenen Seitenrahmen, in die ein gebogenes Element aus lackiertem Sperrholz eingehängt wurde.

1931/32 schuf Aalto den ersten Freischwinger aus Sperrholz. Der Paimio-Sessel Nr. 42 übersetzte das frei tragende Prinzip der Stahlrohrsessel → 66 auf Holz. Dabei machte sich Aalto die Elastizität von Birkenholz zunutze: Er fertigte die federnden Kufen- und Armlehnelemente aus Schichtholz, das vergleichsweise flexibel ist. Für das Sitz- und Rückenelement setzte er auf kreuzverleimtes Sperrholz, das wegen seiner wechselweise verlaufenden Fasern stärker druck- und zugbelastbar ist.

Dennoch ist die Innovation dieser Möbel nicht allein materialtechnisch begründet. Vielmehr war Aalto der Meinung, nur organische Materialien seien dem Menschen angemessen. Daraus ergab sich die Materialwahl sowie die weich fließende Linienführung, mit der Aalto zum Vorbild des »Organic Design« avancierte.

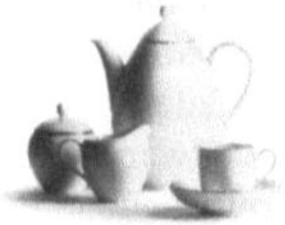

Entwurf: 1930/31
Produktion: Ab 1932/33 Staatliche Porzellan-Manufaktur (KPM) Berlin

1932/33

Service Urbino

Trude Petri

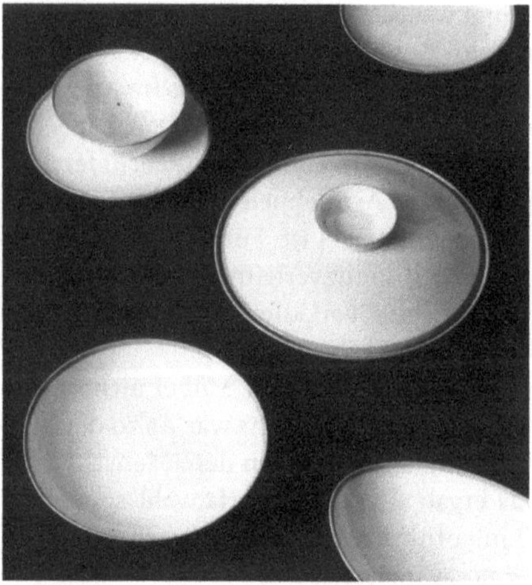

Zeitlos modern:
Trude Petris Tafelservice »Urbino«

Geometrisch und pur. Anfang der Dreißigerjahre entwarf Trude Petri für die Staatliche Porzellan-Manufaktur (KPM) ihr dünnwandiges Service Urbino. In ihrer Klarheit und Formreduktion konzentrieren sich die schalenförmigen randlosen Teller zum einen an einfachen chinesischen Reisschalen, zum anderen am sogenannten Urbinoteller, einem randlosen Teller, der im 16. Jahrhundert in Oberitalien gebräuchlich war.

Ganz den Prinzipien der »Moderne« verpflichtet, spielte Petri bei diesem Service die Grundformen Kreis und Kugel durch. Um die Herstellungskosten zu senken, analysierte die damals erst 25jährige Schülerin der KPM-Keramikklasse den Gebrauch der einzelnen Geschirrteile und legte sie multifunktional an: So kann etwa der Deckel der Ragoutschüssel auch als Schale genutzt werden.

Durch die vielfach verwendbaren Einzelteile versteht sich Petris Urbino eher als Gegenentwurf zu Hermann Gretschs »1382« → 86, das etwa zur selben Zeit entstand, wenngleich beide für den alltäglichen Gebrauch im anspruchsvollen bürgerlichen Haushalt entwickelt worden waren.

Zwischen 1944 und 1950 wurde das Speise- durch ein Kaffee-, Tee- und Mokka-Service erweitert, wobei die eleganten länglichen Formen der tropfenförmigen Kannen die Porzellangestaltung der Fünfzigerjahre beeinflussen sollten. Mit ihrer konsequenten Reduktion auf das Wesentliche gestaltete die Designerin in der Tat ein zeitloses Service, das bis heute von der Berliner KPM hergestellt wird.

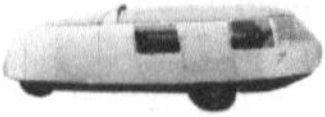

Dymaxion-Car, Nr. 1–3

1933

Dymaxion-Car

Richard Buckminster Fuller

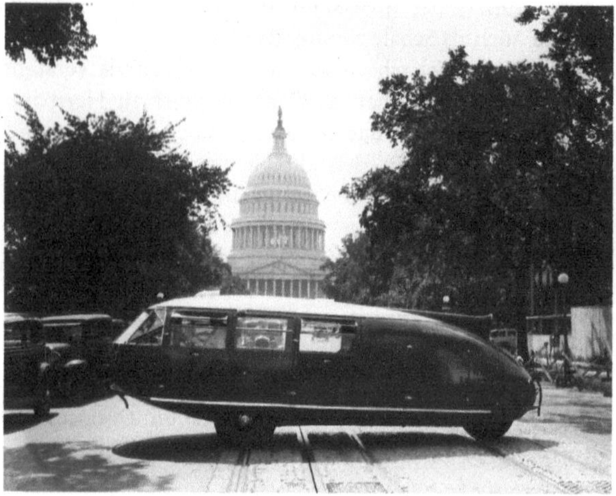

Richard Buckminster Fuller:
Dymaxion-Car in Washington, D.C.

Zukunftsutopie auf drei Rädern. Richard Buckminster Fullers Dymaxion-Car (abgeleitet vom Prinzip der *dynamic maximum tension*), für das drei Prototypen entwickelt wurden, wirkt auch heute noch wie aus einem Science-Fiction-Film und wird nach wie vor als echte ästhetische wie technische Innovation im Automobildesign gefeiert.

Mit seiner tropfenartigen Kabine, die bis zu elf Personen fassen konnte, mit seinen drei Rädern, der Hinterradsteuerung und einer Spitzengeschwindigkeit von 193 km/h war das Dymaxion-Car zeitgenössischen PKW-Modellen meilenweit voraus. Zudem war das Gefährt verhältnismäßig leicht, was sich auch auf den Benzinverbrauch auswirkte, der um 30 Prozent niedriger als bei vergleichbaren Automobilen war.

Im Gegensatz zu Chryslers Airflow →104 basierte die stromlinienförmige Tropfenform des Dymaxion-Car nicht auf technischen Versuchen im Windkanal. Vielmehr ging es Fuller offensichtlich darum, Dynamik und Schnelligkeit zu visualisieren – Eigenschaften, die in den »pferdelosen Kutschen« dieser Zeit ästhetisch noch nicht zum Ausdruck gekommen waren.

Nachdem das Dymaxion-Car Nr. 3 auf der Weltausstellung in Chicago vorgestellt worden war, entstand 1934 ein Film, bei dem das Gefährt um einen Verkehrspolizisten auf einer Straßenkreuzung »tanzte«. 1943 entwarf Fuller für den Industriellen Henry J. Kaiser einen Kleinwagen nach dem Dymaxion-Prinzip, der jedoch nie gebaut wurde.

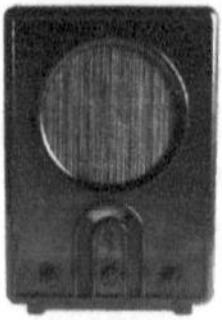

Radiogerät VE 301 W
Entwurf: 1928
Produktion: Ab 1933 Gemeinschaftsprodukt der deutschen Rundfunkindustrie

1933

Volksempfänger

Walter Maria Kersting

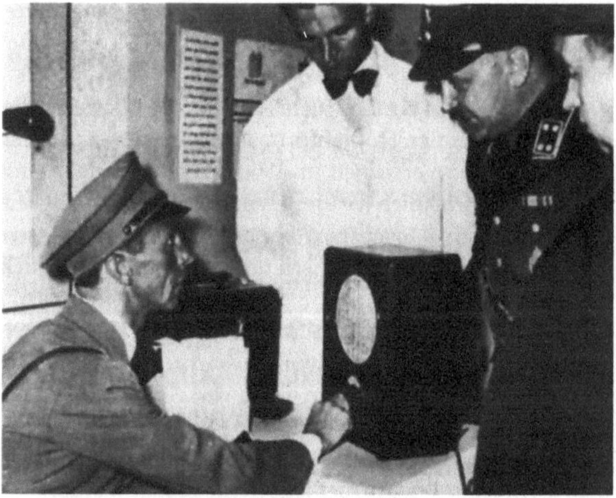

Reichsminister Goebbels »testet« den Volksempfänger auf der deutschen Funkausstellung 1933.

Instrument propagandistischer Gleichschaltung. Walter Maria Kersting hatte 1932 ein Radiogehäuse entwickelt, mit dem er sich 1933 an einem Preisausschreiben für ein geplantes Einheitsgerät beteiligte. Da seine Grundform zwar übernommen, in Details aber verändert wurde, distanzierte sich Kersting davon.

Ab 1933 wurde das Radio unter der Modellnummer VE 301 produziert, die sich auf den Tag bezieht, an dem Adolf Hitler Reichskanzler wurde. Um das Produkt zu realisieren und Konkurrenzmodelle auszuschalten, wurde unter staatlichem Druck ein Konsortium von Herstellern und Zulieferern gebildet.

Das 39 Zentimeter hohe Kleinempfängergerät aus schwarzem Bakelit zeichnet sich durch ein kubusförmiges Gehäuse mit kreisförmiger Lautsprecheröffnung, ein Bogenportal mit Skalenscheibe und drei darunterliegenden Knöpfen aus. Es gewährleistete einen sicheren Empfang der jeweiligen Bezirkssender und des Deutschlandsenders.

Im Gegensatz zum Volkswagen → 110, der nicht auf den freien Markt gelangte, war der Volksempfänger für 75 Reichsmark vergleichsweise preiswert zu erwerben. Mehr noch, seine Verbreitung wurde als Propagandainstrument und Mittel der Gleichschaltung von den Nationalsozialisten nachdrücklich gefördert. Er war auf Gutscheinbasis für »Ehestandsdarlehen« erhältlich oder konnte in Raten erworben werden.

Internationale Entwicklungen → 90

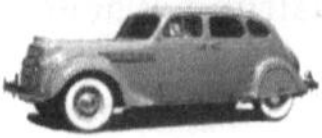

Produktion: 1934–37,
Chrysler Corporation, Detroit, USA

1934

Chrysler Airflow

Carl Breer

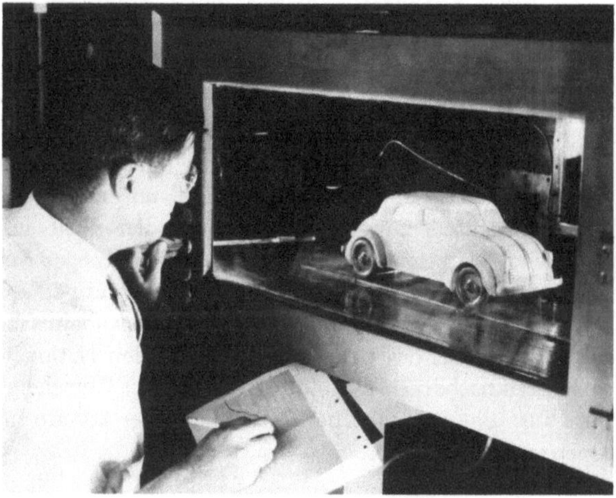

Der Ingenieur Oliver Clark mit dem »Trifon«-Modell im Windkanal der Chrysler Motors Corp., um 1932

Streamline aus dem Windkanal. 1934 präsentierte Chrysler den Airflow auf der Ausstellung »Century of Progress« als Resultat einer aufwendigen und langwierigen Entwicklungs- und Forschungsarbeit im Windkanal. Mit diesem ersten stromlinienförmigen Auto, das massenhaft produziert wurde, wollte sich der Autokonzern von seinen beiden Hauptkonkurrenten Ford und General Motors absetzen.

Allerdings konnte dieses Ziel nur bedingt erreicht werden. Indem die additiven Karosserieformen von abgerundeten fließenden Formen abgelöst wurden, gelang Chrysler eine Revolution im Automobildesign: Der Airflow führte eine noch nie dagewesene Dynamik und Eleganz in das Automobildesign ein. Chromstreifen entlang der Karosserie und um die Fenster unterstrichen dies zusätzlich.

Dennoch fand dieses erste aerodynamische Straßenfahrzeug gerade aufgrund seines vollkommen neuen produktsprachlichen Codes keinen großen Absatz: Die kurze und rundliche Motorhaube mit dem auffallend großen Frontgrill aus verchromten Stäben entsprach keinesfalls den Vorstellungen eines teuren, starken Wagens im oberen Preissegment. Nachdem die Konkurrenz 1936 formalästhetisch akzeptable Modelle auf den Markt gebracht hatte, wurde die Produktion des Airflow eingestellt. Erst aus historischer Distanz stellte sich der Erfolg mit dem PT Cruiser ein, der im Zuge des Retrotrends um die Jahrtausendwende charakteristische Gestaltungselemente des Airflow aufnahm und neu interpretierte.

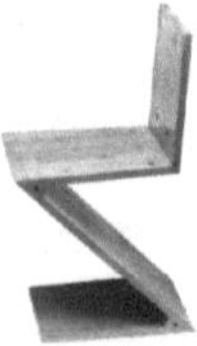

280 Zig-Zag (auch bekannt als Zig-Zag)
Entwurf: 1932–34
Produktion: 1935 bis ca. 1955 durch Metz & Co., Amsterdam; Reedition: Seit 1973 Cassina, Mailand

1934

Zick-Zack-Stuhl

Gerrit Thomas Rietveld

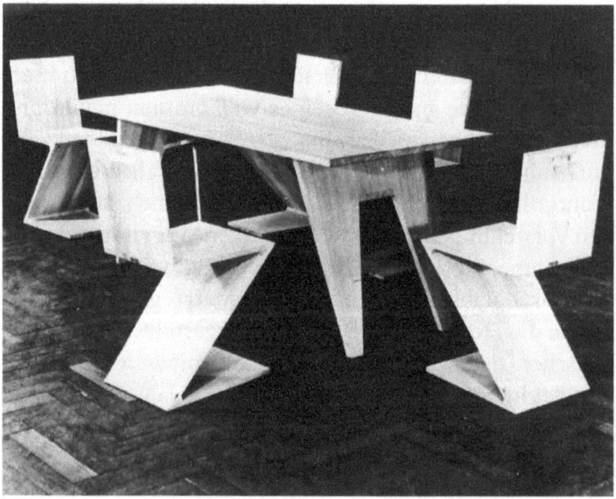

Gerrit Thomas Rietveld: Möbelgruppe mit Zick-Zack-Stühlen, hergestellt von Metz & Co., nach 1935

Zackig. Mit dem Stuhl, zu dem es auch eine Armlehnversion und einen kleineren Kinderstuhl gab, richtete Rietveld seine zwischen 1938 und 1942 entworfenen Landhäuser ein.

Der Zick-Zack-Stuhl besteht aus vier Flächen: Rückenlehne, Sitz, Stützelement und Basis, die in verschiedenen Winkeln ineinander übergehen. Der Stuhl wirkt wie ein geknicktes Band, und in der Tat stellte sich Rietveld die Aufgabe, einen Stuhl »aus einem Stück« zu fertigen, der eine formalästhetische Einheit bildet – ein Unterfangen, das herstellungstechnisch jedoch erst mit den Kunststoffstühlen→238 gelingen sollte.

So musste Rietveld Sitz- und Rückenlehne noch mit Zinken verbinden. Zudem war er aus konstruktiven Gründen gezwungen, in die spitzen Winkel Holzkeile einzusetzen.

Obwohl Rietveld die Natürlichkeit des unbehandelten Holzes favorisierte und eine leicht graue Oberfläche des Buchenholzes bevorzugte, gibt es auch farbige Varianten in Rot oder Grün mit weiß lackierten Kanten.

Internationale Entwicklungen →90

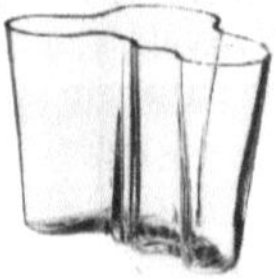

Vase Aalto
Entwurf: 1936
Produktion: Ab 1937 bis heute, zunächst durch Karhula, dann Iittala, Finnland

1937

Savoy Vase

Alvar Aalto

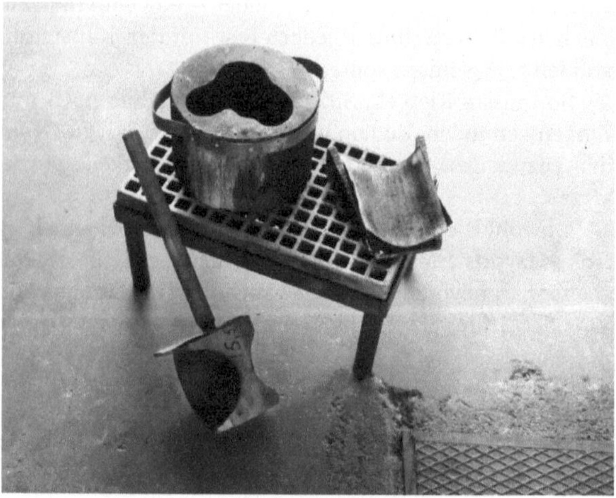

Massive Herstellungsform für Alvar Aaltos berühmte organisch geformte Glasvase

Lederhosen einer Eskimofrau. Mit dieser Vase hat der finnische Architekt Alvar Aalto einen Glasdesignwettbewerb der Glashütte Karhula-Iittala gewonnen, der 1936 für die Pariser Weltausstellung ausgeschrieben worden war. Kurz darauf wurde Aalto mit der Innenausstattung des Savoy-Hotels in Helsinki betraut, für das er die Vase verwendete, so dass sie auch als »Savoy Vase« bezeichnet wird.

Ursprünglich sollte sie den Titel »Eski måerinales skinnbuxa« (»Lederhosen einer Eskimofrau«) tragen, eine humorvolle Anspielung auf das erstarkende Selbstbewusstsein finnischer Gestalter. Die Vase übersetzt die natürliche Form der finnischen Seenlandschaft in Gestaltung. Damit manifestierte Alvar Aalto einmal mehr eine neue, naturhafte und dem Menschen gemäße organische Formensprache. Sie grenzte sich bewusst von der geometrischen Strenge und Maschinenästhetik ab, wie sie von der Avantgarde der Zwanzigerjahre unter anderem in Deutschland favorisiert worden war.

Ursprünglich wurde die Savoy Vase von Karhula in durchsichtigem, braunem, grünem und azurblauem Glas hergestellt, das in eine Holzform geblasen wurde. Dadurch entstand eine unverwechselbare, unregelmäßig gewellte Form, die durch die unterschiedliche Dicke des Glases ursprünglich und roh wirkte. Ab 1965 wurden die alten Holzformen durch widerstandsfähige Metallformen ersetzt, was die Vase jedoch serienhaft erscheinen lässt. Heute wird sie in zahlreichen Form- und Farbvarianten von Iittala produziert.

Internationale Entwicklungen → 90

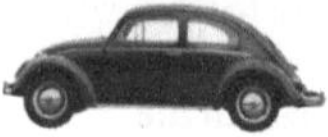

Volkswagen
Prototyp: 1936
Produktion: 1938

1938

Käfer

Ferdinand Porsche

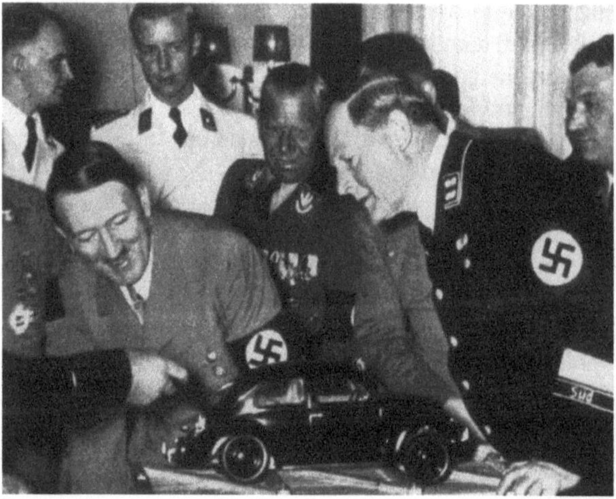

Hitler bei der Präsentation eines Volkswagenmodells, 1938

Massenmotorisierung ohne Klassenunterschiede. Seit 1920 arbeitete Ferdinand Porsche an einem Automobil, das auf Erfahrungen des Schweizers Paul Jaray aufbaut, der an stromlinienförmigen Karosserien gearbeitet hatte. Porsche brachte jedoch Motor und Getriebe im Heck unter und integrierte die Scheinwerfer in die Vorderkotflügel, die zusammen mit der Haube des Gepäckraums eine aerodynamische Einheit bildeten.

Als sich die Nationalsozialisten die Motorisierung Deutschlands auf ihre Fahnen schrieben, machte Porsche im Januar 1934 den Vorschlag, nach dem Vorbild des Volksempfängers → 102 einen erschwinglichen Volkswagen zu entwickeln. Im April legte er erste Skizzen vor, im Juli wurde er damit beauftragt, ein »deutsches« Auto zu entwerfen.

1936 wurden die ersten drei Prototypen entwickelt, bevor eine kleine Vorserie getestet und 1938 als Typ 60 mit uniformierten SS-Leuten auf Propagandafahrt geschickt wurde. 1938 bezeichnete Hitler den Volkswagen bei der Grundsteinlegung der staatlich kontrollierten Volkswagenwerke als »Kraft durch Freude«-Wagen.

Zwar konnte jeder eine »KdF-Wagen-Sparkarte« beantragen; als zivile Version lief der Wagen 1941 jedoch nur in kleiner Stückzahl vom Band, die an nationalsozialistische Institutionen und Funktionäre verteilt wurde.

Dass der Käfer zur nationalsozialistischen Propaganda instrumentalisiert wurde, verdrängten Industrie und Käufer nach dem Krieg. Porsches Entwurf wurde durch die »Geschichtswaschanlage« (Gert Selle) gefahren und der »Käfer« in den Fünfzigerjahren millionenfach gebaut, so dass er zum Symbol des Wirtschaftswunders avancierte.

Internationale Entwicklungen → 90

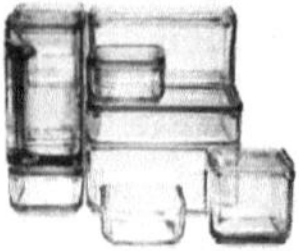

Vorratsgeschirr Kubus (auch bekannt als Kubus-Geschirr)
Entwurf: 1938 für die Vereinigten Lausitzer Glaswerke
Produktion: Vereinigte Lausitzer Glaswerke AG, Weißwasser, VEB Ankerglas (1945–60)

1938

Kubus

Wilhelm Wagenfeld

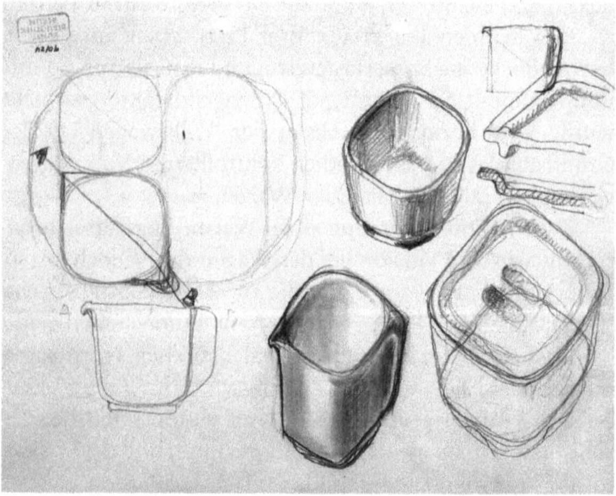

Wilhelm Wagenfeld: Vorratsgeschirr »Kubus«, Entwurfsskizze für VLG, Weißwasser

Vom Kühlschrank direkt auf den Tisch. 1935 erhielt Wagenfeld von den Vereinigten Lausitzer Glaswerken den Auftrag, die gesamte Produktpalette neu zu gestalten. In der Folge entwarf er Gläser für den Haushalt und die Gastronomie, Flaschen, Karaffen und Küchenutensilien, darunter sein Vorratsgeschirr Kubus, das aus zehn stapelbaren Glasbehältern in verschiedenen Größen besteht.

Mit dem Kubus-Geschirr, aus massivem Pressglas gefertigt, schuf Wagenfeld eine ausgewogene Formeinheit im Sinne des Systemdesigns. Die verschieden dimensionierten Glasbehälter können platzsparend aufeinandergestapelt und, mit passendem Glasdeckel versehen, unterschiedlich miteinander kombiniert werden.

Kubus ist nicht nur ein Beispiel für ein sorgsam abgestimmtes platzsparendes Modulsystem, vielmehr reflektiert der stapelbare Vorratsbehälter weitere praktische und ästhetische Aspekte: Die transparenten Vorratsdosen erlauben eine schnelle Übersicht über die noch vorhandenen Vorräte und ersparen ein hygienisch bedenkliches Ver- und Umpacken. Mit konkaven Sockel- und Deckelkanten erzeugte Wagenfeld zudem eine lebendige Plastizität und eigene Ästhetik für den gedeckten Tisch. Damit definierte Kubus durchaus alltagstauglich das Verhältnis zwischen praktischen Aspekten der Vorratshaltung in der Küche und den ästhetischen Aspekten der Tischkultur neu, gemäß dem Motto: »Vom Kühlschrank direkt auf den Tisch«. Das Kubus-Geschirr war Wagenfelds größter kommerzieller Erfolg.

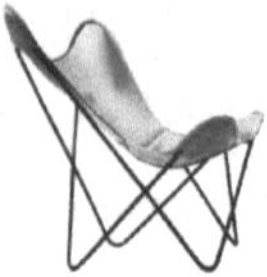

B.K.F. Chair (auch bekannt als Butterfly Chair, Hardoy Chair)
Entwurf: 1938
Produktion: Ab 1938 in kleiner Auflage durch Artek-Pascoe, New York; 1947–73 durch Knoll International; heute durch Manufakturplus, Weidhausen

1938

Fledermaus-Sessel

Jorge Ferrari-Hardoy, Juan Kurchan, Antonio Bonet (Grupo Austral)

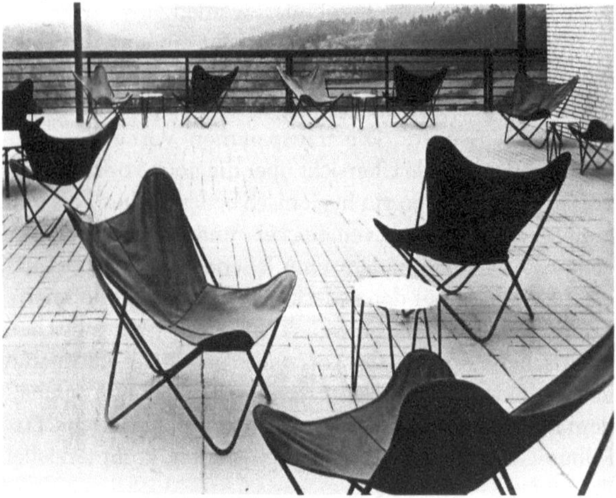

Kultobjekt bis heute:
»Butterfly« von Jorge Ferrari-Hardoy, Juan Kurchan und Antonio Bonet

Faltschemel mit der Lässigkeit einer Hängematte. Die drei argentinischen Architekten Jorge Ferrari-Hardoy, Juan Kurchan und Antonio Bonet waren in den Dreißigerjahren auch bei Le Corbusier in Paris beschäftigt. Sie unternahmen verschiedene Reisen durch Europa, auf denen sie wahrscheinlich den sogenannten Tripolina entdeckten.

Dabei handelt es sich um einen faltbaren Sessel aus Holz, der von Joseph Beverly Fenby, einem Engländer, Mitte des 19. Jahrhunderts entwickelt und 1877 patentiert worden war. Vor allem in Italien und Frankreich soll er sich zu Beginn des 20. Jahrhunderts großer Beliebtheit erfreut haben.

Zwar orientierte sich »Butterfly« am traditionellen Konstruktionsprinzip vierbeiniger Faltschemel, allerdings überführten die drei Designer deren Formensprache in eine moderne aus Metall und Leder. Darüber hinaus ist der Hardoy Chair platzsparend, bequem, praktisch und leicht. Er lässt sich einfach und preiswert herstellen – wohl auch ein Grund, warum er zahlreiche nicht autorisierte Nachahmer gefunden hat.

Nachdem Knoll den Fledermaus-Sessel in den Vertrieb genommen hatte, avancierte der Butterfly Chair in den Fünfzigerjahren zum Kultobjekt, auch weil er eine neue organische Formensprache visualisierte. Der Sessel wirkte wie ein skulpturales Objekt, das den menschlichen Körper in einer entspannten Haltung unterstützt – eine humane Interpretation der Moderne, ähnlich den Werken von Alexander Calder, Hans Arp oder Joan Miró.

Internationale Entwicklungen → 90

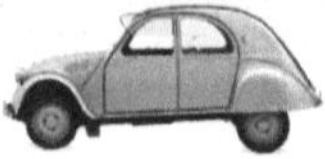

Citroën 2CV
Entwurf: 1936
Serienproduktion: 1939/48

1939

Ente

Pierre-Jules Boulanger, Flaminio Bertoni

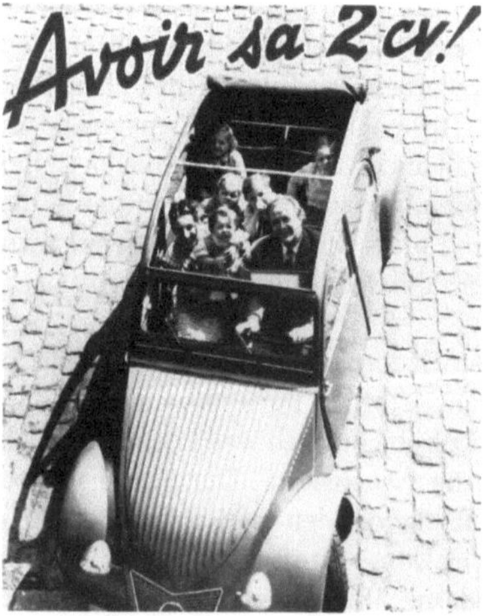

Unfassbar unprätentiös und praktisch: der 2CV

DAS Antistatussymbol. 1934 wurde Citroën von dem Reifenproduzenten Michelin übernommen, und der Architekt Pierre Boulanger, der Werkswohnungen für Michelin gebaut hatte, erhielt den Auftrag, Citroën wieder nach oben zu bringen. So schlug Boulanger 1935 vor, ein Auto zu entwickeln, das auf die Bedürfnisse der französischen Bauern zugeschnitten war.

Der Chefkonstrukteur Maurice Brogly bekam den Auftrag, ein sparsames Auto zu entwerfen, in dem zwei Bauern Platz finden und auf den schlechten Landstraßen bequem einen Sack Kartoffeln, ein Fass Wein und einen Eimer mit Eiern transportieren können, ohne dass diese zerbrechen. Das Ursprungsmodell mit Kurbel und kurioserweise nur einem Scheinwerfer auf der linken Seite der Motorhaube entstand 1936. 1937 waren zwanzig Testmodelle unterwegs mit einer technisch ausgeklügelten Einzelradaufhängung und einer langen Fahrzeugschnauze, die aus Gründen der Materialersparnis aus gewelltem Blech bestand. Einen Tag vor Kriegsausbruch wurde das erste Serienmodell hergestellt, die Produktion jedoch unterblieb.

1948 wurde eine von Flaminio Bertoni überarbeitete Fassung des Deux Chevaux auf dem Salon d'Automobile präsentiert, die dann in Serie ging. Nachdem der 2CV zunächst nur an Bauern, Landärzte und Hebammen geliefert werden durfte, wurde das unkomplizierte Fahrzeug in den späten Sechziger- und Siebzigerjahren von Familien, von Hippies und Intellektuellen als Ausdruck eines »alternativen« Lebensstils entdeckt.

Internationale Entwicklungen → 90

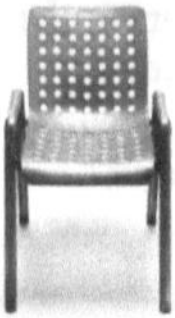

Stuhl Landi
Entwurf: 1938
Produktion: Ab 1939 Paul & Willi Blattmann Metallwaren- und Aluminiumfabrik, Wädenswil/Schweiz; 1971–2000 Zanotta, Nova Milanese / Mailand; ab 1999 METAlight

1939

Landi

Hans Coray

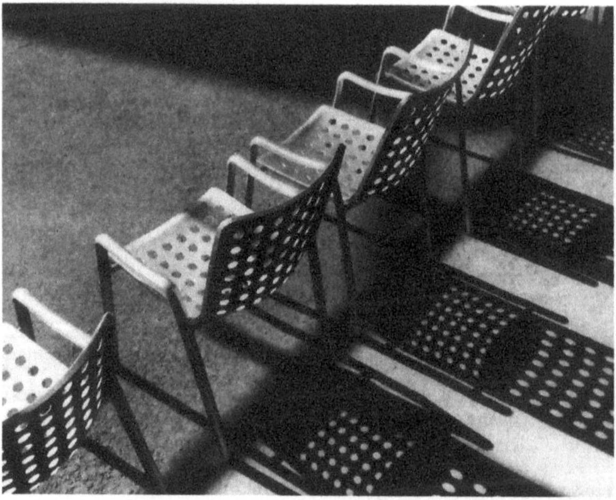

Hans Coray: Stuhl »Landi«, 1938, Blattmann Metallwarenfabrik

Durchlöchert. 1938 hatte die Schweizerische Landesausstellung (Landi) die Gestaltung eines Gartenstuhls ausgeschrieben, an der sich Hans Coray mit dem Leichtmetallstuhl Landi erfolgreich beteiligte. Bereits im Jahr darauf lud der Landi-Stuhl die Ausstellungsbesucher in einer Ausführung von 1500 Exemplaren zum Verweilen ein und avancierte aufgrund seines Materials, aber auch seiner elegant-modernen Form wegen zu einem allseits begehrten Möbel.

Der Stuhl besteht aus einem einzigen Material, das für die verarbeitende Industrie der Schweiz charakteristisch ist: Aluminium. Die Armlehnen und Stuhlbeine sind aus einem Aluminiumprofil gefertigt. Die Aluminium-Sitzschale wird in einem einzigen Arbeitsgang geformt und gestanzt, wobei die 91 Löcher dem Stuhl nicht nur Stabilität und charakteristische Struktur verleihen, sondern auch Material einsparen helfen, denn die Aluminiumherstellung ist mit einem hohen energetischen Aufwand verbunden.

Der nur etwa drei Kilo schwere Stuhl ist bestens für den Einsatz im Freien geeignet: Er rostet nicht, ist leicht zu transportieren und stapelbar. Zudem kann durch die Löcher das Wasser abfließen, und das Aluminium reflektiert Wärme, so dass das Möbel in der Sonne nicht zu heiß wird.

Ohne sich am nationalen Formenvokabular zu orientieren, verbindet der Landi Schweizer Tradition mit moderner Serienfertigung. Wie bedeutend der Stuhl für die schweizerische Identität ist, zeigt, dass 2004 eine Briefmarke mit diesem Motiv veröffentlicht wurde. Die Perforation der Rückenlehne bildet ein Quadrat aus 49, die des Sitzes ein Rechteck aus 42 Löchern. Ab 1962 wurde der Stuhl mit 60 Löchern produziert, ab 1999 auch wieder mit 91 Löchern.

Internationale Entwicklungen → 90

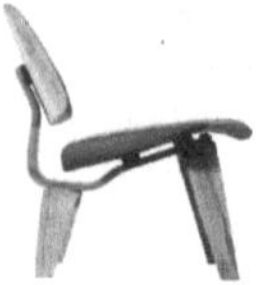

LCW (Lounge Chair Wood), LCM (Lounge Chair Metal), DCW (Dining Chair Wood), DCM (Dining Chair Metal)
Entwurf: 1945
Produktion: 1946 Serienproduktion (für Herman Miller Furniture Company, Zeeland/Michigan, 1946–58 Herman Miller, dann Vitra, Birsfelden bei Basel)

1946

Plywood Chair

Charles und Ray Eames

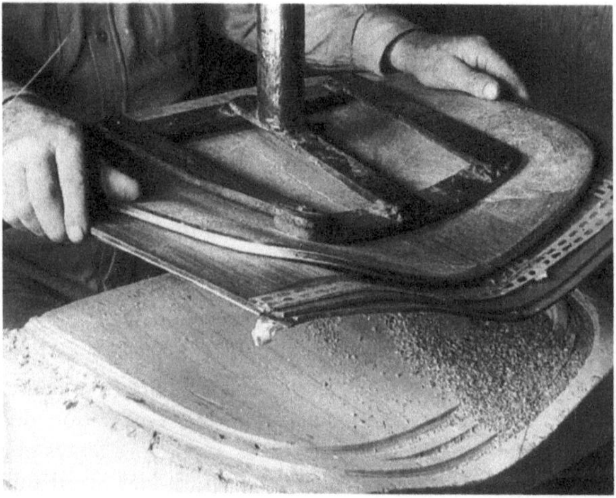

Nach dem Pressen des Schichtholzes: Positionieren der Sitzfläche zum Beschnitt

Eleganz aus verformtem Holz. Nach zahlreichen Materialexperimenten und einer großangelegten Produktion von Beinschienen aus gebogenem Schichtholz für das amerikanische Militär gelang es Charles und Ray Eames 1945 unmittelbar nach Kriegsende, einen Stuhl-Prototyp aus verformtem Holz zu entwickeln.

Während Rückenlehne und Sitzfläche aus gebogenem Schichtholz bestehen, können Rahmen und Stuhlbeine wahlweise aus Holz oder dünnem Stahlrohr hergestellt werden. Mit diesen Stuhlmodellen führten Ray und Charles Eames zwei wichtige Prinzipien in das Möbeldesign ein: zum einen das Prinzip der Modularität, der Zerlegung des Möbelstücks in industriell gefertigte Einzelteile, zum anderen die Kombination derselben. Obwohl jede Kombination ein eigenes Möbelstück mit einem eigenen Charakter ergibt, werden alle Modelle aufgrund ihres visuellen Gesamteindrucks als Teile eines zusammengehörenden Systems, als Eames-Stühle, erkannt.

Besonders wohlproportioniert erscheint die Metallvariante des Eames Chairs, da die Metallverstrebungen, verglichen mit den bis dato üblichen Stahlrohrstühlen, sehr leicht und elegant wirken. Die Holzelemente erwecken den Eindruck, als seien sie im Raum aufgehängt, und evozieren so die Vorstellung eines frei schwebenden Mobiles. Der DCM ist das bekannteste »moderne« Möbel in den USA.

Als Hommage hat Karim Rashid 2000 eine durchsichtige Variante des Lounge Chair Wood geschaffen.

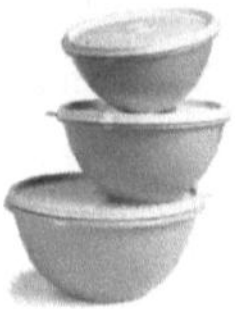

Tupperware
Entwurf/Produktion: 1946

1946

Tupperdosen

Earl Silas Tupper

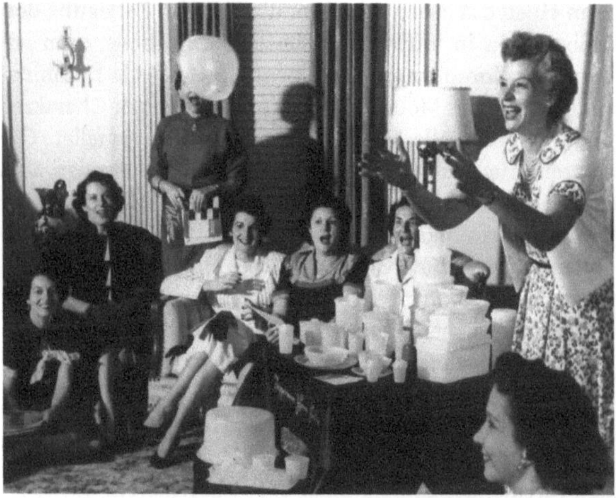

Begeisterung auf der Tupper-Party:
Mit Wasser gefüllte Wonderlier®-Schüsseln
demonstrieren die Qualität der Deckel.

Kunststoff wird gesellschaftsfähig. Nachdem der Chemiker Earl Silas Tupper von einem neuen Thermoplast für Elektrodrähte gehört hatte, stellte er seinem Arbeitgeber DuPont die Idee für neuartige Speisebehälter aus Weichplastik für den Haushalt vor – mit Erfolg. Tupper verfeinerte den neuen Kunststoff, den er als »Poly-T« oder »Material of the Future« bezeichnete, und entwickelte ein neues Spritzgussverfahren.

1946 wurde ein Sortiment von Weichplastikdosen mit flexiblem Deckel aus einem speziellen Polyethylen entwickelt; beim Schließen der Dosen entsteht ein leichter Unterdruck. Durchgefärbt in modischen Eiscremefarben, avancierten die praktischen Behälter zum Vorzeigeprodukt moderner amerikanischer Haushalte.

Mindestens ebenso berühmt wurde die Verkaufsstrategie der Tupper-Party, mit der Brownie Wise dem Produkt zum Durchbruch verhalf.

Wise, die Erfahrung im Direktverkauf von Haushaltswaren erworben hatte, veranstaltete Ende der Vierzigerjahre gesellige Verkaufsveranstaltungen im privaten Umfeld. Auf diesen »Partys« wurden nicht nur die Plastikdosen mit dem Sicherheitsverschluss demonstriert und an die Frau gebracht, sondern auch neue Verkäuferinnen gewonnen. 1949 koordinierte Wise bereits neunzehn Tupper-Verkäuferinnen. Zudem war es ihr gelungen, den Umsatz so enorm zu steigern, dass die Frischhaltedosen nur noch direkt vertrieben wurden. 1951 wurde dafür die »Tupperware Home Party Division« gegründet, und Tupper ernannte seinen Verkaufsstar zur Verkaufsmanagerin und Vizepräsidentin der Firma.

Internationale Entwicklungen → 90

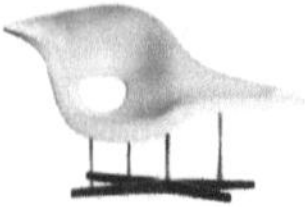

Entwurf/Prototyp: 1948
Produktion: Seit 1990 durch Vitra, Birsfelden bei Basel

1948

La Chaise

Charles und Ray Eames

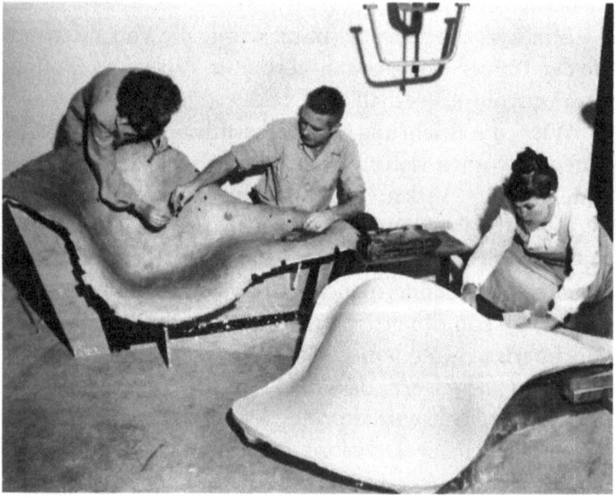

Die weiße Sitzschale von La Chaise lässt den Betrachter an eine schwebende Wolke denken.

Kunststoff ästhetisch überzeugend in Form gebracht. Für den MoMA-Wettbewerb »International Competition for Low Cost Furniture Design« entwickelten Charles und Ray Eames 1948 die Chaiselongue La Chaise aus fiberglasverstärktem Kunstharz, wobei die weiße Kunststoffschale im Gegensatz zu Eero Saarinens Womb→126 nicht verkleidet wurde.

Übersetzt heißt Chaise schlicht Stuhl. Der Name spielt auf den franko-amerikanischen Bildhauer Gaston Lachaise und dessen Akt »Floating Figure« an. Die organisch-ausladenden Formen der dargestellten weiblichen Figur finden ihr Pendant in der Sitzschale. Auffallend ist das Loch am optischen Mittelpunkt der Sitzschale, das nicht herstellungstechnisch, sondern ästhetisch bedingt ist. Anzunehmen ist, dass diese Idee, die Stelle mit dem größten Volumen zu durchbrechen, aus der bildhauerischen Arbeit abgeleitet wurde: Alexander Archipenko hatte bereits 1912 mit seiner »Schreitenden Frau« eine Plastik vom Raum durchdringen lassen, und auch Henry Moore hatte Löcher in Figuren gearbeitet, um den umgebenden Raum in die Dreidimensionalität des plastischen Körpers einbeziehen zu können.

Durch fünf dünne Metallstützen stabilisiert, erinnert die weiße Sitzschale an eine schwebende Wolke. So wurde La Chaise oft mit Alexander Calders Mobiles oder surrealistischen Bildern von Salvador Dalí in Verbindung gebracht. Zudem regte die asymmetrische organische Sitzschale zu Vergleichen mit Arbeiten von Hans Arp an.

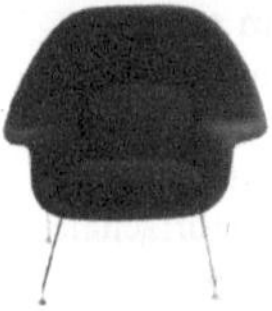

Sessel Nr. 70
Entwurf: 1947
Produktion: 1948–93 durch Knoll Associates / Knoll International, New York

1948

Womb Chair

Eero Saarinen

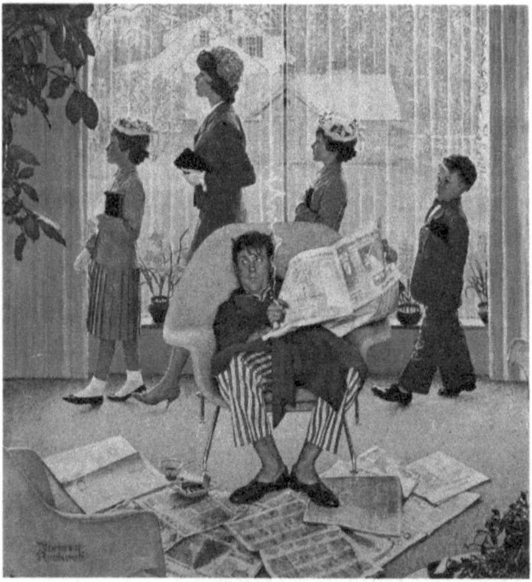

Der ausladende Womb Chair bietet Schutz und Geborgenheit im Alltag.

Knallrot: Psychologischer Komfort mit physischer Entspannung. 1946/47 entwarf Eero Saarinen den »no. 70 lounge chair«, besser bekannt unter der Bezeichnung »Womb Chair«. Einer Anekdote zufolge bildete der Wunsch Florence Knolls nach einem Sessel, in den man sich wie in einen großen Korb oder in ein großes Kissen gemütlich einrollen kann, den Ausgangspunkt für diese auffallend ausladend angelegte organische Sitzschale.

Entsprechend spielt das Gefühl der Geborgenheit und des Komforts, aber auch der Sicherheit eine entscheidende Rolle. So wollte Saarinen den gemütlichen Sessel nicht nur in privaten Räumen oder kontemplativen Situationen, etwa in Bibliotheken, sondern auch an öffentlichen Orten eingesetzt wissen, wo Menschen Stress ausgesetzt sind, etwa in den Wartehallen des TWA Terminals.

Aber auch technische Neuerungen spielten beim Entwurf eine Rolle, besteht die organisch geformte Sitzschale nun nicht mehr aus Sperrholz, sondern aus vorgeformtem, mit Glasfasern verstärktem Polyester. So war der Womb Chair der erste Fiberglasstuhl überhaupt, der in Serie hergestellt wurde. Allerdings musste die große Kunststoffschale noch unter einer dicken Polsterung verborgen bleiben, da das Material damals noch roh und unansehnlich wirkte. Das schlanke, verchromte Metallgerüst verleiht dem Sessel Elastizität, aber auch den Eindruck von einem leichten, fast schwebenden Kissen.

Die ersten Modelle waren signalrot und machten so auf sich aufmerksam. Passend dazu gab es auch einen Fußschemel und ein kleines Sofa.

Intern. Entwicklungen → 90, Nachkriegsmoderne → 136

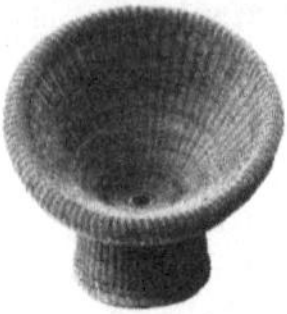

Entwurf: 1948
Produktion: 1949 Heinrich Murrmann, Johannisthal; seit 1994: Richard Lampert, Stuttgart

1949

Korbsessel E 10, Hocker E 14

Egon Eiermann

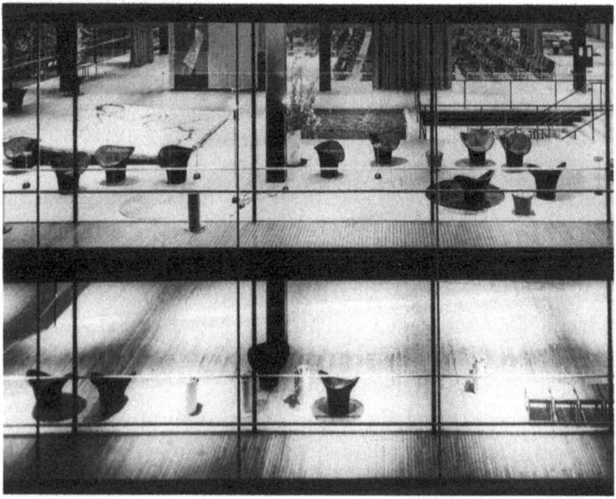

Blick in den von Egon Eiermann und Sep Ruf entworfenen deutschen Pavillon zur Weltausstellung in Brüssel 1958

Organische Sitzskulptur. Der geflochtene Sessel aus Peddigrohr geht auf das Jahr 1948 zurück, als Eiermann Beiträge für die Ausstellung »Wie wohnen?« erarbeitete, die 1949/50 in Stuttgart und Karlsruhe gezeigt wurden. In dieser Ausstellung präsentierte der Karlsruher Architekt eine Musterwohnung mit Möbeln und Einrichtungsgegenständen, die sich auf Naturmaterialien wie Holz oder Sperrholz, aber auch Stahlrohr konzentrierten.

Besonders auffallend war der Korbsessel E 10 aus geflochtenem Boondootrohr mit einem großen Außenwulst. Der ausschließlich in Handarbeit hergestellte Sessel wurde erstmals 1949 von der Firma Heinrich Murrmann in Johannisthal-Kronach hergestellt – ein geübter Korbflechter brauchte dazu 25 Stunden. Dieses Modell wurde 1954 unter Musterschutz gestellt und gilt heute als exemplarisch für ein leichtes, preiswertes Zweckmöbel der Nachkriegszeit, das mit seinen natürlichen Rundungen an eine geöffnete Blüte erinnert und dem Trend zur organischen Formgebung entspricht.

1958 wurden für die Weltausstellung in Brüssel geflochtene schwarz und weiß lackierte Sessel aus Peddigrohr ohne Wulst präsentiert, die als »Damensessel« bezeichnet wurden. Dutzende von Rattanhockern und -sesseln standen im und um den von Egon Eiermann und Sep Ruf entworfenen deutschen Pavillon – für die damaligen Ausstellungsbesucher ein äußerst ungewöhnlicher Anblick.

Im Jahr 2004 wurde Eiermanns Hocker neu aufgelegt. Noch immer ist er praktisch und schmuckvoll zugleich. Sein großer Bruder, der Sessel, steht ihm in dieser Beziehung in nichts nach.

Nachkriegsmoderne →136

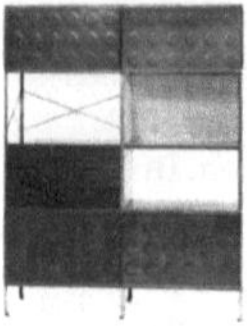

ESU (auch bekannt als Schrank-Regal-Kombination)
Entwurf/Prototyp: 1949/50
Produktion: 1950–55; ab 1988
Herman Miller, Zeeland, Michigan
Vitra, Birsfelden bei Basel

1950

ESU: Eames Storage Unit

Charles und Ray Eames

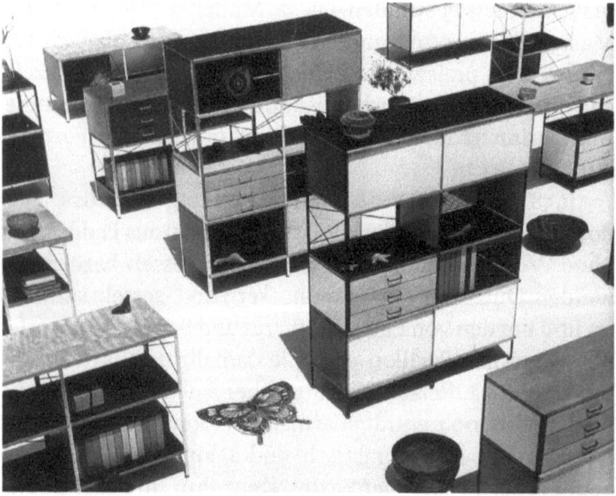

Variationsreichtum für zu Hause und fürs Büro: Eames Storage Unit, inszeniert 1951

Standard trifft Individualität. Das ESU wurde im Eames Office für Herman Miller entwickelt mit dem Ziel, ein preiswertes und variables Möbelsystem aus normierten Elementen zu schaffen, das sich unterschiedlichen Bedürfnissen anpassen kann.

Eine selbsttragende Ständerkonstruktion aus Winkeleisen ermöglicht es, das Möbel frei im Raum aufzustellen und von beiden Seiten zu nutzen. Standardisierte, aber unterschiedliche Maße, Materialien, Oberflächen und Farben erlauben eine Vielzahl von Kombinationen und die Konfigurationen ganz unterschiedlicher Möbeltypen: offene und/oder geschlossene Regale, Schreib- und Beistelltische, Kommoden und Raumteiler.

Im Frühjahr 1949 wurde der Prototyp des ESU in der Ausstellung »For Modern Living« präsentiert; 1950 konnte das Möbelsystem von Herman Miller zur Selbstmontage angeboten werden. Die bestellten Einzelteile wurden in einem flachen Paket verschickt. Zur Montage vor Ort benötigte man nur Schraubenzieher und -schlüssel.

Allerdings konnte sich diese Idee nicht auf breiter Basis durchsetzen. Das ESU wurde aufgrund der schlechten Verkaufszahlen nach kurzer Zeit vom Markt genommen. In den Neunzigerjahren wurde es im Zeichen des Retro-Designs neu entdeckt und wieder aufgelegt.

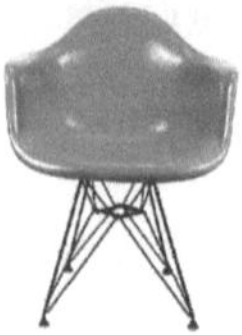

Fiberglass Chair, Fiberglasstuhl,
Plastic Armchair
Entwurf/Prototyp: 1948
Produktion: Ab 1950–89 bei Herman Miller, Zeeland, Michigan; ab 2003 modifizierte Version in durchgefärbtem Polypropylen Vitra, Birsfelden bei Basel

1950

Fiberglasstuhl

Charles und Ray Eames

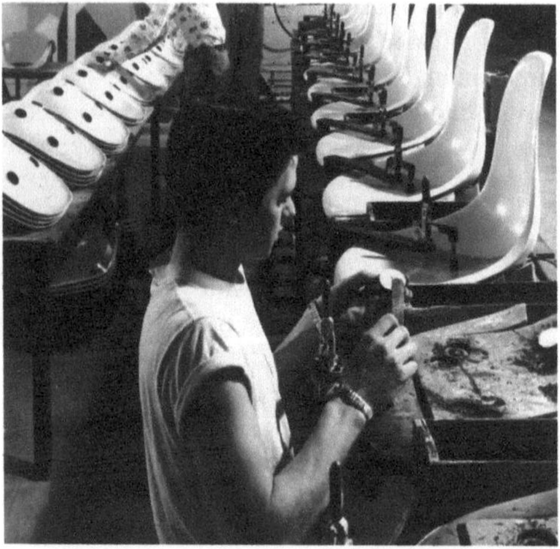

Stühle für die Serie:
die Fiberglasstühle der Eames in der Massenproduktion in Zeeland, Michigan

Der erste industriell gefertigte Kunststoffstuhl. Zunächst wollten Charles und Ray Eames ihre 1948 beim MoMA-Wettbewerb »International Competition for Low Cost Furniture Design« mit dem 2. Preis ausgezeichneten Sesselentwürfe aus einem neoprenbeschichteten Aluminiumblech fertigen. Dann aber stellten sie fest, dass dies aus kosten- und produktionstechnischen Gründen nicht machbar war.

So entschied sich das Designerpaar für glasfaserverstärktes Polyester der Firma Zenith Plastic, ein nahezu beliebig formbares Material, das sich als geradezu ideal für die Produktion der einteiligen, organisch geformten Sitzschalen erwies. Neu war, dass die 1950 für Herman Miller in Serie produzierten »Fiberglass Chairs« das Material sogar anschaulich machten. Die Faserstruktur des innovativen Trägermaterials war unter dem Kunstharzmantel der Sitzschale zu sehen. So gelang es dem amerikanischen Designerpaar, das bis dato als »Ersatzstoff« diffamierte Material positiv darzustellen.

Bald wurden Sitzschalen mit und ohne Armlehnen angefertigt und für die Untergestelle verschiedene Varianten ausgearbeitet. U.a. wurden Beine aus Rundstahl, Drahtgestell oder Holz und sogar ein Schaukelstuhl mit Holzkufen entwickelt. Kunden konnten nicht nur zwischen zahlreichen Formvarianten wählen, sondern auch aus einer großen Farbpalette Bezüge aussuchen. Damit orientieren sich die »Fiberglass Chairs« deutlich an der Idee des Systemdesigns, die auf Individualisierung durch Normierung zielt.

Intern. Entwicklungen → 90, Nachkriegsmoderne → 136

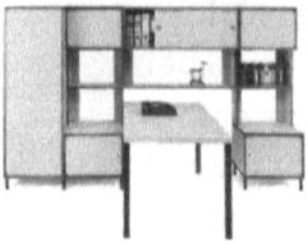

Möbelsystem M 125
Entwurf: 1950
Erstpräsentation: 1953 Mustermesse Basel
Produktion: Wohnbedarf AG Zürich/Basel;
1956–73 durch Wilhelm Bofinger, Ilsfeld;
1974–88 durch Habit Ulrich Lodholz, Kürten

1950

M 125

Hans Gugelot

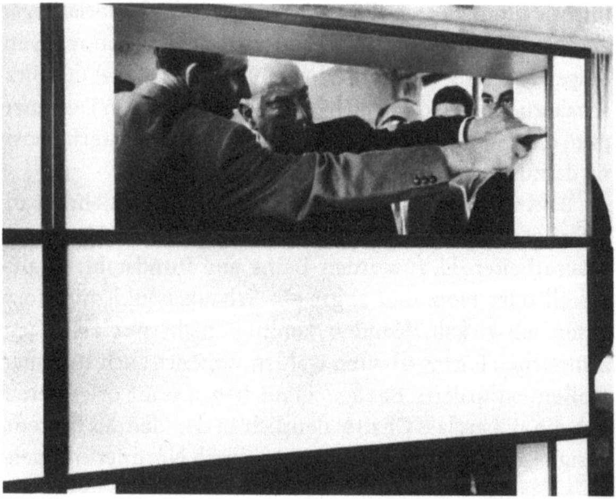

Norm mit System bis ins kleinste Detail:
Hans Gugelots M 125

Urform aller Schrankwände. Hans Gugelots Möbelsystem manifestiert eine der zentralen Neuerungen im Möbeldesign des 20. Jahrhunderts, indem es ein ganzes, in sich geschlossenes Möbel durch ein komplexes System ersetzt, das mit einer vergleichsweise geringen Anzahl von Einzelelementen eine hohe Anzahl von Anwendungsmöglichkeiten bietet.

Entsprechend bilden normierte Einzelelemente, die sich als variables System den unterschiedlichen Bedürfnissen anpassen, die Grundlage dieses Systemdesigns.

Die Überzeugung, dass der Charakter eines Systems nicht nur von den Kombinationsmöglichkeiten, sondern auch von der Eigenart der Grundelemente abhängt, veranlasste Gugelot, das M 125 auf ein Maßsystem (M) von 125 Millimetern (125) festzulegen. Dazu hatte er zahlreiche Gegenstände des täglichen Gebrauchs – vom Aktenordner bis zur Schallplatte – ausgemessen und die durchschnittliche Augen-, Greif- und Bedienhöhe dieser Gebrauchsgegenstände studiert und dann als Mittelmaß errechnet.

M 125 ermöglichte es, die Wohnungseinrichtung je nach finanziellen und räumlichen Gegebenheiten zu ergänzen bzw. zu verändern. Gugelots M 125 kann als »Einheitsmöbel« betrachtet werden, da aus denselben Elementen alle Möbeltypen für Schlafzimmer, Wohnzimmer oder Büro kombiniert werden können. Mehr noch: Das System kann als »Schrankwand« sogar raumtrennende Wände ersetzen.

Funktionaler Minimalismus →164

Nachkriegsmoderne

Gute Form

1946	Plywood Chair
1948	Womb Chair
1949	Korbsessel E 10, Hocker E 14
1950	ESU – Eames Storage Unit
	Fiberglasstuhl
1951	Akari-Papierleuchten
1952	Ameisenstuhl
	Diamond
1953	Bertoia-Bank
	Eiermanntisch
	Hang-It-All
	Türdrücker Modell Nr. 1020
1954	Loop-Sessel
	Knoll-Sofa
	Max und Moritz
1955	Modell 3107
	Citroën DS 19
1956	Eames Lounge Chair
	Tulpenstuhl
1958	Ei
	Schwan

Nach dem Zweiten Weltkrieg erfuhr die amerikanische, aber auch die bundesdeutsche Gesellschaft sowohl technologisch als auch ästhetisch einen Modernisierungsschub. Entwickelt und propagiert wurden Gestaltungsvorschläge für modernes Wohnen und Leben, die den »International Style« stärker in die bürgerliche Kultur integrierten.

Knoll International und Herman Miller. Die Produkte der Künstler und Gestalter, die an der Cranbrook Academy studiert hatten,[→ 90] galten zunehmend ästhetisch und ökonomisch als vorbildhaft.[→ 144] In den Fünfzigerjahren erlangte die von Florence und Hans Knoll geleitete New Yorker Firma »Knoll Furniture Company« (später »Knoll International«) weltweit Bedeutung. Sie propagierte einen neuen Wohnstil, der die puristische Bauhaus-Moderne mit zeitgemäßem Design verband. Das Designerpaar Knoll legte Möbel nach Entwürfen von Marcel Breuer[→ 66, 76] und Mies van der Rohe neu auf,[→ 84] produzierte aber auch »gleichgesinnte« Entwürfe, das heißt, es nutzte die familiären Kontakte zu den Saarinens[→ 126, 180] oder die Freundschaft mit weiteren Studienkollegen von der Cranbrook Academy[→ 148, 150] und realisierte de-

Nachkriegsmoderne

ren skulpturale Möbel. Bei ihren eigenen Möbeln → 160 setzte Florence Knoll auf minimalistische Zurückhaltung. Zusammen mit ihrer »Planning Unit« richtete sie zahlreiche Showrooms der Firma sowie Offices ein, die einen speziellen »Knoll Look« zum Ausdruck brachten – eine exklusive Büro-Eleganz mit klaren Linien, glänzendem Chrom, hochwertigen Bezugsstoffen und frischen Farben sowie einer persönlichen Note, die durch ausgesuchte Pflanzen, Accessoires und zeitgenössische Kunstwerke geschaffen wurde.

Auch die Herman Miller Furniture Company in Zeeland, Michigan, verschrieb sich dem modernen Wohnen. Die Firma fertigte seit den Dreißigerjahren platzsparende und multifunktionale Möbel. Ihre Anfänge reichen bis ins frühe 20. Jahrhundert zurück. Nachdem Charles Eames im New Yorker Museum of Modern Art mit einer Einzelausstellung vertreten war, wurde er von Herman Miller eingeladen, für die Firma zu arbeiten. → 130, 154 Besonders erfolgreich waren Sitzmöbel, die zum einen der Körperform angepasst waren und zum zweiten neue Materialien und Herstellungsverfahren zur Anwendung brachten, etwa formgepresstes Sperrholz → 120 oder glasfaserverstärkten Kunststoff → 132. Auch aufwendig produzierte Möbel avancierten zu prestigeträchtigen Einrichtungsobjekten. → 176 Die Eames statteten ebenfalls Showrooms aus, in denen sie die Möbel der Firma mit moderner Kunst, »natürlichen« Materialien und Pflanzen oder kuriosen Fundstücken kombinierten, so dass nicht nur Wohnlichkeit zum Ausdruck kam, sondern auch individuelle Vorlieben der vermeintlichen Bewohner.

Skandinavische Moderne. In Dänemark kombinierte Arne Jacobsen bei seinen Möbelentwürfen ergonomischen Komfort, technisch-konstruktive Ideen und rationelle Produktion mit einer neuen Sinnlichkeit. Eingebunden in die ästhetische Tradition der Moderne, → 172 entwickelte er Formen mit metaphorischen Bezügen zur Natur. Der Betrachter eines Möbels assoziiert je eigene Bilder, die zunächst subjektiv zu sein scheinen, die aber auch intersubjektiv und kulturübergreifend verstanden werden können. Ihr Äquivalent findet diese Zeichenhaftigkeit in Möbelbezeichnungen wie Myren → 146, Svanen → 188 oder Ægget → 186.

Bescheidene Neuanfänge. Nach dem Zweiten Weltkrieg setzte in Deutschland ein enormer Neuerungswille ein, der sich auch auf die bundesdeutsche Produktkultur bezog und Formgestaltung zum Katalysator für eine neue Lebensweise werden ließ.

Zwar dominierten sogenannte Stilmöbel, »Gelsenkirchener Barock« oder modische Nierentisch-Formen die gutbürgerlichen Einrichtungen der Adenauer-Republik, doch erfreute sich modernes Design zunehmender Beliebtheit. Es bedeutete nicht nur den Anschluss an die internationalen Entwicklungen der Dreißiger- und Vierzigerjahre → 90, sondern war auch mit politischen Implikationen verknüpft – stand moderne Gestaltung doch für ein weltoffenes, demokratisches Selbstverständnis, das mit gutem Gewissen gegen die Blut-und-Boden-Ideologie der jüngsten Vergangenheit gesetzt werden konnte.

In den Fünfzigerjahren erlangten amerikanische und skandinavische Produkte und Einrichtungsgegenstände

Vorbildcharakter. Aber auch die Möbelentwürfe junger deutscher Designer wie Hans Theo Baumann, Egon Eiermann → 128, 152, Herbert Hirche oder Arno Votteler erfreuten sich wachsender Beliebtheit.

Nachkriegsmoderne

good design – Gute Form. Schnell wurde nicht nur die politische, sondern auch die wirtschaftliche Bedeutung moderner Formgebung erkannt. Um die Wettbewerbsfähigkeit deutscher Investitions- und Konsumgüter zu stärken, wurde auf Beschluss des Deutschen Bundestages 1952 der »Rat für Formgebung« gegründet. Mit der Geschäftsführung wurde Mia Seeger betraut. Sie sollte der »Guten Form« zum Durchbruch verhelfen und für die qualitativ hochwertigen Erzeugnisse im Ausland werben.

Die »Gute Form«, die praktisch-funktionale, ästhetische und moralische bzw. sozial-ethische Vorstellungen miteinander verbinden sollte, verweist auf die Ausstellungsaktivitäten des New Yorker Museum of Modern Art, das seit den späten Dreißigerjahren eine Auswahl vorbildlich gestalteter Produkte präsentierte, um mit »good design« oberflächlichem Styling bzw. Streamlining → 90 entgegenzuwirken. In der ersten Hälfte der Fünfzigerjahre wurden im New Yorker MoMA und in verschiedenen Kaufhäusern Ausstellungen präsentiert, in denen die von einer Jury mit »good design« ausgezeichneten US-amerikanischen Produkte von bekannten Designern und/oder Architekten inszeniert wurden. Wie stark sich hier wirtschaftliche und geschmacksbildende Interessen verbanden, verdeutlicht ein »Promotion Kit« für Einzelhändler, das den mit »good design« ausgezeichneten Produkten beigelegt wurde – mit Etiketten oder Vorschlägen für Schaufenstergestaltungen, alle versehen mit dem Good-Design-Logo, einem weißen Schriftzug auf rundem orangen Grund in einem schwarzen Quadrat.

Unmittelbar nach dem Krieg wurde im deutschsprachigen Raum die »Gute Form« durch die gleichnamige, 1949 von Max Bill konzipierte Ausstellung geprägt, die mit einer Auswahl »gut« gestalteter Produkte durch die Schweiz, Österreich und Deutschland tourte. Auch sie richtete sich gegen die Effekthascherei eines oberflächlichen Stylings, kurzlebige modische Formen und »Kitsch«. In der Bundesrepublik gilt die Ausstellung »Industrie und Handwerk schaffen neues Hausgerät in USA« (Landesgewerbeamt Stuttgart, 1951) von Edgar Kaufmann jr., der die Ausstellungen zum »good design« organisiert hatte, als wichtiger Meilenstein. In der Schweiz wurde die Auszeichnung »Gute Form« zwischen 1952 und 1968 jedes Jahr auf der Schweizerischen Mustermesse in Basel vergeben, um Leitbilder für das Design und einen Konkurrenzvorteil zu schaffen; in der Bundesrepublik wurde der vom Bundeswirtschaftsministerium gestiftete Bundespreis »Gute Form« erstmals 1969 verliehen.

Borngräber, Christian (Hrsg.): **Stilnovo.** Design in den 50er Jahren. Phantasie und Phantastik. Frankfurt a. M. 1979.

Erni, Peter: **Die gute Form.** Eine Aktion des Schweizerischen Werkbundes. Dokumentation und Interpretationen. Baden 1983.

Schulz, Bernhard (Hrsg.): **Grauzonen – Farbwelten.** Kunst und Zeitbilder 1945–1955. Katalog NGBK Berlin. Berlin/Wien 1983.

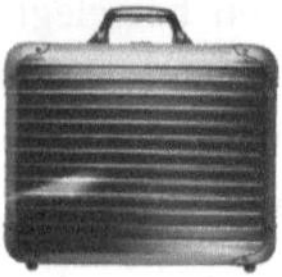

Rimowa-Koffer aus Aluminium
Entwurf: 1950

1950

Rimowa-Koffer

Richard Morszeck

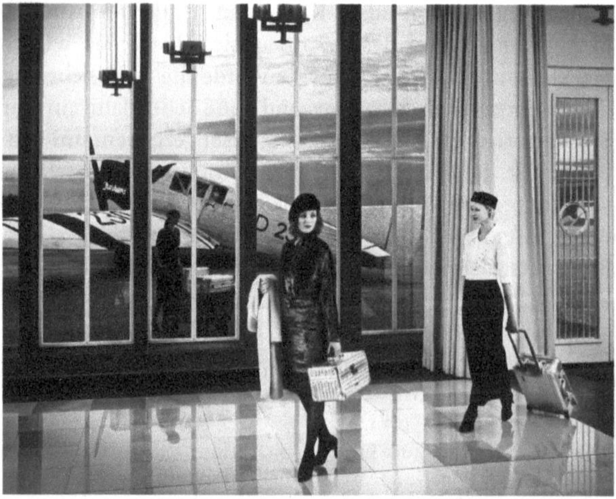

Reisen mit Stil neu inszeniert:
Rimowa-Koffer und Junkers F13

Leichter Flugbegleiter. 1898 wurde das Unternehmen in Köln als Manufaktur für Reisekoffer unter dem Namen »Kofferfabrik Paul Morszeck« gegründet. Nachdem die ersten Kofferserien noch aus Holz gefertigt worden waren, brachte Richard Morszeck, Sohn des Firmengründers, 1937 einen ersten Überseekoffer aus Aluminium für Weltenbummler der High Society auf den Markt.

Im Zweiten Weltkrieg zerstörte ein Fliegerangriff große Teile der Produktionsanlage in Morszecks Fabrik und die Hallen, in denen Leder, Holz und Stoffe gelagert wurden. Nur die Aluminiumvorräte überstanden den Brand, und so entwickelte Morszeck die Idee, Koffer aus Aluminium herzustellen, die klimatischen Widrigkeiten standhalten können. Ausgangsmaterial ist eine Aluminium-Magnesium-Legierung, die zu Platten verarbeitet und seit 1950 durch eine Spezialwalze mit der typischen Rillenstruktur versehen wird, nicht nur um vor größeren Dellen zu schützen, sondern auch um die Stabilität zu erhöhen. Sie dominiert bis heute die Corporate Identity der Firma.

In den Siebzigerjahren entwickelte Rimowa einen Aluminium-Fotokoffer mit einer Innenschale, der nach außen hin hermetisch abgeschlossen war, so dass das Fotoequipment gegen Temperatur- und Witterungseinflüsse geschützt werden konnte. Spätestens jetzt wurde Rimowa bei Fotografen, Werbern und anderen Trendsettern positiv wahrgenommen.

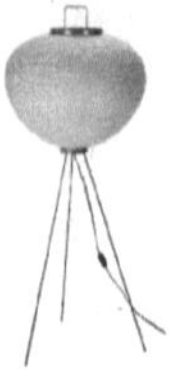

Entwurf/Prototyp: 1951
Produktion: Ab 1952 durch Ozeki & Co., ab 1953 durch »Bonniers« für die USA, ab 1954 Wohnbedarf, Zürich, für Europa; ab 2001 durch Vitra, Birsfelden bei Basel

1951

Akari-Papierleuchten

Isamu Noguchi

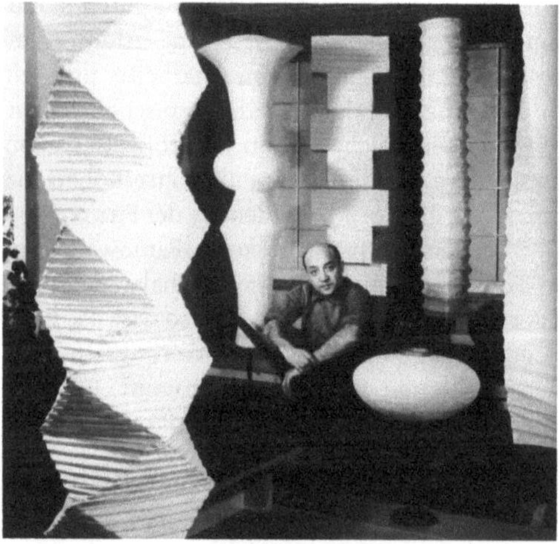

Abstraktion gefaltet: Isamu Noguchi inmitten seiner Akari-Leuchten

Erleuchtung aus Fernost. Bei einer Japanreise besuchte der amerikanische Bildhauer Isamu Noguchi 1951 Gifu, Zentrum der Herstellung traditioneller japanischer Papierlampen und -schirme. Um die japanische Papierindustrie zu beleben, wurde der Künstler gebeten, eine Papierlampe für den Export zu entwerfen. In seinen Skizzen verband Noguchi moderne Gestaltungsprinzipien und traditionelles japanisches Papierhandwerk.

Die leichten faltbaren Akari-Leuchten werden von traditionellen Laternenmachern aus Maulbeerbaumrinden-Papier und feinen Bambusstäben hergestellt, verzichten jedoch auf die typische Bemalung, so dass allein die Form der Lampe und die Struktur des handgefertigten Papiers zur Wirkung kommen.

Auf erste Entwürfe von Akari-Leuchten durch Noguchi folgten zahlreiche organische und geometrische Varianten. Besondere Popularität erlangten die Akaris in den Fünfzigerjahren durch Zeitschriften, aber auch durch wichtige Akari-Ausstellungen in Tokio und New York. Bis in die Achtzigerjahre entstanden über 100 Varianten verschiedener Decken- und Stehlampen, aber auch Bodenlampen. Zahllose Billigkopien aus dünnem Japanpapier reichen keinesfalls an die Qualität des Originals heran, machten es jedoch populär.

Akari bedeutet übersetzt Licht im Sinne von Erleuchtung. Entsprechend wurde das japanische Schriftzeichen für Akari, in dem sich Sonne und Mond vereinen, zum Markenzeichen der Leuchten. Bis heute werden sie in Zusammenarbeit mit Ozeki & Co. aus Gifu hergestellt.

Nachkriegsmoderne →136

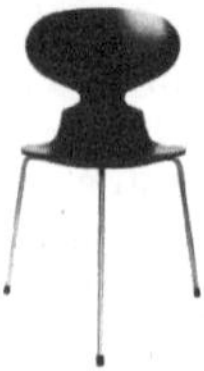

Stuhl Nr. 3100/3101 (auch bekannt als Myren [d.i. Ameise], Ant Chair)
Produktion: Fritz Hansen, Allerød, Dänemark

1952

Ameisenstuhl

Arne Jacobsen

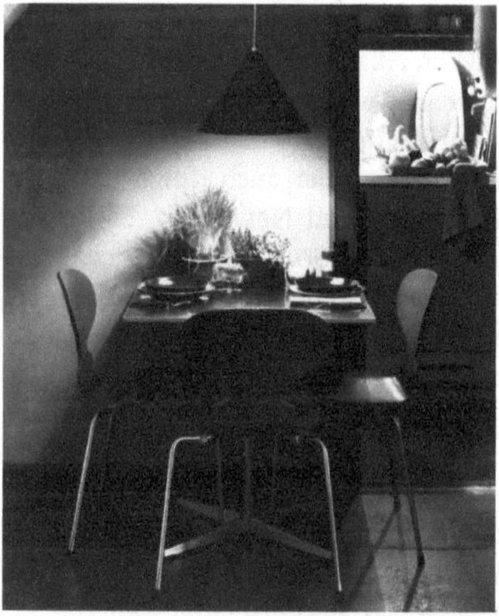

Arne Jacobsens dreibeiniger Stapelstuhl aus verformtem Schichtholz in Buche, natur oder lackiert, 1952

Mit der Taille einer Ameise. Aufgrund seiner eingezogenen schmalen Taille der Rückenlehne und seiner dünnen Beine erhielt der Stuhl den Namen Myren (Ameise). Gerade diese Gestaltungsdetails verdeutlichen eine Eigenart, die Jacobsens Haltung auszeichnet: Eingebunden in die geometrische Ästhetik der Moderne, entwickelte der dänische Architekt und Designer mit assoziationsreichen Formen sinnlich Anregendes.

Ursprünglich wurde dieser Stuhl für die Kantine des pharmazeutischen Unternehmens »Novo« entwickelt, wobei es Jacobsens dringendstes Anliegen war, einen Stuhl zu entwerfen, der leicht und stapelbar ist. Gleichzeitig erhöht die schmale Verbindung zwischen Rückenlehne und Sitzflächc die Biegsamkeit der Rückenpartie, was den Stuhl sehr bequem macht.

Zunächst sah Jacobsen drei Beine aus Metall sowie Sitz und Rückenlehne aus verformtem Sperrholz vor. Damit hätte der Entwurf jedoch formal zu stark an die Plywood-Chairs der Eames erinnert.→ 120 In der Folge entwickelte Jacobsen zusammen mit Fritz Hansen eine Technik, die es erlaubte, Sitz und Rückenlehne aus einem Stück zu formen, so dass der »Ameisenstuhl« auch herstellungstechnisch eine echte Innovation ist.

Der Ameisenstuhl ist heute mit drei oder mit vier Beinen lieferbar, wobei letztere Version erst nach Jacobsens Tod auf den Markt kam – zu Lebzeiten hatte er sich gegen eine vierbeinige Ausführung verwahrt. Das gilt auch für die bunte Farbpalette, denn Jacobsen hatte nur wenige Holzfurniervarianten sowie eine schwarze Lackierung für seinen Entwurf festgelegt.

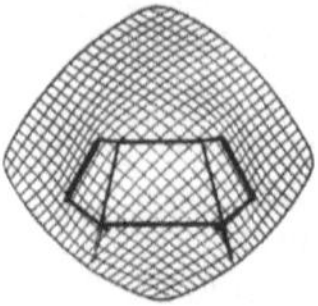

Modell 421 (auch bekannt als Drahtgeflecht-sessel Diamond)
Entwurf: Ab 1950
Produktion: Ab 1952 durch Knoll Associates / Knoll International, New York

1952

Diamond

Harry Bertoia

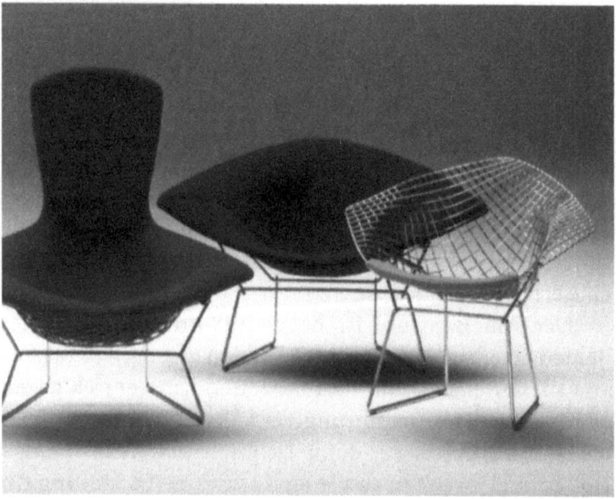

Harry Bertoia: Sitzmöbelkollektion »Diamond«, 1952

Besonders drahtig. Nach seiner Tätigkeit an der Cranbrook Academy of Art, Michigan, wo er unter anderem auch die Metallwerkstatt leitete, arbeitete Bertoia einige Jahre lang im Studio der Eames an Möbelentwürfen. Dann konzentrierte er sich wieder auf sein freies bildhauerisches Schaffen, bis ihn ein Angebot von Knoll erreichte.

Er könne arbeiten, an was er wolle, egal ob Skulptur oder Möbel, wenn dabei aber ein Möbelentwurf herauskäme, umso besser – Knoll werde ihn produzieren. Bertoia interessierte sich als Bildhauer für die skulpturalen Eigenschaften einer Sitzgelegenheit und begriff seine Studien für Sitzmöbel als solche von Raum, Form und Material. Er erarbeitete so Sitzgelegenheiten aus Draht, die dem Benutzer den Eindruck vermitteln, er sitze auf Luft. Zwischen 1950 und 1953 entwarf er eine Reihe von Sesseln und Stühlen, die er mit den Spezialisten der Firma Knoll bis zur Serienreife brachte.

Besonders bekannt wurde sein Diamond Chair, den es in kleinen und großen Varianten gibt. Das auf die Spitze gestellte und leicht verzogene Quadrat des Gittergeflechts der Schalenform gab der Serie den Namen »Diamond«. Herstellungstechnisch waren diese Sessel eine große Herausforderung. Trotz eigens entwickelter Maschinen mussten die vorgeformten Drähte einzeln per Hand gebogen und verschweißt werden.

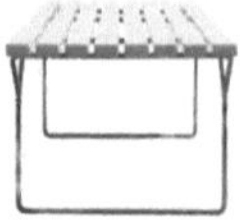

Bank Nr. 400
Entwurf: 1952
Produktion: Knoll Associates / Knoll International, New York

1953

Bertoia-Bank

Harry Bertoia

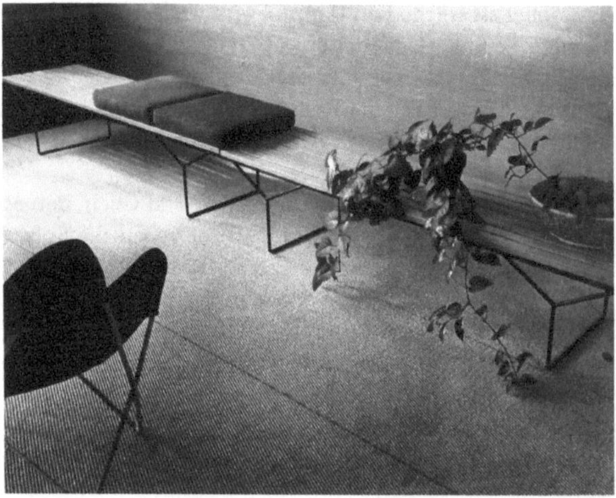

Asymmetrisch arrangiert: Harry Bertoias Bank »Modell 400«, 1952

Minimal Art zum Sitzen. In den Fünfzigerjahren war Harry Bertoias Bank 400 ein »Must-have« für alle Design- und Architekturinteressierten. Heute ist die Bank ein teures Möbelobjekt für Sammler und Liebhaber, die zusammen mit den dazu passenden Sitzkissen von Knoll International angeboten wird.

Eigentlich wurde die niedrige Holzlattenbank mit einem Untergestell aus verschweißtem Rundstahl als Sitzmöbel konzipiert. Mit Vorliebe wurden auf ihr aber auch Bücher und Zeitschriften, Obstschalen oder Zimmerpflanzen arrangiert. Design- und Architekturzeitschriften der späten Fünfziger- und Sechzigerjahre zeigen zudem, dass auf der Bank auch Fernsehapparate oder Radios ihren Platz fanden.

Mit ihrem filigranen Y-förmigen Metalluntergestell passte die Bertoia-Bank formal zu den spinnenbeinigen Sitzmöbeln der Fünfzigerjahre, wie sie von Knoll International[→148], Herman Miller[→136] oder Fritz Hansen[→146, 172, 242, 192] hergestellt wurden.

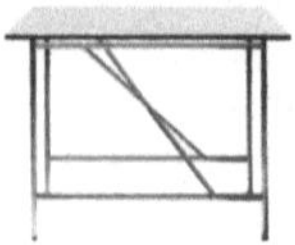

Tischgestell 1 / Eiermann 1
(auch bekannt als Tisch mit Kreuzverstrebung, Architektentisch)
Entwurf: 1953
Produktion: Richard Lampert, Stuttgart

1953

Eiermanntisch

Egon Eiermann

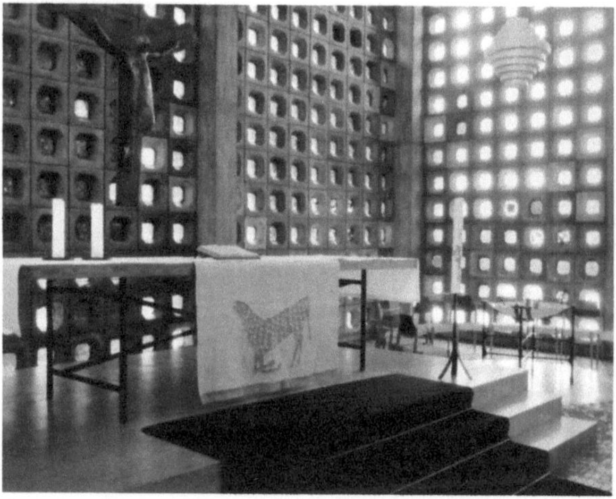

Matthäuskirche, Pforzheim, 1951–53: »Eiermann-Gestell« als Basis für Altar und Taufbecken

Zeitloses Manifest gegen das Gestrige. Bereits 1943 fand sich im Zeichenraum von Eiermanns Bauleitungsbaracke in Beelitz bei Berlin ein Vorläufer des bekannten Zeichentischs. Dieses Gestell mit einer einfachen Querstrebe entwickelte der Architekt weiter zu einer Variante mit zwei seitlichen H-förmigen Stahlrohrrahmen, die durch ein schräg dazwischen liegendes Rohrkreuz diagonal verbunden und stabilisiert werden.

Dieses sogenannte Tischgestell 1, 1953 entworfen und zeitweise in der Schlosserei der TH Karlsruhe gefertigt, wurde von Generationen Karlsruher Architekturstudenten benutzt. Für die Platte gab es keine Vorgaben. Verwendet wurden entweder Reißbretter oder Türblätter – Eiermann selbst arbeitete auf einer massiven Lindenholzplatte. Das Gestell nutzte Eiermann auch als Ausstattungselement für einige seiner architektonischen Projekte, etwa als Basis des Altars und des Taufbeckens der Pforzheimer Matthäuskirche.

Mitte der Sechzigerjahre entstand ein abgewandeltes Eiermann Gestell 2, das über mittig oder nach hinten versetzbare senkrechte Kreuzstreben verfügt, so dass es sich auch als Ess- oder Konferenztisch eignet. 1995 hat Richard Lampert die Rechte an den Eiermann-Tischgestellen erworben, so dass sie heute originalgetreu hergestellt werden können, wenn auch mit einer kleinen Abwandlung: Im Gegensatz zu früher ist das Eiermann-Tischgestell 1 heute zerlegbar.

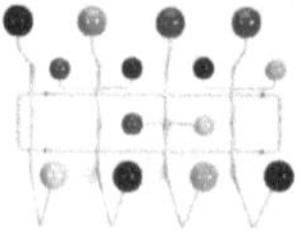

Entwurf: 1953
Produktion: 1953–61 Herman Miller, Zeeland, Michigan; ab 1997 für den europäischen Markt von Vitra, Birsfelden bei Basel

1953

Hang-It-All

Charles und Ray Eames

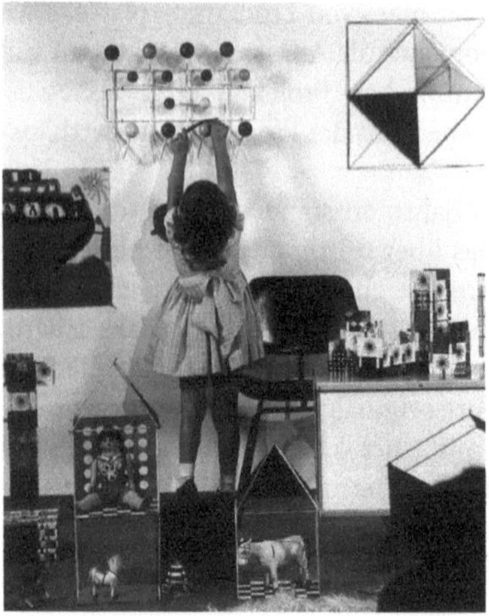

Eames' phantasievolle Kinder-Welt: »Hang-It-All«, »House of Cards« und »Little Toy«

Spielfreude und Funktion. Hang-It-All wurde eigentlich für Kinder entworfen, nicht nur um Kleider, sondern auch Spielsachen und andere interessante Dinge aufzuhängen. Obwohl in erster Linie als Ordnungshilfe für Kinder beworben »to hang things on«, wurde und wird die Garderobe natürlich auch gern von Erwachsenen genutzt.

Hang-It-All entstand im Eames Office zu einer Zeit, in der zahlreiche Möbel aus stabilem Drahtgeflecht entwickelt und gefertigt wurden. Mit seinen bunten Farben und den runden Formen nimmt Hang-It-All die bunte Spielwelt der Kinder auf. Die Garderobe besteht aus zwei Komponenten: dem dicken, gebogenen und weiß beschichteten Draht und den Holzkugeln in zwei unterschiedlichen Größen, die in vier Ebenen übereinander angeordnet sind. Das sorgsam aufeinander abgestimmte Farbschema der schwarzen, gelborangen, roten, magentafarbenen, grünen, blauen, gelben, pinken und violetten Kugeln wurde von Ray Eames angelegt.

Hang-It-All wurde für die Spielzeugabteilung von »Tigrett Enterprises« in Jackson/Tennessee entworfen, die auch schon andere Eames-Spielzeuge und Spiele, etwa das »House of Cards«, vertrieb. Die Garderobe wurde nur in einzelnen Zeitschriften wie *The New Yorker* beworben und konnte auch nur direkt bei der Firma bestellt werden. Parallel wurde Hang-It-All 1953 bis 1961 von Herman Miller produziert und vertrieben. Heute ist die Garderobe bei Herman Miller bzw. Vitra erhältlich.

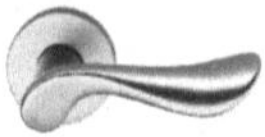

Türdrücker Modell Nr. 1020
(früher: Modell 7501)
Entwurf: 1953
Produktion: Ab 1953 durch FSB
(Franz Schneider Brakel), Brakel

1953

Türdrücker Modell Nr. 1020

Johannes Potente

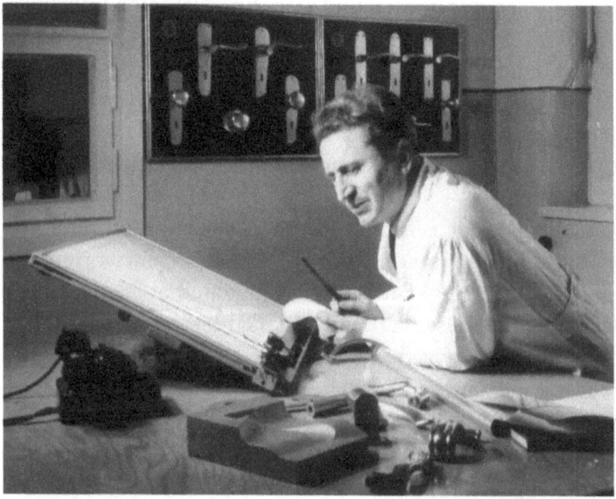

Johannes Potente bei der Arbeit. An der Wand einige seiner Werke

Organisch ergonomisch. Die Entwicklung neuer Türdrückermodelle steht in engem Zusammenhang mit dem Bauboom nach dem Zweiten Weltkrieg. Verschrieben sich die Vorkriegsmodelle noch einer additiven Formensprache, entwickelte Johannes Potente mit seinem »Modell 1020« einen Türdrücker für Franz Schneider Brakel (FSB) mit »organischem Schwung«, der sich der sie umfassenden greifenden Hand optimal anpasst.

Entsprechend sorgte Potentes 1953 entwickeltes Modell 1020 aufgrund seiner Formgebung für Furore. Zum einen stellt dieser Türdrücker eine Form in der Tradition organisch gestalteter Handformgriffe zur Verfügung, die sich an der Hand orientieren und sich deren Form optimal anpassen. Zum anderen evoziert seine leicht geschwungene Wellenform die organische Form der Nachkriegszeit, ohne jedoch einer oberflächlich adaptierten modischen Nierentisch-Ästhetik anheimzufallen.

Auch herstellungstechnisch betrat Potente mit dem Türdrücker Neuland. Wurden die Modelle der Vorkriegszeit vornehmlich noch aus Bakelit oder Blech hergestellt, war das Modell 1020 und seine Produktfamilie (ein Zimmertürdrücker, ein Haustürdrücker und ein kleinerer Drücker für leichte Türen) einer der ersten Türdrücker aus Aluminium. Obwohl der Türdrücker auch in Messing produziert wird, scheint die Aluminium-Version seiner Form doch am besten zu entsprechen.

Nachkriegsmoderne → 136

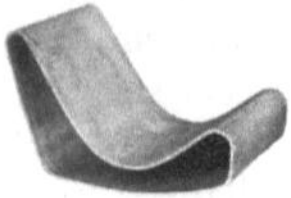

Eternitstuhl
(auch bekannt als Strand- und Gartensessel)
Entwurf: 1954
Produktion: 1954–80, ab 1999 durch die Schweizer Zement-Firma Eternit AG, Niederurnen

1954

Loop-Sessel

Willy Guhl

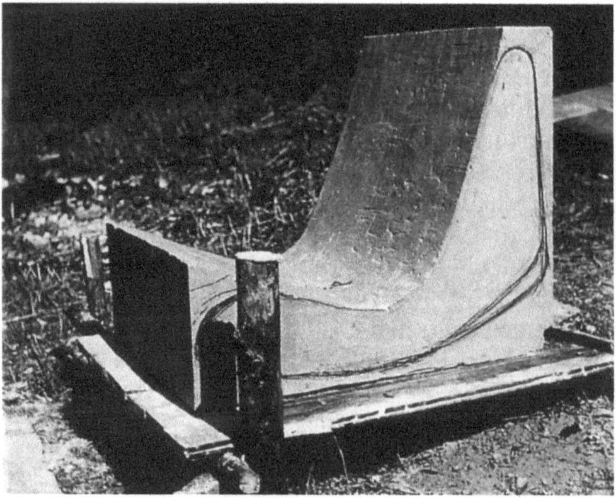

Entwicklung des »Gartensessels« (Gipsform), 1954

Schleifenförmiger Gartenstuhl. Als markantester Entwurf von Willy Guhl ist der Eternitstuhl zwar grundsätzlich der Formensprache der Fünfzigerjahre verpflichtet, jedoch bar modischer Launenhaftigkeit, da Guhls Interesse vornehmlich ergonomischen Überlegungen und dem anatomisch richtigen Sitzen galt.

Um den Produktionsaufwand möglichst niedrig zu halten und eine Serienproduktion erreichen zu können, wurde der Stuhl aus einer Eternitschleife gefertigt. Seine Abwicklung entsprach genau den Maßen der maschinell hergestellten Eternitplatte. Entsprechend verleiht das naturgraue Material dem Stuhl einen archaischen Ausdruck. Durch die geschwungene Linienführung erhält er aber auch eine hohe skulpturale Qualität. So vereinigt der Stuhl herstellungstechnisch Leichtigkeit und Stabilität, formalästhetisch Strenge und Eleganz.

Seit 1999 wird eine modifizierte Variante des Stuhls aus asbestfreiem Eternit produziert. Da dieses neue Material etwas weicher ist, erarbeitete Guhl eine leichte Vertiefung im Rücken, um – ebenso wie ein Falz ein Papierblatt stabilisiert – eine statische Verstärkung erreichen zu können. Der nun unter dem Titel »Loop« vertriebene Eternitstuhl wird heute zusammen mit einem passenden Beistelltisch angeboten.

1956 wurden für den Originalstuhl 50 Franken, für den neuen, asbestfreien Stuhl werden heute 490 Franken gezahlt – und für das Original Tausende.

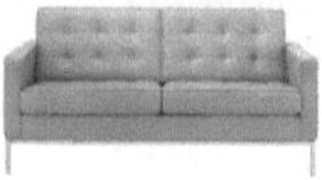

Modell 1206
Entwurf: 1954
Produktion: Knoll Associates / Knoll International, New York

1954

Knoll-Sofa

Florence Knoll

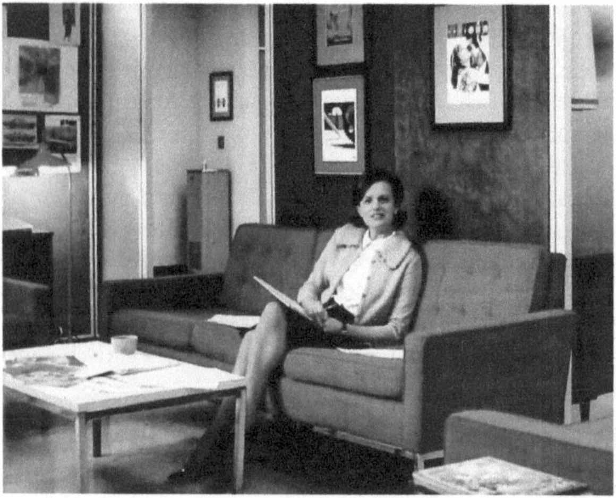

In Szene gesetzt: Florence Knolls Sitzgruppe, 1954 – das Möbel machte in der »Mad Men«-Serie TV-Karriere.

Orte zurückhaltender Eleganz. Mit akkuraten Formen und festen Polstern distanzierten sich Florence Knolls Couchgarnituren von den weich gepolsterten Modellen der Nachkriegszeit. In ihrem Modell 1206 bezieht sich die Designerin auf abstrakte Formen der Moderne, die sie mit den ästhetischen Ansprüchen eines eleganten Lebensstils verbindet, der das gehobene amerikanische Interior Design bis in die späten Sechzigerjahre bestimmen sollte.

1954 entwarf Knoll eine Couchgarnitur aus einer stoffbezogenen Kastenform, die bündig mit einem Gestell aus verchromten und polierten Vierkantrohren abschloss. Die Sitzflächen waren zunächst mit flachen, im Karomuster gesteppten Kissen versehen und neigten sich, dem Kräftespiel der Polsterung folgend, leicht nach hinten. In ihrer minimalistischen Eleganz auf komfortable Repräsentation hin ausgerichtet, kamen diese Polstermöbel vorwiegend in Banken, Flughäfen und Chefetagen großer Industriekonzerne zum Einsatz, fanden jedoch im privaten Wohnbereich kaum Einsatz, wohl auch, weil sie nicht über Armlehnen verfügten.

Konsequenterweise stattete Knoll ihr Nachfolgemodell 1206 mit niedrigen Armlehnen aus und konzentrierte sich noch stärker auf die Abstraktion des Möbels, indem sie nun auf die Schrägen verzichtete. Wie optisch feinsinnig Knoll agierte, zeigt sich besonders in der schwarze Zwischenlage, mit der das Polster vom verchromten Metallunterbau getrennt wird, aber auch in den rechtwinkligen Formen der Metallkonstruktion, die das Polstermöbel optisch über dem Boden schweben lassen.

Nachkriegsmoderne → 136

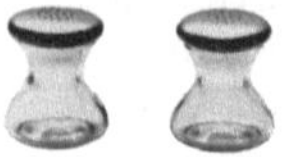

Salzstreuer 3518 und Pfefferstreuer 3541
Entwurf: 1952/53
Produktion: Ab 1954 bei WMF, Geislingen

1954

Max und Moritz

Wilhelm Wagenfeld

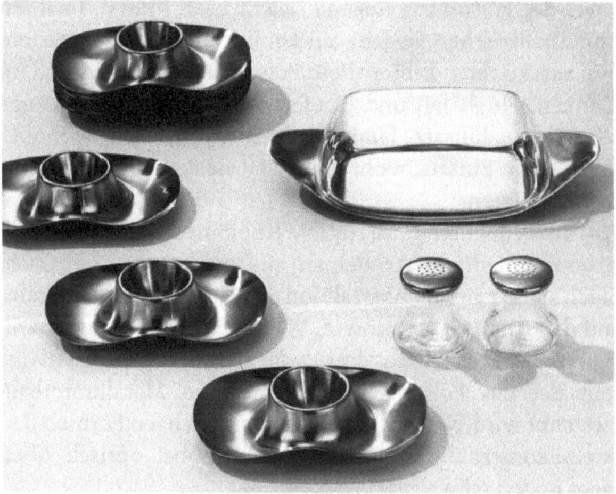

Wilhelm Wagenfelds Salz- und Pfeffer-Streuer »Max + Moritz«, Eierbecher und Butterdose

Spitzbuben für das Wirtschaftswunder. Mitte der Fünfziger- bis Mitte der Sechzigerjahre arbeitete Wilhelm Wagenfeld für die Württembergische Metallwarenfabrik (WMF) in Geislingen. Dort entwickelte er unter anderem die Salz- und Pfefferstreuer Max und Moritz, die in jeder Hinsicht als gestalterisch ausgewogen und formal zurückhaltend bezeichnet werden können.

Die kleinen Gefäße aus Glas mit einem Kopf aus rostfreiem Edelstahl haben eine schlanke Mitte, durch die sich die kleinen Streuer nicht nur gut greifen lassen. Sie dienen auch dazu, dass Salz und Pfeffer immer wieder aufgelockert werden. Vor allem aber verleiht sie ihnen eine figürliche Anmutung, die wohl zur Namensgebung Max und Moritz führte – Wilhelm Buschs freche Lausbuben.

Wagenfeld, der sich zeit seines Lebens der Maxime verpflichtet sah, dass Dinge durch ihren Nutzen überzeugen sollen, versah Max und Moritz mit einer verhältnismäßig großen Öffnung, in die das Salz bzw. der Pfeffer leicht eingefüllt werden können. Zudem wurde erstmals ein Steckdeckel bei einem Streuer verwendet, der in der Herstellung billiger und in der Handhabung einfacher war, da er schneller aufgesetzt und besser zu reinigen ist als die sonst üblichen Schraubverschlüsse. Mit Max und Moritz schuf Wagenfeld eine wahrhaft archetypische Form, die seit 1957 mit den beiden Modellen 3544 und 3545 von WMF auch in kleineren Varianten produziert werden.

Funktionaler Minimalismus

HfG Ulm + Braun

1950 M 125
1954 Ulmer Hocker
1956 Schneewittchensarg
1958 LEGO
1959 Mono-Besteck
1960 Regalsystem 606
1961 Hotelstapelgeschirr
1962 Braun sixtant
1963 Kodak Carousel
1965 USM Systemmöbel
1966 Lamy 2000
Stapelbett
1967 Sinus-Aschenbecher

Es waren junge Künstler, Gestalter und Intellektuelle, die zusammen mit dem Bauhäusler Max Bill die Gründung eines neuen Bauhauses anstrebten, das in Ulm eine zweite bundesdeutsche Moderne einläuten sollte. Mit dem hier Gestalteten sollte Gesellschaft neu geprägt werden, so die Vorstellung und der hehre Anspruch. Eine funktional-sachliche Gestaltung sollte Nüchternheit und Bescheidenheit zum Ausdruck bringen durch moralisch integre, politisch kritisch ausgebildete Gestalter und als »Gute Form« → 136 gesellschaftlich wirksam werden: Mit einfachen und minimalistisch-asketischen Produkten sollte die Welt verändert werden – moderne Formgestaltung als Katharsis von den pathetischen Übersteigerungen des Nationalsozialismus.

Die Produkte der Hochschule für Gestaltung (HfG) Ulm sind als Objekte des Widerstands zu begreifen, auch als Widerstand gegen eine unkritische, allein an dem wirtschaftlichen Wohlstand orientierte (Konsum-)Gesellschaft, die wenig an einer geistigen oder moralischen Neuausrichtung interessiert war.

In besonderer Weise manifestieren die Arbeiten der Abteilung Produktgestaltung – die größte der fünf HfG-

Abteilungen – die Haltung der Schule: Als deren Leiter wurde der Schweizer Architekt Hans Gugelot 1954 berufen, der mit seinem Möbelsystem M 125 →134 die Themen Raster und System bereits bearbeitet hatte. Er passte zur Philosophie der 1953 gegründeten HfG, die sich in Form und Material auf das absolut Notwendige konzentrieren wollte. Ähnlich programmatisch brachte der multifunktional einsetzbare Ulmer Hocker →170 den Geist der Schule zum Ausdruck.

Funktionaler Minimalismus

Das Ausbildungskonzept sah vor, die Studierenden an Aufträgen aus der Industrie mitarbeiten zu lassen, so auch an Aufträgen der Firma Braun, die 1954 einen Neuanfang wagte, als die beiden jungen Firmeninhaber Erwin und Artur Braun mit dem Kunsthistoriker und Regisseur Fritz Eichler einen intellektuellen Querdenker einstellten und Kontakt zur Ulmer Hochschule aufnahmen. Radiogeräte sollten sich von nun an nicht länger als »Tonmöbel« im dunkelbraunen Ambiente mimikryartig verstecken, sondern als Statements moderner Gestaltung Position beziehen: helles Naturholz gegen dunkelbraune Holzfurniere, Hellgrau oder Weiß gegen dunkles Braun, weiße Lamellen gegen golddurchwirkte Lautsprecherabdeckungen, hellgraue Sendeskalen mit grauen, leicht abgesetzten Knöpfen und Tasten gegen braun- oder elfenbeinfarbenes Bakelit.

Ebenso wie an der Ulmer HfG wollte man auch bei Braun visuelle Enthaltsamkeit bürgerlichem Protz und modisch Kurzlebigem entgegenstellen. Entsprechend sollten die Gegenstände nicht »lautstark« sein, sondern sich wie »stille Helfer und Diener« (Fritz Eichler) zurückhalten. Daher wurden die Braun-Geräte konsequent mit technischen Kürzeln→ 178 versehen.

1957 demonstrierten 60 Musterwohnungen aus Beton, Glas und Stahl im West-Berliner Hansaviertel auf der »Interbau« modernes Wohnen. Mit den neuesten Möbeln von Hans Gugelot→ 134 oder Herbert Hirche und Radiogeräten der Firma Braun wurde deutlich, dass der »internationale Stil« auch in Deutschland zur Selbstverständlichkeit geworden war.

Jetzt bedeutete sachlicher Minimalismus mehr als nur eine gestalterische Lösung: Spätestens nachdem Egon Eiermann und Sep Ruf 1958 ihren deutschen Pavillon mit seinen eleganten Glaskuben auf der Brüsseler Weltausstellung gezeigt hatten,→ 128 erkannte man dem sachlichen Minimalismus auch staatstragende Qualitäten zu.

Nach Bills Ausscheiden aus der Hochschule wurden 1957/58 die Unterrichtspläne der einzelnen Abteilungen systematisiert und neue Fächer wie Herstellungstechnik, Werkstoffkunde und Konstruktionslehre eingeführt. 1958 wurden sogenannte Entwicklungsgruppen innerhalb der Hochschule gegründet, in denen ein HfG-Dozent mit freien Mitarbeitern an Aufträgen aus der Industrie arbeitet. Mit Beginn des Studienjahres 1960/61 wurde dann endgültig Abschied von der Bauhausgrundlehre genommen und die Hinwendung zu einer spezialisierten, technologisch orientierten Ausbildung von Gestaltern vollzogen.

So setzte sich Anfang der Sechzigerjahre eine wissenschaftlich und methodologisch begründete Gestaltung technischer Produkte durch, die Problemstellungen theoretisch analysierte, Entwurfsalternativen systematisch erarbeitete und die gestalterische Entscheidungen detailliert begründete. Die Logik rationalisierter industrieller Fertigung fand nun ihr Pendant in der rationalen Logik des Entwurfs spätfunktionalen Gestaltens.[→200, 210, 216, 232]

Triumph des Systemdesigns. Als revolutionäre Neuerung des 20. Jahrhunderts ist Systemdesign anzusehen, das ein ganzes,

Funktionaler Minimalismus

in sich geschlossenes Ding zugunsten eines variablen Systems ablöst, das sich unterschiedlichen Bedürfnissen anpassen kann. Die Systemwelt reicht von einfachen aufeinander bezogenen und kombinierbaren Einzelteilen (Units), die bereits in sich ein Ganzes bilden, jedoch durch Kombination mit weiteren Units zu einem großen, komplexen System aufgebaut werden können[→112, 122, 170, 208, 230] bis hin zu komplexen Systemen aus zahlreichen, aufeinander abgestimmten genormten Einzelelementen, die durch Zusammenfügen ein Ganzes bilden.[→130, 134, 190, 204, 222, 278]

Letztere besitzen den Vorteil, dass sich selbst aus einer geringen Anzahl systematisch aufeinander abgestimmter Einzelteile eine hohe Anzahl von Anwendungsmöglichkeiten ergeben. Damit steht Systemdesign für die Vereinigung des vermeintlich Gegensätzlichen: Individuelle Bedürfnisse können durch eine breite Palette von Variationsmöglichkeiten der standardisierten und industriell produzierten Einzelteile in Einklang gebracht werden.

Czemper, Karl-Achim (Hrsg.) / club off ulm e. v.: **hfg, ulm.** Die Abteilung Produktgestaltung. 39 Rückblicke. Dortmund 2008.

Lindinger, Herbert: **Hochschule für Gestaltung Ulm.** Die Moral der Gegenstände. 2. veränd. Aufl. Berlin 2001.

Polster, Bernd / Braun GmbH Kronberg: **Braun.** 50 Jahre Produktinnovation. Stuttgart 2010.

Seckendorff, Eva von: **Die Hochschule für Gestaltung in Ulm.** Gründung (1949–1953) und Ära Max Bill (1953–1957). Marburg 1989.

Spitz, René: **hfg ulm.** der blick hinter den vordergrund. die politische geschichte der hochschule für gestaltung 1953–1968. Stuttgart/London 2002.

Wichmann, Hans (Hrsg.): **Systemdesign.** Bahnbrecher Hans Gugelot 1920–1965. 2. erw. Ausg. Basel/Boston 1987.

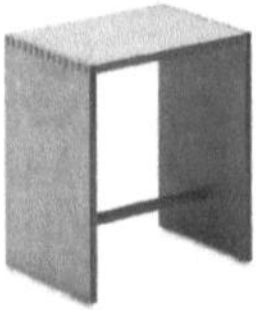

Hocker für zwei Sitzhöhen
Reedition heute: Seit 1975 bei Zanotta, Nova Milanese / Mailand als Sgabillo; 1993–2003 Wohnbedarf Zürich / WB Form; heute: WB Form, Zürich

1954

Ulmer Hocker

Max Bill, Hans Gugelot

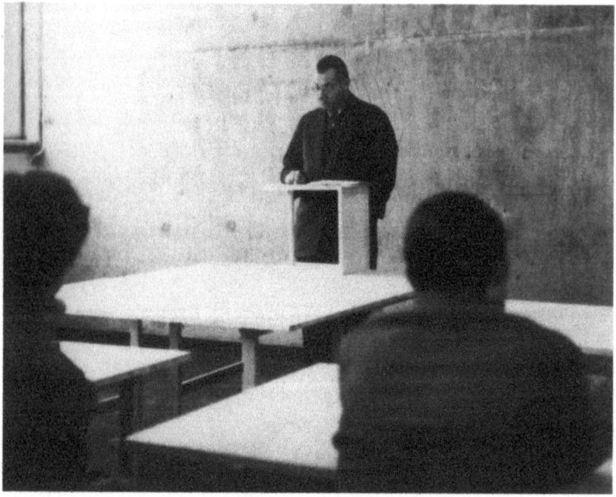

Der Hocker als Pult im Einsatz: Max Bill im Unterricht an der Ulmer Hochschule für Gestaltung

Minimalistischer Neuanfang. Im Gründungsjahr der Ulmer HfG entworfen und für die Ausstattung der Schule produziert, stellt der Ulmer Hocker mehr als eine Sitzgelegenheit dar. In seiner Konzentration auf das absolut Notwendige war er deutlich gegen den Konsumfetischismus des Wirtschaftswunders gerichtet und avancierte so zum Symbol einer rationalen Gestaltung.

Die schlichte Sitzgelegenheit besteht aus drei maschinengehobelten Fichtenholzbrettern, die durch einen Buchenholzstab und Fingerzinken rechtwinklig zusammengefügt sind. Zudem verhindert eine Buchenholzkufe das Splittern der Fichtenbretter und das Schürfen der Wangen auf dem Boden. Der Hocker wurde mit hoher handwerklicher Präzision in der hochschuleigenen Werkstatt für die Studierenden der HfG produziert, ist aber in seiner minimalistischen Einfachheit und seinem orthogonalen Raster auf die Serienproduktion ausgerichtet.

Seine drei unterschiedlichen Maße (45 cm hoch, 40 cm breit, 30 cm tief) verweisen auf die Idee multifunktionaler Möbel, die sich unterschiedlichen Situationen anpassen können: als Sitzgelegenheit, Beistelltisch, Stehpult, Regalelement, Bücherregal oder Transporthilfe. Bedingt durch die unterschiedlichen Maße kann der Ulmer Hocker auch von unterschiedlich großen Menschen genutzt werden. Bequem ist der Hocker allerdings nicht, und er soll es wohl auch nicht sein: Da das Sitzen schnell unbequem wird, muss der Nutzer seine Position ständig ändern, was nicht nur seine körperliche Beweglichkeit garantiert.

Funktionaler Minimalismus → 164

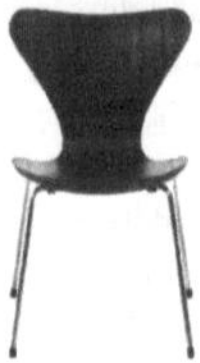

Stuhl Nr. 3107 (auch bekannt als Stuhl 3107, Serie 7™, Keeler Chair)
Produktion: Ab 1955 durch Fritz Hansen, Allerød, Dänemark

1955

Modell 3107

Arne Jacobsen

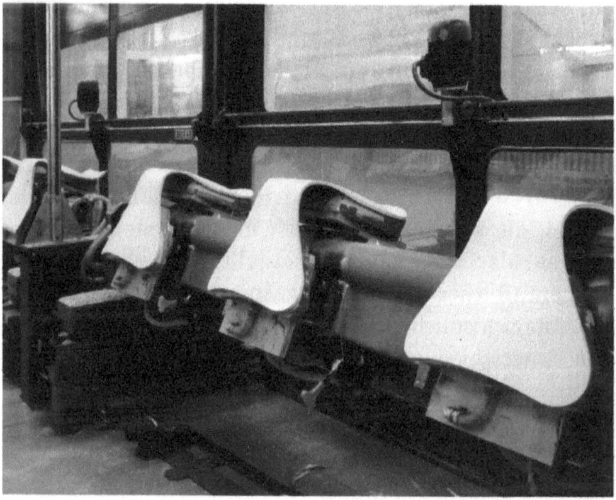

In Serienproduktion: der Stuhl Nr. 3107

Stuhlklassiker über Jahrzehnte hinweg. Für Fritz Hansen entwickelte das Büro Jacobsen die Stuhlkollektion 3107, die oft auch als Serie 7™ bezeichnet wird. In langen Versuchsreihen war Jacobsen bis an die Grenzen der statischen Möglichkeiten gegangen, indem er die Schale tailliert und die Bewegungsräume des Holzes vergrößert hatte, um eine härtere, dauerhafte und stabilere Schale im Vergleich zu seiner »Ameise« → 146 zu erreichen.

Eine erste dreibeinige Version war ausschließlich in Schwarz erhältlich. Später wurde der Stuhl vierbeinig, in Teak-, Eichen- oder Buchenholz, unterschiedlich farbig lackiert oder gebeizt angeboten. Fritz Hansens Serie 7™ lässt sich durch diverse Elemente wie etwa Stoff- oder Lederpolster, Armlehnen oder zusätzliche Rollen weiter variieren.

Bis heute zählt die Serie zu den kommerziell erfolgreichsten Sitzmöbeln überhaupt, wohl auch, weil sich der formal zurückhaltende leichte Stapelstuhl sowohl im privaten wie im öffentlichen Bereich vielseitig einsetzen lässt. Seine klare Komposition und die herstellungstechnische Leistung, Sitz und federnde Rückenlehne aus einem verformten Holzteil herzustellen, sowie die elastische Verbindung mit dem Stahlrohrfußgestell wurden bei der Verleihung des Bundespreises »Gute Form« 1969 als Qualität des Stuhls besonders hervorgehoben.

1963 sorgte ein Foto von Lewis Morley für Aufsehen, das das englische Callgirl Christine Keeler, die in England in einen Regierungsskandal verwickelt war, nackt auf einem Plagiat des Jacobsen-Stuhls zeigte – mit der Rückenlehne in Richtung Betrachter.

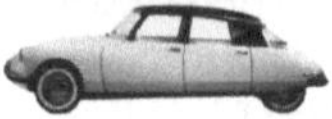

Déesse (Göttin)
Entwurf: 1945–55
Produktion: 1955–75

1955

Citroën DS 19

Flaminio Bertoni, André Lefèbvre, Paul Magès

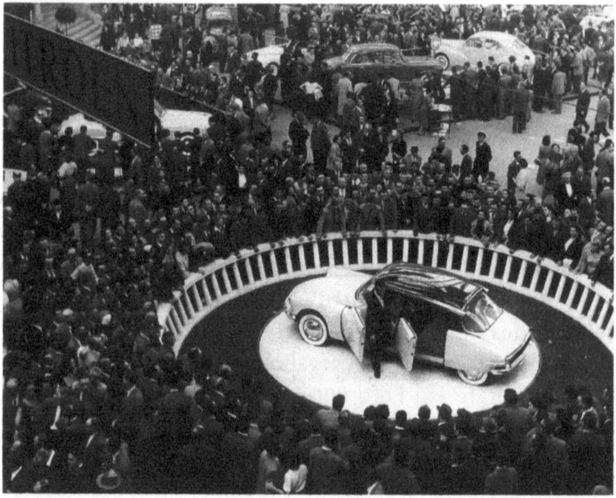

Citroën DS:
Präsentation auf dem Pariser Autosalon, 1955

Göttin der fünfziger Jahre. Die DS 19 verbindet die Fähigkeiten des aus Italien stammenden Bildhauers Flaminio Bertoni, der schon an der 2CV gearbeitet hatte, mit dem technischen Wissen erfahrener Citroën-Ingenieure wie André Lefèbvre.

Das Auffallendste an der äußeren Erscheinung der »Göttin« ist die kompromisslose skulpturale Form der Karosserie, die Front und Heck ohne Unterbrechung verbindet: eine Karosserie ohne angefügte Kotflügel, mit gekrümmter Windschutz- und Heckscheibe, einer gerundeten Frontpartie und einem nach hinten stark abfallenden Dach sowie tütenförmigen Blinkleuchten. Die Perfektion, mit der die Kurven der Front- und Heckscheibe gebogen sind, veranlasste den französischen Philosophen Roland Barthes dazu, die DS mit einer gotischen Kathedrale zu vergleichen und sie somit als kulturellen Höhepunkt seiner Zeit zu begreifen.

Offiziell vorgestellt wurde die DS auf dem Pariser Autosalon im Herbst 1955. Eine Sensation stellte dabei nicht nur die Form, sondern auch die von Paul Magès entwickelte hydro-pneumatische Dämpfung und Federung dar, die es dem Auto erlaubte, in einer Aufwärtsbewegung nach oben gepumpt zu werden – eine Bewegung, die den Insassen das Gefühl vermittelte, als säßen sie in einem startenden Flugzeug. Um eben dieses Schweben zu thematisieren, wurde der Wagen 1957 auf der Triennale von Mailand mit zugelöteten Radkästen auf einem Piedestal »davonfliegend« gezeigt.

Nachkriegsmoderne → 136

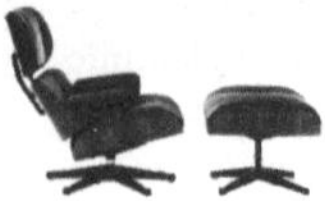

No. 670 und No. 671, Lounge Chair und Ottoman (auch bekannt als Clubsessel)
Entwurf: 1953–55
Produktion: Seit 1956 Herman Miller, Zeeland, Michigan; heute Vitra, Birsfelden bei Basel

1956

Eames Lounge Chair

Charles und Ray Eames

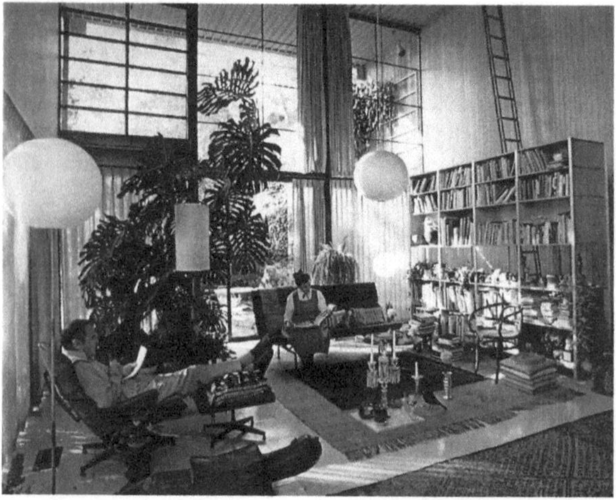

Private Living: Charles und Ray Eames in ihrem Wohnzimmer, 1960er Jahre

Komfortabel, aber aufwendig. Der Entstehungsprozess des Lounge Chair dauerte mehr als zehn Jahre. In seiner Grundidee basiert der Sessel auf einem Beitrag von Charles Eames und Eero Saarinen zum Wettbewerb »Organic Design in Home Furnishings«, den das MoMA 1940 ausgelobt hatte. Danach wurde die Idee weiterverfolgt, einen bequemen gepolsterten Sessel aus verformtem Schichtholz zu entwickeln, der aus drei separaten Teilen besteht.

Um die Entstehungsgeschichte des Lounge Chair ranken sich zahlreiche Legenden, so auch die Geschichte, das Möbel sei speziell für Billy Wilder entworfen worden. Kolportiert wird auch, es sei der Besuch eines »Gentleman's Club« an der Ostküste gewesen, bei dem Charles Eames in einem schweren gepolsterten Ledersessel gesessen habe, der ihn dazu veranlasste, die Studien für einen behäbig-bequemen, aber eben doch »modernen« Lounge Chair in der Tradition eines English Club Chair weiter voranzutreiben.

1956 drehten Ray und Charles Eames einen Stop-Motion-Film über den »Eames Lounge Chair«, der den einfachen Zusammenbau für Kunden demonstrieren sollte. Ganz so einfach gestaltet sich die Inbesitznahme jedoch nicht: Der Lounge Chair besteht aus mehr Einzelteilen als die anderen Eames-Möbel und ist entsprechend kompliziert in Herstellung und Montage. Zudem ist in der Produktion viel Handarbeit vonnöten, die den Sessel zu einem hochpreisigen Luxusgut macht.

Nachkriegsmoderne → 136

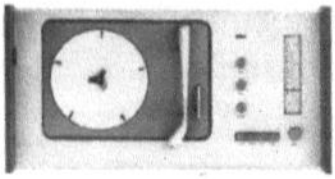

Phonosuper SK4 (auch bekannt als Radio-Phono-Kombination)
Entwurf: 1956
Produktion: Max Braun AG, Kronberg/Taunus

1956

Schneewittchensarg

Hans Gugelot, Dieter Rams

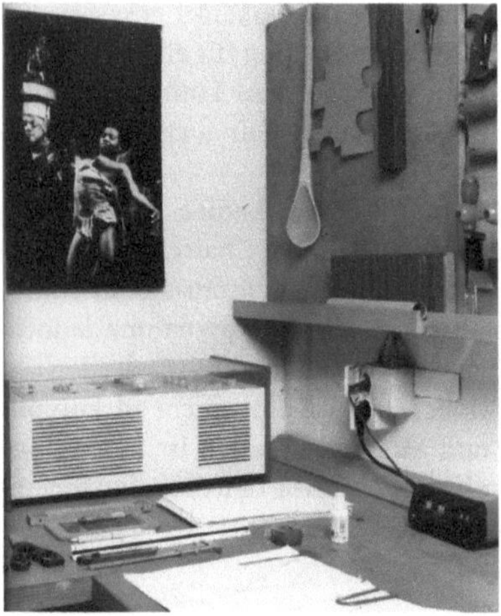

Der »Sarg« im Keller:
Heute steht der »Schneewittchensarg« (auch) in der Keller-Werkstatt von Dieter Rams.

Provokante Geste des Verzichts. 1956 gelang ein konzeptioneller Sprung in der Radiogestaltung, der einer Revolution gleichkam. Der SK4 verkörpert eine radikal neue gestalterische Haltung, deren formaler Einfachheit und geometrischer Klarheit ein mathematisch berechenbares Beziehungssystem der Einzelteile und Proportionen – quasi ein unsichtbares Raster – zugrunde liegt.

Der SK4, im Volksmund aufgrund seiner Plexiglasabdeckung schnell »Schneewittchensarg« getauft, war die erste Radio-Phono-Kombination, die sich von der Ästhetik furnierter Möbel abwandte und so einen wahren Kulturschock auslöste. In technischer wie ästhetischer Hinsicht betraten die Designer mit dem Gerät Neuland: ein rötlicher Ulmenholzrahmen, ein weißes, u-förmig gebogenes Blechgehäuse und vor allem der Plexiglasdeckel waren innovativ. Die Sicht von oben auf das Gerät bedingte, die Bedienelemente und Senderskala neben dem Plattenspieler anzubringen. Da Fläche hier begrenzt war, wurde die Senderskala (Typographie Otl Aicher) vertikalisiert und Stationsnamen durch Zahlenangaben der Frequenzen ersetzt, was die Gestaltung auch inhaltlich abstrakt werden ließ.

Auch die Vorderseite des Geräts musste neu konzipiert werden. So formalisierten die Designer die Öffnungen für Lautsprecher und Röhrenkühlung, indem sie diese als Quadrat- bzw. Rechteckfeld aus schmalen, blechgestanzten Lamellenschlitzen konzipierten. Letztere waren das Ergebnis sorgfältiger Proportionsstudien und erinnerten an konkrete Kunst, etwa an Gemälde von Max Bill.

Funktionaler Minimalismus →164

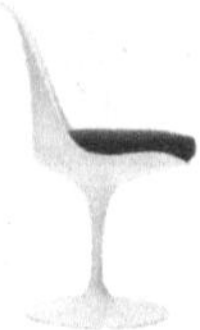

Stuhl Nr. 151 (auch bekannt als Tulpe, Tulip)
Entwurf: 1953–56
Produktion: Ab 1956 hergestellt durch: Knoll Associates / Knoll International, New York

1956

Tulpenstuhl

Eero Saarinen

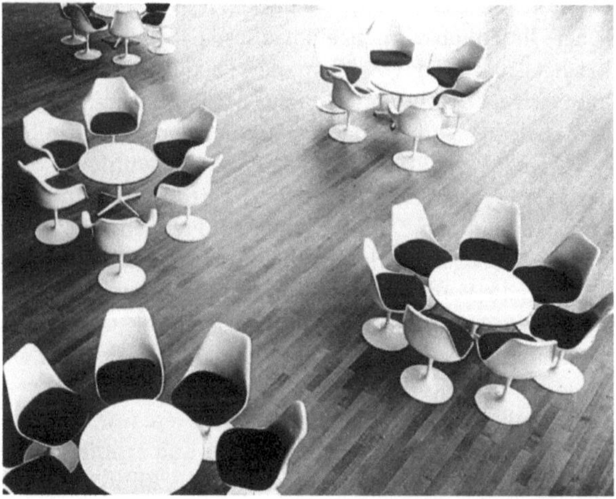

Evoziert florale Assoziationen:
Eero Saarinens »Tulip Pedestal Group«, 1957

Wie ein Weinglas: Das einbeinige Möbel. 1953 hatte Eero Saarinen die Idee zu seinen Tulpenstühlen, mit denen er das Wirrwarr der Unterbauten von Tischen und Stühlen beseitigen wollte. Die Intention war, nicht nur eine Sitzschale, sondern einen ganzen Stuhl in einem einzigen Schritt aus Kunststoff zu produzieren. Die ersten Prototypen hatten Puppenhausgröße und wurden in einem entsprechend kleinen Modellzimmer aufgestellt.

Zwar musste der Stuhl konstruktiv und produktionstechnisch bedingt aus zwei Teilen gefertigt werden: einer trompetenförmigen Säule (»pedestal«) aus Leichtmetall sowie aus einer ergonomisch geformten Sitzschale aus glasfaserverstärktem Polyester, die durch die Sitzfläche hindurch mit dem Untergestell verschraubt ist, was ein separates Sitzkissen erfordert. Aber durch die einheitlich weiße Farbgebung wirkt dieser Stuhl doch so, als sei er aus einem Guss gefertigt.

Mit seinem Tulpenstuhl erreichte Saarinen eine neue skulpturale Qualität im Möbelbau; vor seinem Architekturstudium hatte er Bildhauerei studiert. Er reizte die Möglichkeiten des Materials aus, indem er den Fuß des Stuhls aus einer kreisrunden Bodenplatte wahrhaft aufwachsen lässt bis hin zu seinem kleinstmöglichen Querschnitt, um die Form dann wieder bis zum kleinstmöglichsten Kreis für die Auflagefläche weiterzuführen. So verdankt sich die Bezeichnung »Tulip« (Tulpe) unverkennbar der organischen Form des Sitzmöbels, die florale Assoziationen hervorruft.

Nachkriegsmoderne→136

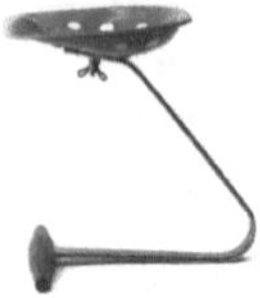

Traktorensitz
Entwurf: 1954–57
Produktion: Ab 1970 durch Zanotta, Nova Milanese / Mailand

1957

Mezzadro

Achille und Pier Giacomo Castiglioni

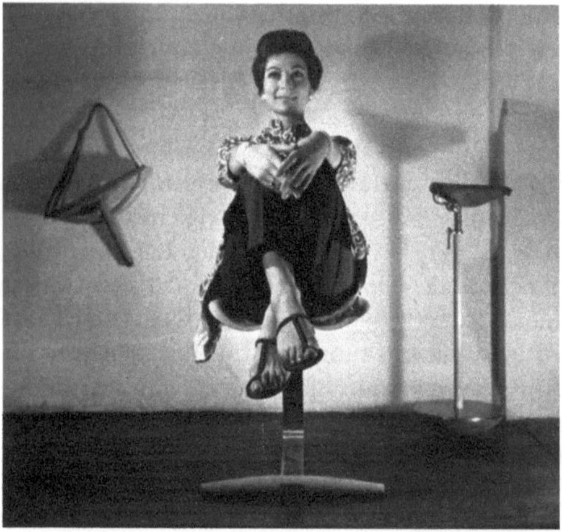

Das Einfachste neu kombiniert: »Mezzadro«, der Traktorensitz

Stuhl-Ready-Made. Dieser Stuhl entzieht sich deutlich dem Mainstream der funktionalistischen Moderne. Seine Designer knüpften an die Methode des Ready-Made an: Sie rissen ganz unterschiedliche, bereits vorhandene Einzelteile aus ihrem ursprünglichen Zusammenhang und kombinierten sie zu einer neuen, ungewöhnlichen, aber durchaus benutzbaren Sitzgelegenheit.

Auf der Suche nach archaischer Einfachheit im Möbel-Design entschied sich Achille Castiglioni für den Sitz eines Traktors, ein ausladend gebogenes Gestänge, das mit einer Flügelschraube am Sitz befestigt wurde, sowie ein einfaches Stück Holz, mit dem die ganze Konstruktion stabilisiert wird.

Eine erste Variante des Mezzadro wurde bereits 1954 auf der X. Triennale von Mailand gezeigt. 1957 entstand die heutige Version für eine Ausstellung in Como, die von den Gebrüdern Castiglioni organisiert worden war. Da diese Sitzgelegenheit nicht nur als äußerst ungewöhnlich, sondern auch als äußerst unbequem erachtet wurde, war an eine Produktion zunächst nicht zu denken. Erst in den beginnenden Siebzigerjahren wurde sie populär, nachdem sie bei Zanotta in Produktion gegangen und dann schnell in Restaurants, Bars und sogar Büros zu finden war. Ebenso wie die Formensprache entzieht sich die Namensgebung einer klaren Zuordnung: Mezzadro bedeutet »Halbpächter« und meint einen Bauern, der einen Teil seines Ertrags als Pachtzins zahlt – eine Assoziation, die sich auf die Traktorensitzschale bezieht.

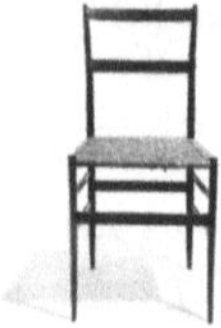

Superleggera (superleicht) / Modell 699
Entwurf: 1951–57
Produktion: Ab 1957 Figli di Amedeo Cassina, Mailand

1957

Superleggera

Giò (Giovanni) Ponti

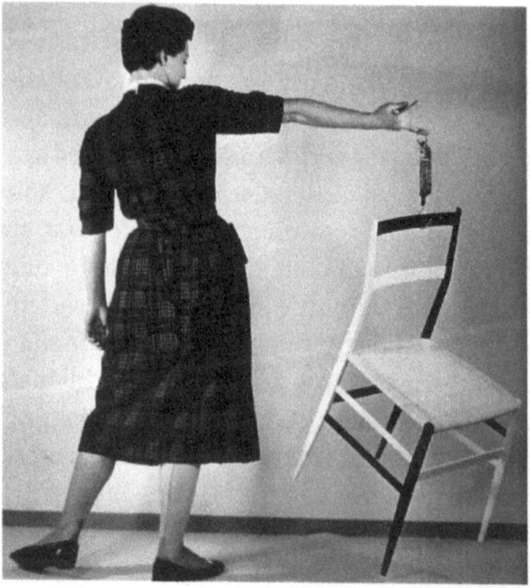

Nachgewiesen: superleicht

Fliegengewicht unter den Stühlen. Giò Ponti verstand seinen Superleggera als »Stuhl-Stuhl«, als Inbegriff eines Stuhls. Nach Ponti ist das Möbel ein normaler und bescheidener Stuhl. Kein Stuhl mit Eigenschaften wie rational, modern, organisch, vorfabriziert. Nein, ein Stuhl und basta: leicht, fein, bequem.

Mit seinen nur 1,7 kg ist der Superleggera tatsächlich ein Leichtgewicht. Der Stuhl basiert auf langjähriger Forschungs- und Entwicklungsarbeit, die Giò Ponti 1949 mit dem Ziel begonnen hatte, einen extrem leichten, auf seine konstruktiven Elemente reduzierten Stuhl zu entwickeln – einen Stuhl, der auf historischen Formen basiert und in Serie hergestellt werden kann. So ist »Superleggera« mit seinem Gestell aus Esche und einem Sitz aus feinem »Spanischen Rohr« ein betont anspruchsloser und bescheidener Stuhl nach dem Vorbild traditioneller »Chiavari-Stühle«, die seit dem 19. Jahrhundert in einer Manufaktur nahe des ligurischen Fischerörtchens Chiavari hergestellt werden.

Eine genauere Betrachtung zeigt feine Linien und sorgfältig gestaltete Details: Die dreiseitigen, sich nach unten verjüngenden Partien der Stuhlbeine sowie die sich nach oben verjüngenden Partien an der Rückenlehne helfen, Material einzusparen – sowohl physisch als auch in der Wahrnehmung. Die nach oben gezogene und leicht nach hinten gekippte Rückenlehne sorgt zudem für erstaunlich bequemes Sitzen.

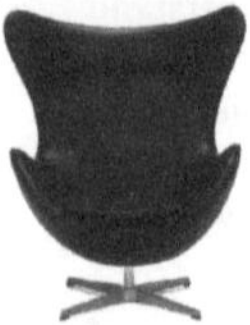

Modell 3316
(auch bekannt als Ægget, Egg Chair)
Entwurf: 1957
Produktion: Ab 1958 durch Fritz Hansen, Allerød, Dänemark

1958

Ei

Arne Jacobsen

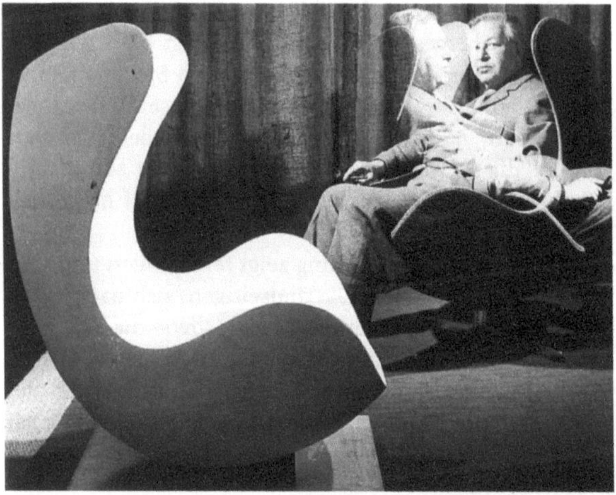

Ruhe und Komfort:
Arne Jacobsen in seinem »Egg Chair«

Moderner Ohrensessel. Für die Ausstattung seines SAS Royal Hotel in Kopenhagen – eine Mischung aus Luxushotel und Verwaltungssitz der skandinavischen Fluggesellschaft – entwickelte Arne Jacobsen unter anderem den Egg Chair. Die große Schale des drehbaren Polstersessels mit Kreuzfuß aus Aluminium wird aus fiberglasverstärktem Kunststoff geformt, der dann mit Schaumgummi gepolstert und Wollstoff oder Leder bezogen wird.

Dieser Aufbau des Sessels verlangt hohes handwerkliches Können und Zeit, so dass nur sechs oder sieben Sessel in der Woche produziert werden können – auch heute noch. Anders als das Schichtholz, mit dem Jacobsen zuvor experimentiert hatte, → 146 gab das Kunststoffmaterial nicht zwingend eine bestimmte Form vor. Entsprechend erarbeitete Jacobsen eine skulpturale organische Form nach dem Vorbild der Natur: So erinnert Ægget mit seiner ovalen Form deutlich an eine aufgebrochene Eierschale.

Ähnlich wie Saarinens Womb → 126 war Ægget auch emotionalen Überlegungen geschuldet: In der Schale des Sessels, die Sitz, Lehne und Armlehne harmonisch in eine Form fasst, soll sich der Benutzer in einer Art »Raum im Raum« von der Öffentlichkeit abkapseln, sich in seine eigene Privatsphäre zurückziehen können.

Zusammen mit dem Schwan → 188 avancierte der organisch geformte Sessel schnell zum Symbol eines elitären kosmopolitischen Lebensstils. So wurde Ægget in zahlreichen Filmen und Werbefilmen eingesetzt.

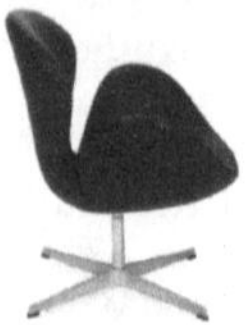

Modell 3320
(auch bekannt als Svanen, Swan Chair)
Entwurf: 1957
Produktion: Ab 1958 durch Fritz Hansen, Allerød, Dänemark

1958

Schwan

Arne Jacobsen

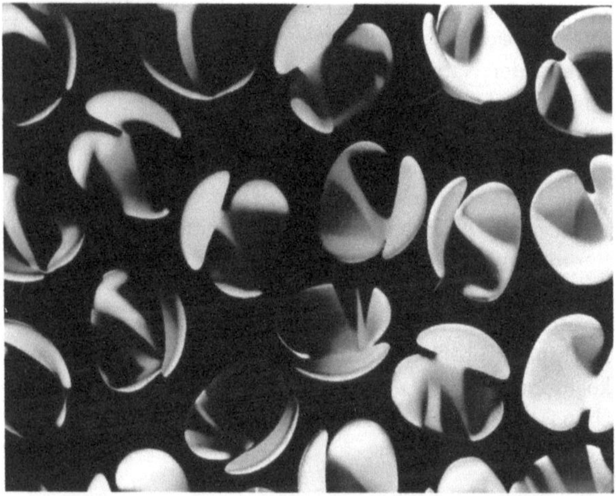

Kleeblatt oder Schwan?
Arne Jacobsens Modell 3320

Dänisches Nationalgut zum Sitzen. Ebenso wie Ægget→186 wurde auch der Swan Chair von Arne Jacobsen für die Ausstattung des Kopenhagener SAS Royal Hotel entwickelt. Auch sein Inneres besteht aus Kunststoff, der mit Schaumgummi gepolstert und mit Wollstoff bezogen wird. So gelten Jacobsens Schwan und Ei als die Möbel, die das ehemalige Teak-Image der dänischen Möbelindustrie vergessen ließen.

Jacobsens »Svanen« lädt intuitiv zum Abtasten der Kontur ein – eine Wirkung, die durch das Drehen des Möbels und der daraus entstehenden unterschiedlichen Formeindrücke noch verstärkt wird. So erkennt jeder Betrachter quasi automatisch eine oder mehrere Formen, entwickelt Assoziationen und schreibt dem Möbel eine Bedeutung zu, die zunächst subjektiv erscheint, jedoch auch intersubjektiv und kulturübergreifend wahrgenommen werden kann und damit Allgemeingültigkeit – eine allgemeine Zeichenhaftigkeit – erreicht: Zwar können die Konturen des Sessels als abstrakte Form wahrgenommen werden, dennoch assoziiert der Betrachter meist Figürliches, etwa ein gefaltetes Kleeblatt, mit dem Sessel. Aus anderer Perspektive erinnert das Möbel an einen Schwan, der – dänischer Nationalvogel – dem Sessel seinen Namen gab.

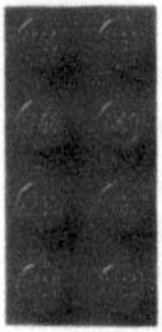

Entwurf/Prototyp: 1949
Produktion: 1951
Patent: 1958

1958

LEGO

Ole Kirk Christiansen

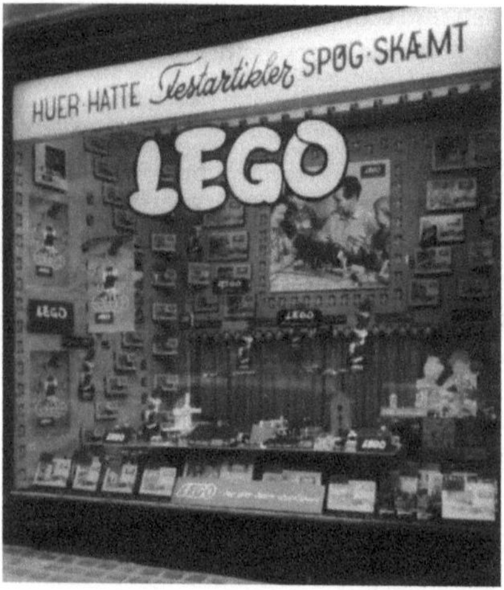

LEGO: ein Spielzeug, das nicht nur Kinder begeistert

Die Kraft der Noppen: Spielen mit System. Die bunten LEGO-Steine mit den Noppen auf der Oberseite und den unten dazu passenden Löchern stammen aus dem Hause LEGO, einer 1932 gegründeten kleinen dänischen Schreinerei, die zunächst Trittleitern, Bügelbretter und einfaches Holzspielzeug herstellte.

Aus der dänischen Bezeichnung »Leg godt« (spiel gut) leitete sich 1934 die Firmenbezeichnung LEGO ab. Dass der Name im Lateinischen auch »ich lege zusammen« heißt, ist Zufall. 1947 schaffte sich Ole Kirk Christiansen die erste Spritzguss-Maschine Dänemarks an und entwickelte 1949 zusammen mit seinem Sohn Godfred eine erste Generation von Steckbauklötzen.

Das bekannte Stecksystem aus Noppensteinen, das mit normierten Einzelteilen dem Systemgedanken folgt, wurde 1955 erfunden und 1958 patentiert. Seit 1960 produziert das Unternehmen ausschließlich LEGO-Steine und das entsprechende Zubehör. Die zahlreichen Neuentwicklungen – inzwischen gibt es sogar interaktive Computersteine – lassen sich allesamt mit älteren Elementen verbinden. LEGO ist ein äußerst erfolgreiches Spielzeug. Die Firma avancierte zum größten Spielzeughersteller in Europa, wohl deshalb, weil die Stecksteine von Mädchen ebenso wie von Jungen in allen Altersgruppen angenommen wurden und werden. Das Spielzeug regt nicht nur die Phantasie an und fördert die Geschicklichkeit, sondern macht in seiner dreidimensionalen Struktur auch räumliches Systemdenken erfahrbar.

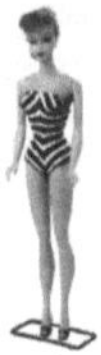

Entwurf: 1959
Produktion: Ab 1959 durch Mattel

1959

Barbie

Ruth Handler

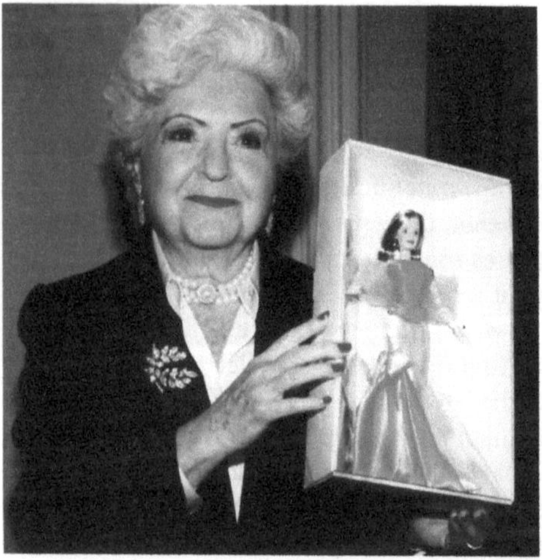

Die Amerikanerin Ruth Handler (1916–2002) verschaffte Barbie® ihre Hauptrolle in der Spielzeugwelt.

Emanzipation von der Mutterrolle. Zwar gilt Barbie als uramerikanisch, Pate stand jedoch »Lilli«, eine 1952 von Reinhard Beuthin entworfene Comicfigur aus Deutschland, deren Geschichten in der »Bild-Zeitung« veröffentlicht worden waren. Ab etwa 1955 stellte eine bayerische Spielwarenfirma die schicke und kesse Sekretärin für die »Bild-Zeitung« als rund 30 Zentimeter hohe Puppe mit idealisiertem Frauenkörper her.

Diese Puppe entdeckte Ruth Handler 1958 in einem Schaufenster in der Schweiz und kaufte die Rechte. Handler, die 1945 zusammen mit ihrem Mann und Harold (Matt) Matson die Spielzeugfirma »Mattel« gegründet hatte, ließ die Puppe 1959 produzieren und präsentierte sie als »Teen Age Fashion Model« auf der New Yorker Spielzeugmesse. Dieses erste, 29 Zentimeter große Modell hatte bewegliche Arme und Beine und einen Kopf, der seitlich bewegt werden konnte. Bekleidet war sie lediglich mit einem schwarz-weiß gestreiften Badeanzug. Dazu trug sie stilsicher goldene Ohrringe sowie schwarze hochhackige Pumps. Zudem war die Blondine mit lackierten Finger- und Fußnägeln, Lidschatten und langen Wimpern ausgestattet.

Zu dem Konzept, das es Kindern erlaubt, in die Rollen erwachsener Frauen zu schlüpfen, gehören ein überzeichneter weiblicher Körper sowie Kleidung, Frisuren und zahlreiche Accessoires, die von Saison zu Saison modischen Trends folgen. Barbie ist heute die meistverkaufte Puppe der Welt. Sie ist benannt nach Ruth Handlers Tochter Barbara. Vorbild für Ken, seit 1961 Barbies männlicher Begleiter, war ihr Sohn Ken.

Plastic Fantastic

Sixties Design

1959	Mini
1964	Klappradio
1966	Bofinger-Stuhl
	Rundfunk-Phono-Kombination rr 126 fo/st
1967	Blow
	Stapelstuhl Universale
1968	Panton Chair
	Sacco
1969	black st 201
	Mies
	Donna
	Olivetti-Reiseschreibmaschine
1970	Boby
	Visiona II
1971	Pratone
	Karotisch
1974	Playmobil

Im Verlauf der Sechzigerjahre erreichte die Produktion industrieller Güter ihren ersten Höhepunkt und forcierte einen noch nie gekannten Massenkonsum, an dem jetzt große Teile der Bevölkerung aus jeder Einkommensgruppe teilhaben konnten. So etablierte sich auch ein jugendorientierter Verbrauchermarkt, auf dem sich neue ästhetische Leitbilder entwickelten: Nicht mehr Langlebigkeit und funktionaler Nutzen, sondern neue Werte wie Spaß, Veränderung, Vielfalt, Respektlosigkeit, Ironie und Witz wurden jetzt eingefordert.

»Pop« wurde im Verlauf der Fünfzigerjahre zur Parole für all die Praktiken, die mit dieser veränderten »populären« Wertekultur assoziiert waren. Das Ethos des Verlangens erzeugte neue Kriterien für Design. Emotionalität und Subjektivität waren nun nicht nur zugelassen, sondern wurden zur zentralen Aussage gestalterischer Konzepte.

Zu Beginn der Sechzigerjahre avancierte die englische Hauptstadt zu »Swinging London« – zu einer Stadt, in der die Abkehr von bürgerlichen Wertvorstellungen →194 in einer Gleichzeitigkeit der Stile und Werte gefeiert wurde. »Design« avancierte für die Nutzer zum zentralen Instrument, um sich eine individuelle Identität zu schaffen.

In der ersten Hälfte der Sechzigerjahre etablierte sich Kunststoff als dominierender Werkstoff für die industrielle Massenproduktion. Jetzt wurden die technischen Möglichkeiten des Materials ausgelotet. Obwohl es nun möglich war, das Material in leuchtenden »Pop«-Farben zu produzieren und die Scharfkantigkeit additiver Konstruktionen aufzugeben, wie sie das Produkt- und vor allem das Möbeldesign bis dato geprägt hatten, blieben die Möbel noch grundsätzlich funktionalistischen Zielen verbunden.[→ 194, 220, 234, 238]

Plastic Fantastic

Italienische Firmen wie Brionvaga[→ 220, 228, 242] oder Olivetti[→ 194] experimentierten mit den neuen Kunststoffen oder setzten wie Kartell ganz auf dieses Material.[→ 234, 336] Auch in der hochtechnisierten und wirtschaftlich prosperierenden Bundesrepublik, in der das funktionalistische Erbe besonders verinnerlicht worden war[→ 164] und große Chemiestandorte angesiedelt waren, galt das Interesse material- und herstellungstechnischen Innovationen, die auf der Kölner Möbelmesse der Weltöffentlichkeit präsentiert wurden.[→ 224, 236, 238, 262]

In der zweiten Hälfte der Sechzigerjahre veränderte sich die Lage. Die Tatsache, dass Kunststoffe jede beliebige Form annehmen konnten, führten die bis dato herrschenden funktionalen Regeln ad absurdum: Die Zäsur, die mit diesem chamäleonhaften Material eingeleitet wurde, nivellierte auch bis dahin gültige ästhetische Vorstellungen. In der Folge wurden anerkannte Kategorien, die zwischen »High« und »Low«, zwischen »Guter Form« und »schlechtem« Geschmack bzw. Kitsch differenziert hatten, nach und nach aufgehoben.

Die Weiterentwicklung synthetischer Kunststoffe ermöglichte es zudem, immer dünnere und elastische Plastikfolien herzustellen, die als Rohstoff in der industriellen Produktion weiterverarbeitet werden konnten, so dass Ende der Sechzigerjahre Transparenz, Weichheit und Wandelbarkeit zu bestimmenden Themen wurden. Besonders in Italien wurden um 1968 weiche Formen geschaffen, die auch als gestalterische Statements zu verstehen sind. Sie wandten sich von den harten, auf Dauerhaftigkeit zielenden Entwürfen – selbst von Objekten aus »hartem« Kunststoff – ab. So bestimmten Motive des Ephemeren, des Wandel- und Veränderbaren die avantgardistischen Gestaltungsexperimente. Seit Ende des Jahrzehnts wurden die neuen Entwürfe von wagemutigen italienischen Firmen produziert: Der durchsichtige und aufblasbare Sessel »Blow« → 232, der »Sacco« → 240 oder Gaetano Pesces »up«-Serie mit sich selbst aufblasenden Sitzgelegenheiten → 256 verweisen mit ihren flexiblen Formen auf die freiheitliche Revolte, die starren Strukturen und dem damit verbundenen formalistischen Denken entgegengesetzt waren. So entsprechen die neugeschaffenen Objekte nicht nur den unkonventionellen und lässigen Lebensformen der jungen Generation, sondern geben auch der Hoffnung auf eine neue Gesellschaftsform Ausdruck.

Breuer, Gerda (Hrsg.): **Positionen des Designs.** Die 60er. Köln 1999.

Hufnagl, Florian (Hrsg.): **Plastics + Design.** Design Objekte aus Kunststoff von der Jahrhundertwende bis heute. Katalog Stuttgart 1997.

Noever, Peter (Hrsg.): **Formlose Möbel.** Katalog Ostfildern 2008.

Schepers, Wolfgang (Hrsg.): **68' Design und Alltagskultur zwischen Konsum und Konflikt.** Köln 1997.

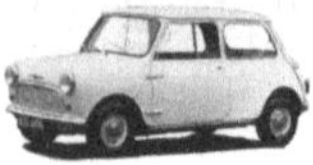

Morris Mini
Entwurf: Ab 1957
Produktion: 1959 stellt die BMC (British Motor Corporation) den Mini vor; 1961 läuft der getunte Mini Cooper vom Band

1959

Mini

Alec Issigonis

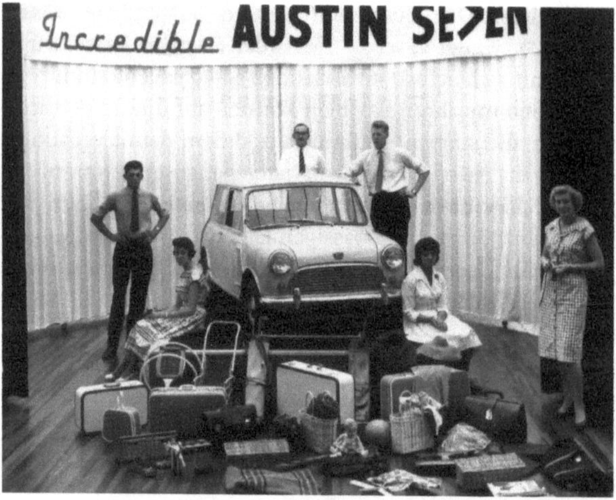

Unglaubliche Möglichkeiten:
Dieses Foto soll zeigen, was man in dem »unglaublichen Austin« alles unterbringen kann.

Klein und kompakt. Die Motivation zum Ur-Mini war wirtschaftlich begründet. 1956 hatte die Suez-Krise dazu geführt, dass verstärkt über sparsame Fahrzeuge nachgedacht werden musste. In der Folge wurde mit dem Mini ein stadttauglicher Wagen entwickelt, der nicht nur besonders klein und funktional, sondern auch ökonomisch attraktiv sein sollte.

Sir Leonard Lord, Präsident der British Motor Corporation, beauftragte Sir Alec Issigonis damit, ein Auto zu bauen, das nur drei Meter lang ist und 80 Prozent des Innenraums für Passagiere und Gepäck zur Verfügung stellt – Vorgaben, die in der Tat eine große technische Herausforderung darstellten. In der Folge entwickelten Issigonis und sein Team eine raffinierte Konstruktion mit einem querstehenden Motor und ließen dazu von Dunlop spezielle, besonders flache Reifen mit nur 25 Zentimetern Durchmesser entwickeln.

1959 lief in Birmingham der erste Mini vom Band, der aber zunächst trotz einer großen Werbekampagne wenige Käufer fand. Erst 1961 mit der Einführung des Mini Coopers avancierte der Wagen zum trendorientierten Gefährt im urbanen Leben der *swinging sixties*. Zudem erhöhten Siege beim Monte-Carlo-Rennen die Verkaufszahlen. Nach der Übernahme durch BMW kam 2000 der neue Mini auf den Markt. 2008 wurde in Los Angeles der erste Mini Cooper mit Elektromotor vorgestellt.

Plastic Fantastic → 194

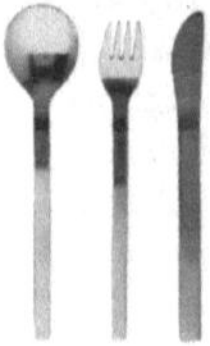

mono-a-Besteck
Entwurf: 1958
Produktion: Ab 1959, Mono-Metallwarenfabrik Seibel, Mettmann; seit 2006 Seibel Designpartner, Mettmann

1959

Mono-Besteck

Peter Raacke

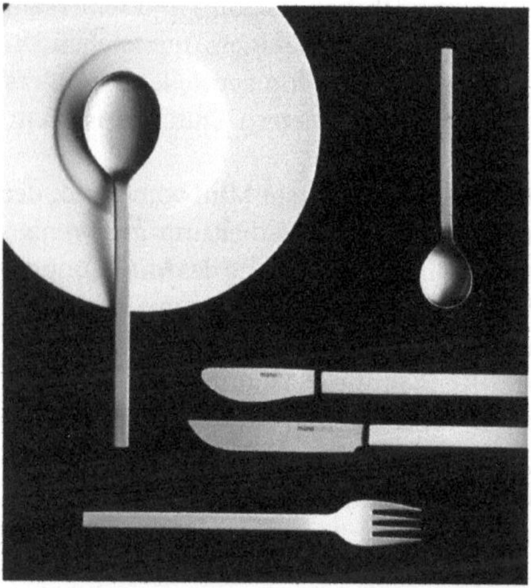

Pur und klar: mono-a

Purismus fürs Besteck. Das Tafelbesteck mono-a wurde 1958 von Peter Raacke entworfen und kam 1959 auf den Markt. Mit seiner strengen Anmutung kann dieses radikal formreduzierte Besteck aus Edelstahl als spätfunktionalistischer Gegenentwurf zu traditionell orientierten Tafelbestecken gelten, die sich in den Fünfzigerjahren mehr und mehr einem verschnörkelten »Gelsenkirchener Barock« verschrieben hatten.

Im Gegenzug dazu entwickelte der Silberschmied alle Teile seines Bestecks aus geometrischen Grundformen, so dass sich formal alle aufeinander beziehen. Die Fertigung aus einem Stück genormtem Tafelblech bedingte eine gewisse – im Handel oftmals kritisierte – Kantigkeit der Einzelteile. Um eine bessere Griffigkeit zu erreichen, entwickelte Raacke auch Besteckvarianten mit Holzgriffen, die auf dem mono-a-Besteck aufbauen: mono-e (Ebenholz) und mono-t (Teak).

Abgesehen von dem Messer, das früher aus einem Stück und heute aus zwei Teilen gearbeitet ist, hat mono-a bis heute keine nennenswerte formale Änderung erfahren. Dennoch ist das Besteck nicht »zeitlos«, sondern Vertreter einer funktional orientierten Formensprache, die der Überzeugung verpflichtet war, zeitlos Gültiges produzieren zu können. Heute gilt mono-a als das meistverkaufte deutsche Besteck der Nachkriegszeit. Die Bezeichnung mono-a verweist darauf, dass die Messerfertigung allein aus einem Block erfolgte, meint aber auch eine »einheitliche« Gestaltung.

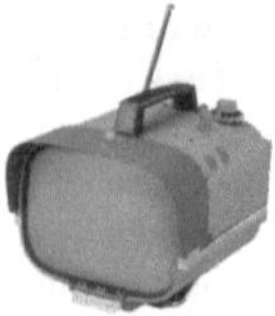

Sony Fernsehgerät TV-8-301
Produktion: 1959/60

1959

Tragbarer Sony-Fernseher

Sony Design Team

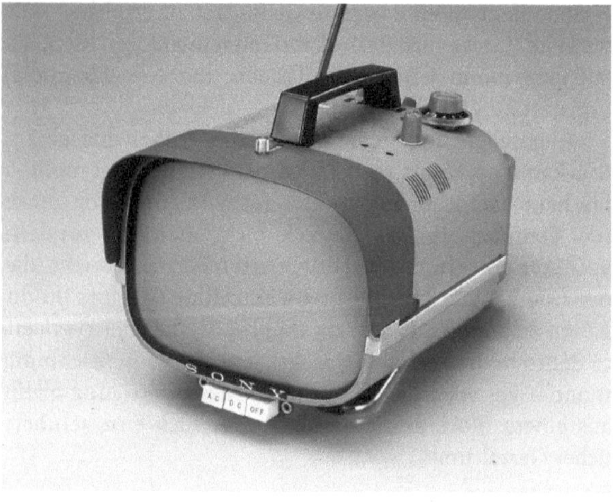

Überall dabei:
Sony machte das Fernsehen mobil.

Unprätentiös: Tragbare Bewegtbilder. Der 1946 von Akio Morita gegründete Konzern Sony avancierte schnell zu einem der führenden Hersteller von Unterhaltungselektronik. Im Gegensatz zu westlichen Firmen beschäftigen japanische Firmen Design-Teams, deren Mitglieder anonym bleiben. Sony gelang es immer wieder, technische Innovationen auf den Markt zu bringen, so auch mit dem TV-8-301, dem ersten mobilen Fernsehgerät.

Dieses erste batteriebetriebene Fernsehgerät mit Transistor wiegt lediglich sechs Kilo, verfügt über einen leicht gewölbten Schwarz-Weiß-Bildschirm und über einen stabilen Tragegriff. Auf der Oberseite des abgerundeten Metallgehäuses befinden sich die Bedienknöpfe für die Kanalwahl sowie für die Lautstärke. An der Rückseite sind Teleskopantenne sowie die Tasten zum Ein- und Ausschalten des Bildschirms untergebracht. Eine bewegliche Blende schützt den Bildschirm zudem vor zu starkem Lichteinfall.

Im Gegensatz beispielsweise zu den Braun-Geräten folgt die Gestalt dieses technischen Geräts nicht einem abstrakten Prinzip, sondern der Form der technischen Komponenten: praktischer Funktionalismus in Reinform.

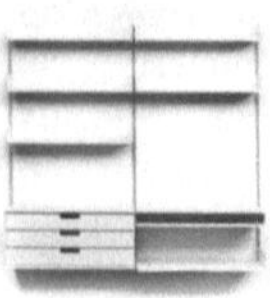

Entwurf: 1960
Produktion: Ab 1969 durch Vitsœ + Zapf, Kronberg / Wiese Vitsœ GmbH & Co., Frankfurt, heute: Vitsœ Ltd, Großbritannien

1960

Regalsystem 606

Dieter Rams

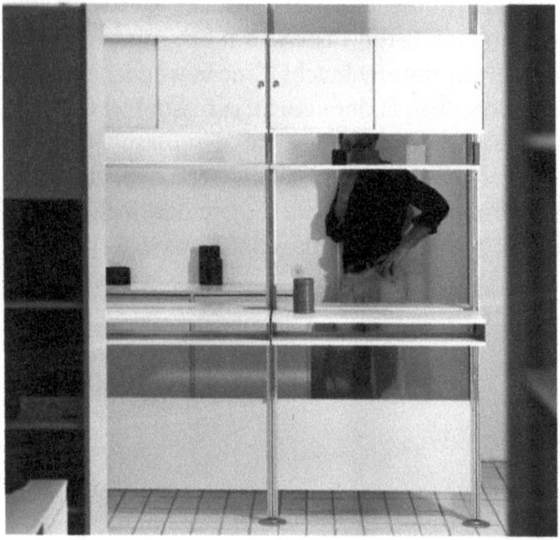

Extrem vielseitig und variabel: das Regalsystem 606 von Dieter Rams

Ordnung und Ruhe. Rams Regalsystem setzt dem Styling der kurzlebigen Design-Moden ein erweiterbares System entgegen, das sogar mit technischen Komponenten harmoniert: Als Rams für Braun das »Audio 1 System« entwickelte, folgten die Abmessungen des Radios, der Lautsprecher, des Kassettenrecorders und des Plattenspielers denen des Regals. Die ersten Versionen des Regalsystems entsprachen zudem der Farbpalette der Braun-Produkte.

Strenge Formreduktion und Flexibilität kennzeichnen das Regalsystem 606, das Rams 1960 für Vitsœ + Zapf entwickelt hat, eine Firma, die der Däne Niels Wiese Vitsœ und Otto Zapf 1959 gegründet hatten, um Möbelentwürfe von Dieter Rams zu produzieren.

Das System basiert auf Regalböden und Boxen aus pulverbeschichtetem Stahl, die mit unterschiedlichen Schubfächern oder Schiebetüren in Grau, Weiß, Schwarz oder Silber bestückt werden können. Diese werden in speziellen Aluminium-Profilen aus naturbelassenem oder schwarz eloxiertem Aluminium fixiert. Das Regal kann sowohl an der Wand befestigt als auch als Raumteiler frei im Raum plaziert werden. Durch seine unterschiedlichen Systemkomponenten und Montagevarianten ist es weder auf eine bestimmte Funktion noch auf einen bestimmten Raum festgelegt. Machbar ist fast alles – vom traditionellen Bücherregal oder Sideboard im Wohnbereich bis hin zu speziellen Lösungen im Flur, Ankleidezimmer, Badezimmer, im Home-Office oder in der Küche. Bewährt hat sich das Regalsystem 606 aber vor allem bei der Einrichtung von Büros, Kanzleien, in Museen, Bibliotheken und Archiven.

Funktionaler Minimalismus → 164

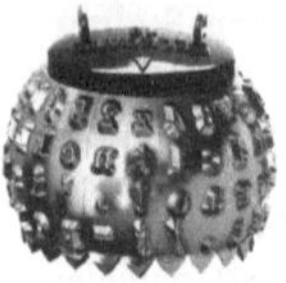

IBM Selectric Typewriter (auch bekannt als Elektronische Kugelkopfschreibmaschine)
Entwurf: 1959
Produktion: 1961 durch International Business Machines Corporated (IBM), Endicott, USA

1961

IBM Golfball

Eliot Noyes, Bud Beattie

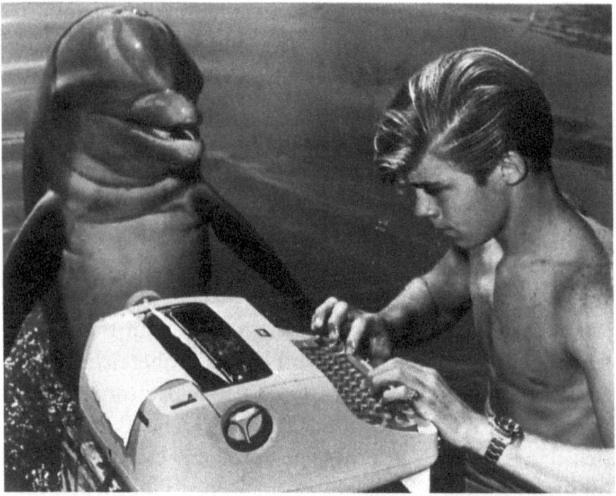

Flippers Sekretär ist mit modernster Technik ausgestattet: In den 60er Jahren warb IBM mit dem beliebten Delphin.

Ein kleiner Schritt für die Schreibmaschine, ein großer für die Typographie. Das Auswechseln einer Glühbirne soll Bud Beattie auf die Idee gebracht haben, einen Kugelkopf zu entwickeln. Der Ingenieur soll die Kreislinien für den Kugelkopf direkt auf die Birne gezeichnet haben, die er später in verschiedene Segmente unterteilte, auf denen die 88 Zeichen angeordnet wurden.

1961 brachte IBM mit seiner Kugelkopfschreibmaschine eine technische Neuerung auf den Markt. Bei Selectric bewegt sich nicht mehr die Papierwalze, sondern der golfballgroße Typeball, der sich immer so dreht, dass die Buchstaben oder Symbole an einer speziell entwickelten Kassette Farbe aufnehmen und diese auf das Papier aufbringen. Der Typeball – und mit ihm die verschiedenen Schriftarten, Alphabete oder mathematischen Symbole – kann unkompliziert ausgetauscht werden. Für die Typographie bedeutete dies einen wichtigen Schritt, konnten nun doch verschiedene Schriftarten sogar in ein und demselben Dokument verwendet werden. Das »Typeball«-Prinzip wurde später auch bei den IBM-Computern eingesetzt.

Die Form des von Eliot Noyes entwickelten Gehäuses erinnert an Produkte des »Organic Design«. Da Noyes auch zahlreiche Erscheinungsbilder großer Unternehmen gestaltet hatte, war es selbstverständlich, dass die Schreibmaschinen auch in den Hausfarben bestimmter Firmen bestellt werden konnten.

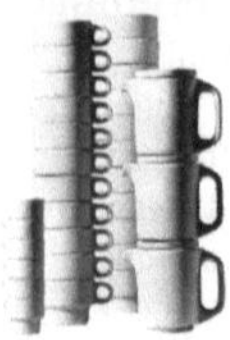

Kompaktgeschirr TC 100
Entwurf: 1958/59
Produktion: Ab 1961 Thomas / Rosenthal AG, Porzellanfabrik Waldershof

1961

Hotelstapelgeschirr

Hans (Nick) Roericht

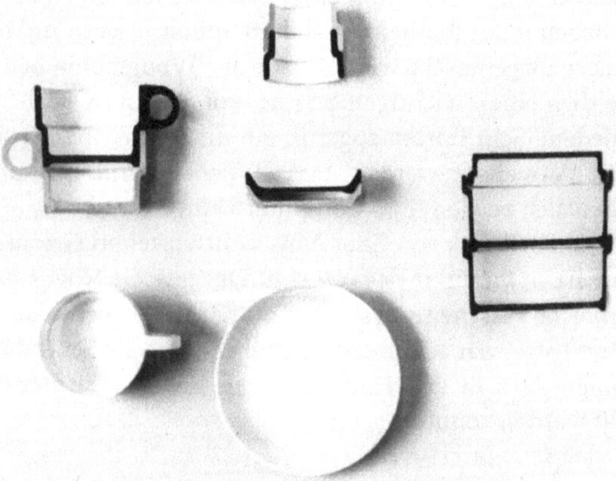

Systemdesign im Querschnitt: konsequent bis ins letzte Detail

Erfolgreich Hochstapeln. Hans (Nick) Roerichts Stapelgeschirr veranschaulicht, wie stark die Idee des Systemdesigns in den Alltag hineinwirkt. TC 100 entstand als Diplomarbeit in der Abteilung Produktgestaltung an der Ulmer HfG, an der Roericht von 1955 bis 1959 studiert hatte. In seinem konsequent durchgestalteten Systemdesign verkörpert das TC 100 die rationale Designhaltung dieser Schule par excellence.

Grundlage des Stapelgeschirrs, das weniger für den privaten Gebrauch als für die Großgastronomie gedacht war, bilden detaillierte Untersuchungen sowohl auf der Seite der Produktion als auch der Nutzer. Ziel war höchste Reduktion auf materieller wie visueller Ebene. Das System basiert zum einen darauf, dass für Schalen, Teller und Platten die immer gleichen Winkel benutzt werden, und zum anderen auf einer vertikalen, etwas zurückspringenden Ausrichtung. Dieses Konzept bedingt, dass alle Teile besonders hoch und platzsparend ineinander zu stapeln sind – ein Prinzip, dem das TC 100 seinen großen Erfolg, aber auch zahlreiche Plagiate zu verdanken hat.

1961 ging das schlicht-weiße Geschirr in Serienproduktion bei Rosenthal und wurde über Jahrzehnte hinweg für den Gebrauch in Kantinen, Krankenhäusern oder auf Schiffen verkauft. 2008 wurde die Produktion aufgegeben. Nach dem Konkurs von Rosenthal gingen die Rechte an einen italienischen Käufer. Von dort holte sie sich Roericht zurück und übertrug sie einem belgischen Unternehmer, der das Stapelgeschirr wieder produzieren ließ, allerdings in China.

Funktionaler Minimalismus → 164

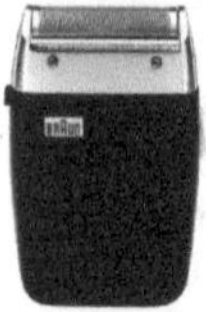

Elektrorasierer sixtant SM 31 für Braun
Entwurf: 1961
Produktion: 1962, Braun AG, Kronberg/Taunus

1962

Braun sixtant

Hans Gugelot, Gerd Alfred Müller
(Braun AG, Kronberg)

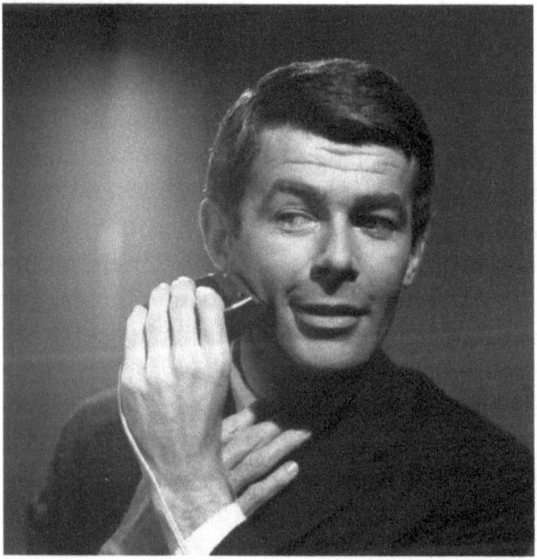

Nicht nur konstruktiv der Beste, sondern auch formal der Edelste seiner Zeit: der Braun sixtant

Glatter Schnitt. Die Trockenrasur wurde erst mit diesem Gerät gegenüber der Nassrasur konkurrenzfähig. Das federnde Schersystem und die in U-Form gebogene, galvanoplastisch hergestellte Scherfolie, deren sechseckige Löcher die Namensgebung »sixtant« inspirierten, waren innovativ. Auch ergonomisch überzeugte der Rasierer, etwa bei der Positionierung des Schalters oder des robusten Gehäuses, das dem Griffvolumen der männlichen Hand entspricht.

War das von Gerd Alfred Müller bei Braun entworfene weiße Vorgängermodell SM 3 (1959) noch an den Farbkodex seiner Zeit angepasst, der für Geräte im Bereich Körperhygiene aseptisch anmutende weiß-beige Farbtöne vorgegeben hatte, avancierte der von Hans Gugelot variierte Braun sixtant zum Statussymbol für Männer im Bad.

Noch heute wird die Materialkombination Silber und Schwarz – mit einer Strichmattierung des schwarzen Kunststoffgehäuses und Chromstahl am Scherkopf – als Ausdruck von Understatement und zeitlos-hochwertigem Design verstanden. Mit dieser Innovation war der Braun sixtant über Jahrzehnte hinweg Vorbild, nicht nur für Netzrasierer, sondern auch für andere Elektronikgeräte. So war er Protagonist der »schwarzen Geräte«, zu denen sich in den nächsten Jahren auch Taschenlampen, Kameras, Feuerzeuge und in den Siebzigerjahren Hi-Fi-Anlagen gesellten. Bis 1968 produzierte Braun über 8 Millionen Exemplare – eine wichtige ökonomische Basis für die Braun AG.

Funktionaler Minimalismus →164

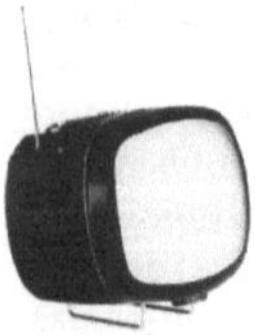

Fernsehgerät Doney 14"
Produktion: 1962 durch Brionvega, Pordenone

1962

Doney 14"

Richard Sapper, Marco Zanuso

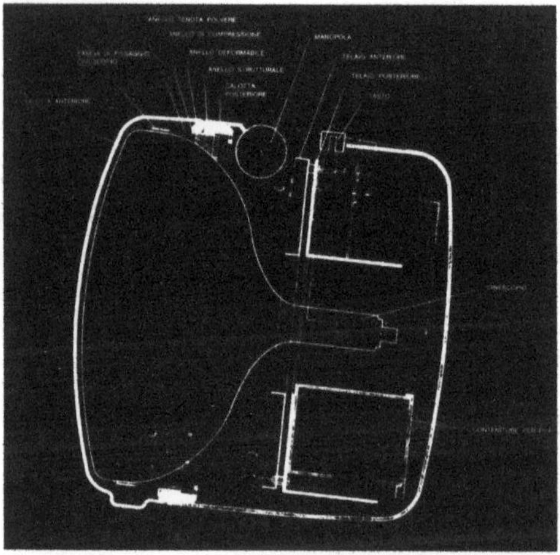

Technisches Innenleben: Doney 14" von Marco Zanuso und Richard Sapper

Fernsehfuturismus. Kurz nachdem Brionvega in die Fernsehproduktion eingestiegen war, entwarfen Richard Sapper und Marco Zanuso für die Firma mit dem Doney 14" ein sogenanntes Portable mit Transistor, ein für damalige Verhältnisse äußerst kleines, transportables Fernsehgerät.

Das Gerät besticht mit seiner poppigen Farbgebung (es war nicht nur in Schwarz und Weiß, sondern auch in Orange erhältlich), aber auch mit seiner eleganten Form.

Das deutsch-italienische Designerduo richtete sich entschieden gegen die Angleichung technischer Geräte an Möbel, wie es damals immer noch üblich war. Stattdessen sollte aus der technischen Form des Bildschirms die Gestalt des Geräts abgeleitet werden. Konsequent verzichteten die Schöpfer von Doney 14" auf einen rechteckigen Rahmen und setzten stattdessen auf ein tiefschwarzes Band, das den Bildschirm optisch fasst. Diese Entscheidung bedingte, Schalter und Regler nicht mehr auf der Front des Geräts unterbringen zu können, sondern stattdessen diskret, das heißt weniger prominent an der Oberseite des Geräts.

Interessant erscheint aus heutiger Perspektive auch, dass die ersten Modelle aus durchsichtigem Acryl hergestellt wurden, um das technische Innenleben mit seiner miniaturisierten Transistortechnik demonstrieren zu können – eine Vorgehensweise im Produktdesign, die sich über Daniel Weils Radio in a Bag → 292 bis hin zu Jonathan Ives iMac → 342 in den Neunzigerjahren fortsetzte.

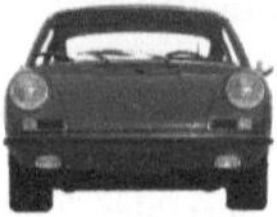

Porsche 911
(auch bekannt als Neunelfer, Ur-Elfer)
Entwurf: Holz- und Tonmodelle 1957/60
Jungfernfahrt: November 1962
Produktion: 1963–73 (Ur-Modell)
Präsentation: 1963, Markteinführung 1964 (235 Exemplare), ab 1965 Serienfertigung

1963

Porsche 911

Ferdinand Alexander Porsche

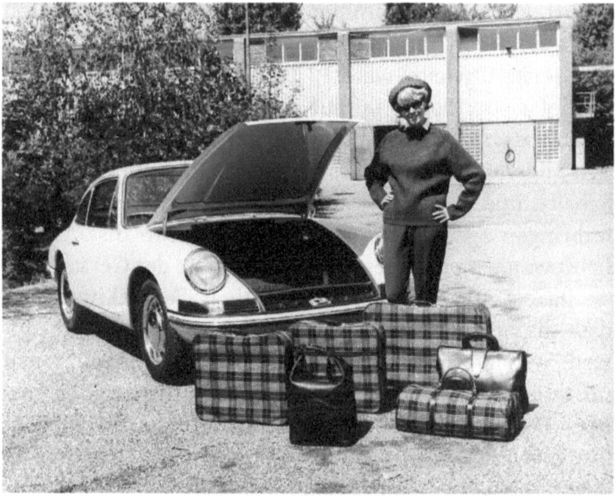

Das Kultauto: der Porsche 911

Prestigeträchtig: Der ewig junge Sportwagen. Knallgelb war die Premiere des Porsche 901, als dessen Prototyp im September 1963 auf der IAA in Frankfurt einer staunenden Öffentlichkeit vorgestellt wurde. Der spätere 911er gilt als der beständigste aller Porsche-Sportwagen und ist für viele *der* Klassiker schlechthin.

Mit dem 911er entwickelte Ferdinand Alexander Porsche einen Nachfolger für die 356-Baureihe des sogenannten Ur-Porsches, der den veränderten Ansprüchen an Leistung, Komfort und Sicherheit entsprach.

Mit den zugleich ruhigen wie aufregenden Karosserielinien gelang Porsche ein eleganter Sportwagen, der die Grundform weiterer Porsches ausbilden sollte: Da der luftgekühlte Wagen ohne vorderen Wasserkühler auskommt, konnte die Fronthaube besonders flach gestaltet werden. Die verhältnismäßig hohen Kotflügel mit integrierten Scheinwerfern leiten elegant zur flachen Windschutzscheibe über. Von der Oberkante der Windschutzscheibe bis zur hinteren Stoßstange ergibt sich ein elegant durchgezogener Bogen, der bis heute die Ideallinie eines Sportwagens definiert. Mit diesen typischen Gestaltungsmerkmalen definiert der 911er den Traum eines schnellen Autos – Kinder malen einen 911, wenn sie an einen Sportwagen denken; Erwachsene meinen den 911, wenn sie »Porsche« sagen. Da sich Peugeot für seine Modellbezeichnungen eine Null zwischen der ersten und der dritten Ziffer hatte schützen lassen, wurde aus der Modellbezeichnung 901 kurzerhand 911.

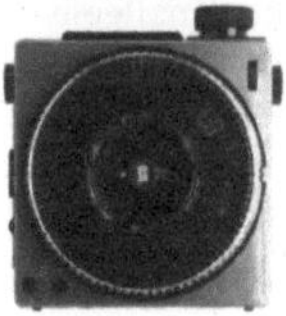

Diaprojektor Kodak Carousel S-AV 2000 (auch bekannt als Carousel S, Kodak-Karussell)
Entwurf: 1963
Produktion: 1963–92 Eastman Kodak Company / Kodak AG Stuttgart

1963

Kodak Carousel

Hans Gugelot, Reinhold Häcker

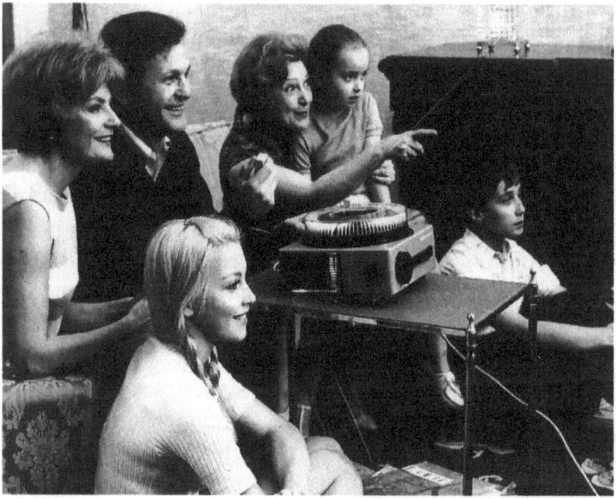

Hans Gugelot: Diaprojektor »Carousel«, Kodak Deutschland, 1963

Unendliche Bilderflut. Für Diaprojektoren waren in Deutschland längliche Magazine üblich, auch um die Diakästen platzsparend unterbringen zu können. Von Kodak existierten in den USA dagegen auch Rundmagazine für achtzig Dias, die jedoch – um die Dias vor Staub schützen zu können – wenig platzsparend in Schachteln mit einem Deckel aufbewahrt werden mussten.

Allerdings besaßen die Rundmagazine den Vorteil, die Bilder kontinuierlich vorführen zu können, was besonders bei Diawerbung oder bei Ausstellungen von Vorteil war.

Bei der Gestaltung des Diaprojektors für Kodak analysierten Hans Gugelot und Reinhold Häcker vom Ulmer »institut für produktentwicklung« diese Problematik und entwickelten mit dem Kodak Carousel eine überzeugende gestalterische Lösung: Indem sie den Außenrand tiefer setzten, konnte ein neu gestalteter durchsichtiger Kunststoffdeckel aufgesetzt werden, der die Dias vor Staub schützt. Zudem wurden alle optischen, mechanischen und elektronischen Teile des Projektors so überarbeitet, dass die Außenabmessung des Gehäuses aus Aluminium-Druckguss den Durchmesser des Magazins nicht wesentlich überschritt. Damit stand ein kompaktes und praktisch handhabbares Gerät zur Verfügung, das, ausgestattet mit zahlreichen neuen technischen Raffinessen, auch in Europa die Voraussetzung für automatische und unendlich wiederholbare Bilderschauen schuf. Der Diaprojektor Kodak Carousel wurde etwa zwanzig Jahre lang in nahezu unveränderter Form produziert.

Funktionaler Minimalismus →164

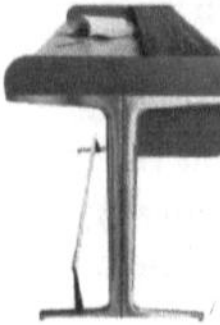

Büromöbelsystem Action Office 1
Entwurf: 1964
Produktion: 1964–70 Herman Miller Furniture Company, Zeeland/Michigan, Vitra, Birsfelden bei Basel

1964

Action Office

George Nelson, Robert Probst

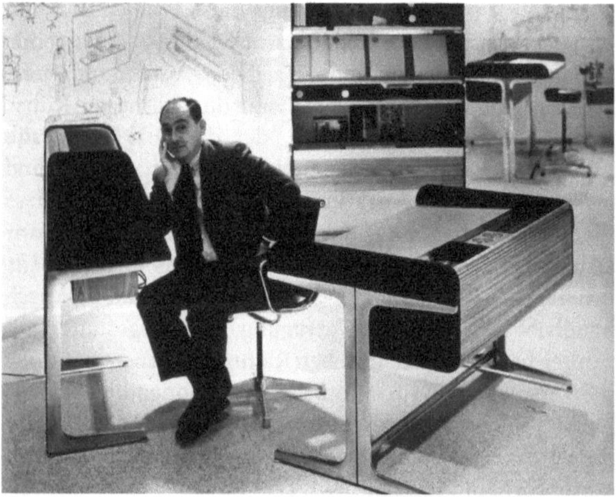

George Nelson mit Elementen des 1964 eingeführten »Action Office 1«

Humane Bürolandschaft. Das Bürosystem Action Office 1 wurde von George Nelson und Robert Probst entwickelt. Im Gegensatz zu den Systemmöbeln, wie sie in Europa erarbeitet wurden, →134, 222 konzentrierten sich die beiden Designer auf die Gestaltung eines Systems freistehender Einzelmöbel, das den veränderten organisatorischen und kommunikativen Bedingungen des Büroalltags entspricht.

Action Office basiert auf einer mehrjährigen Studie der Herman Miller AG über die veränderten Bedingungen der Büroarbeit unter der Leitung von Robert Probst. Auf dieser Grundlage erarbeitete George Nelson ein neuartiges Büromöbelsystem, das Möbel als »Bürolandschaft« arrangierte. In einer Art Arbeitsinsel sollten die Möbel frei kombiniert werden können, um die Arbeitssituationen im Großraumbüro individuellen Ansprüchen und Vorlieben anpassen, aber auch organisatorisch sinnvoll miteinander vernetzen zu können.

Das System besteht aus verschiedenen Regalteilen, Tischen, Arbeitsplätzen zum Stehen mit Fußstützen sowie einem hockerähnlichen Rollenstuhl für informelle Meetings. Speziell abgeschirmte Arbeitsplätze bildeten »Kommunikations-Center« mit Telefonen und/oder Diktiergeräten. Am Ende eines Arbeitstages konnten die Schreibtische, an deren Kopfende Hängeregistraturen für die Unterlagen und Ablagemöglichkeiten integriert waren, mit speziellen Lamellen verschlossen werden.

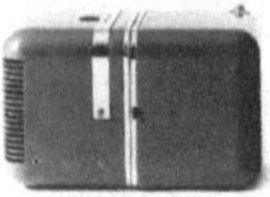

Radio TS 502
Entwurf: 1963
Produktion: Seit 1964 von Brionvega, Pordenone, heute TS 522

1964

Klappradio

Marco Zanuso, Richard Sapper

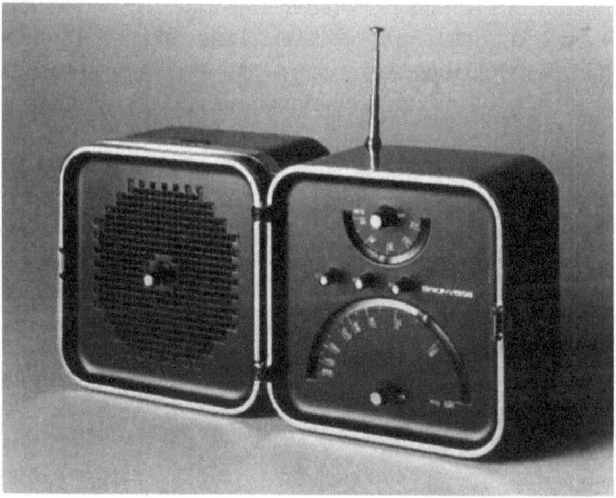

Jack in the Box: das Radio TS 502

Aufklappbares Kofferradio. Nachdem Marco Zanuso und Richard Sapper mit dem Doney 14" →212 ein radikal innovatives Produkt für die Firma Brionvega entwickelt hatten, entwarfen sie für dieselbe Firma das Radio TS 502, das in geschlossenem Zustand wie ein Paket oder Kasten mit abgerundeten Kanten und Ecken wirkte – selbst Chromgriff und Antenne ließen sich versenken.

Erst beim Aufklappen gab der kompakte Kunststoffkubus wie ein »Jack in the Box« seine Funktion als Radio zu erkennen: Auf der linken Seite befand sich der Lautsprecher mit Lautstärkeregler; auf der rechten Seite die Steuerungselemente für den Ultrakurz- und Mittelwellenempfang sowie der Klangregler, zum Teil mittig in den beiden Rundbögen der Skalen angeordnet, die in ihrer Gesamtheit ein ausgewogen graphisches Bild ergaben. Je nach Vorlieben konnte das Gerät in Schwarz, Weiß, Gelb oder auch in einem poppigen Orange erworben werden.

In seiner Form vereinigt das Brionvega Radio TS 502 die Pop-Kultur der Sechzigerjahre mit moderner Technik auf ideale Weise: Als elegante technische Skulptur changiert das Radio zwischen einem verschlossenen Objekt mit hohem formalästhetischen Wert und einem technischen Gerät mit hohem funktionalen Nutzen. 2001 wurde das Radio auf den technisch neuesten Stand gebracht und als TS 522 neu aufgelegt.

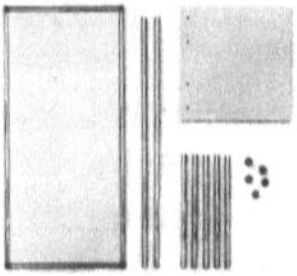

USM Möbelbausystem Haller
Entwurf: 1963
Produktion: 1965–69 (an Kunden und Freunde von USM, ausschließlich in der Schweiz); ab 1969 Serienfabrikation

1965

USM Systemmöbel

Fritz Haller (Design), Paul Schärer (Engineering)

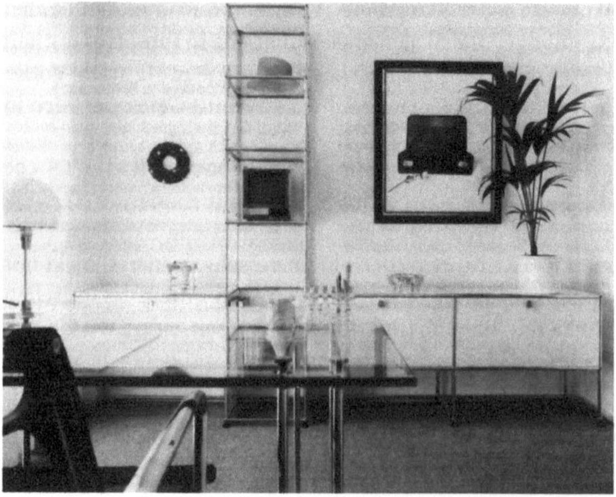

USM Möbelbausystem Haller, Katalog 1988

Flexibles Universalmöbel. 1960 trafen zwei kongeniale Persönlichkeiten aufeinander, die sich hervorragend ergänzten: Paul Schärer, Juniorchef bei Ulrich Schärer Münsingen (USM), beauftragte den Architekten Fritz Haller mit der Planung neuer Betriebsanlagen für die Beschlägefabrik. Daraufhin entwickelte Haller »Maxi«, sein erstes modulares Stahlbausystem aus vorfabrizierten Elementen, das auf einem einheitlichen Maßsystem basiert.

1963 folgte die Planung eines Großraumbüros für USM, eines der ersten überhaupt in der Schweiz. Jetzt zeigte sich, dass der Systemgedanke und das modulare Prinzip aus der Architektur auch auf den Möbelbau übertragen werden kann: Zunächst nur für den eigenen Bedarf wurde bei USM ein flexibles System aus nur wenigen, aus Stahl gefertigten Elementen geschaffen. Ein wichtiges Element des bis heute produzierten Systems sind glanzverchromte und mit Schraublöchern versehene Messingkugeln. Mit ihnen als Verbindungspunkte werden die verchromten dünnen Stahlrohre verschraubt, die in verschiedenen Modullängen erhältlich sind. Kugeln und Stäbe bilden ein Raumgitter, in das pulverbeschichtete Bleche eingespannt sind. Aus diesen wenigen Einzelelementen lassen sich, je nach Bedarf, immer wieder neue Möbelobjekte herstellen.

Das System wurde durch Details wie Registraturkörbe, Vollauszüge, Klapptüren, Schubladen, Zusatzteile für Bildschirmarbeitsplatz usw. immer mehr an die Bedürfnisse der Kunden angepasst. Doch sein Grundprinzip ist nahezu unverändert geblieben, womit das System ein gelungenes Beispiel für zeitloses Design darstellt.

Funktionaler Minimalismus → 164

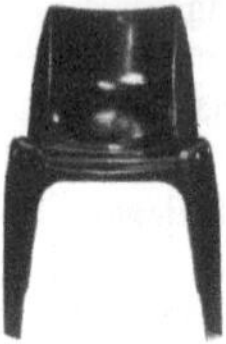

Kunststoffstuhl BA 1171
Entwurf: 1964/65
Produktion: 1966/68–1984 durch Menzolit-Werke, Albert Schmidt, Kraichtal-Menzingen für die Wilhelm Bofinger AG, Ilsfeld/Heilbronn

1966

Bofinger-Stuhl

Helmut Bätzner (Architekturbüro Bätzner)

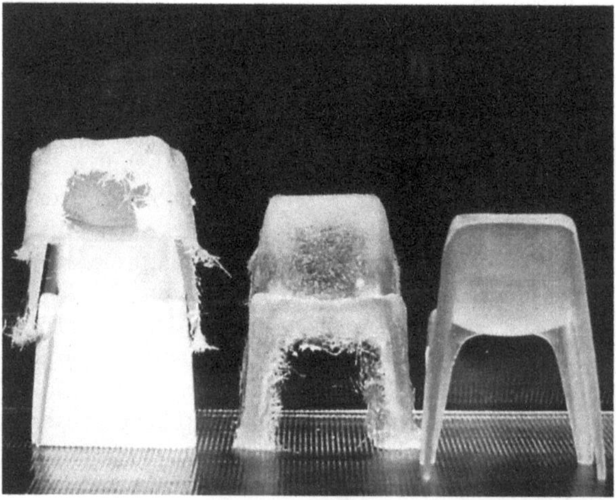

Entwicklungsserie des »Bofinger-Stuhls«

Aus einem Stück. Dem Karlsruher Architekten Helmut Bätzner gelang das, was viele in seiner Zeit erreichen wollten: Ein tiefgezogener Kunststoffstuhl aus einem Stück, der ohne handwerkliche Nachbearbeitung aus der Form genommen werden kann. Bätzner entwickelte den BA 1171 für seinen Neubau des Badischen Staatstheaters in Karlsruhe. Präsentiert wurde der Bofinger-Stuhl 1966 auf der Kölner Möbelmesse.

Obwohl der Stuhl nur 4 Kilogramm wog, war er stabil, witterungsbeständig und stapelbar. Benannt ist er nach dem innovativen Stuttgarter Möbelunternehmen Bofinger, das Bätzners Idee umsetzte, indem es eine riesige 10-Tonnen-Presse in Auftrag gab, die den Stuhl ab 1968 in einem Arbeitsgang von nur fünf Minuten produzierte. Der Bofinger-Stuhl aus durchgefärbtem, glasfaserverstärktem Polyesterharz war in acht Farben erhältlich und weit verbreitet: Bis 1984 wurden 128000 Stück hergestellt. Passend zum Stuhl wurde auch ein Tisch vertrieben.

Bekannt wurde der Kunststoffstuhl auch durch die Kunstaktion »Der Bofinger-Stuhl als Kunstobjekt«, die 1971 von dem Berliner Galeristen René Block in Zusammenarbeit mit dem Berliner Möbelhaus »Modus« und der Firma Bofinger veranstaltet wurde. Hier war der Bofinger-Stuhl Ausgangspunkt künstlerischer Überarbeitungen von Günther Uecker, Wolf Vostell, Joseph Beuys, Sigmar Polke, Stefan Wewerka und K.P. Brehmer, bei denen auch eine nachdenkliche und bisweilen ironische Material- und Funktionalismus-Kritik mitschwang.

Füllhalter Lamy 2000
Produktion: Seit 1966 durch Lamy, Heidelberg-Wieblingen

1966

Lamy 2000

Gerd Alfred Müller

Einfach elegant: der Lamy 2000

Sachlich-markant. Als der 26jährige Manfred Lamy 1962 in die väterliche Firma eintrat, suchte er nach einer neuen gestalterischen Haltung, die sich vom Glanz, Dekor und Talmi der Fünfzigerjahre verabschiedete. Fasziniert von Braun und der Ulmer Hochschule für Gestaltung, suchte er nach einer zeitgemäßen modernen Formensprache.

Zusammen mit dem ehemaligen Braun-Designer Gerd Alfred Müller wurde der Lamy 2000 entwickelt, der 1966 auf den Markt kam – ein zeitloser Füller, der einen entscheidenden Umbruch im Unternehmen markierte: In seiner Schlichtheit war der Füllfederhalter Lamy 2000 im Vergleich zu den damals eher repräsentativ ausgerichteten Schreibgeräten auffallend einfach. Ungewohnt war auch Müllers Materialkombination: schwarzer Kunststoff und Edelstahl – damals für die Techniker von Lamy eine große Herausforderung, da das glasfaserverstärkte Makrolon für den Schaft mit massivem Edelstahl verbunden werden musste. Zudem erhielten beide Werkstoffe die gleiche Oberflächenmattierung, was den Gebrauchswert, aber auch die Wertigkeit erhöhte. Auch der massive Metallclip mit seiner abfedernden Mechanik gehörte zu den formalen und technischen Neuerungen. Mit dem Lamy 2000 gelang es Müller, über die reine Zweckform hinauszugehen, aber auch Überflüssiges und Aufgesetztes zu vermeiden.

Funktionaler Minimalismus →164

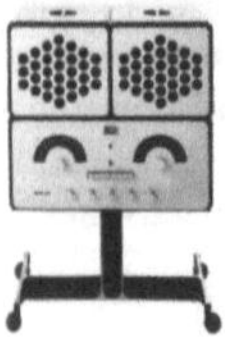

Entwurf: 1965
Produktion: 1966 für Brionvega, Mailand

1966

Rundfunk-Phono-Kombination rr 126 fo/st

Achille und Pier Giacomo Castiglioni

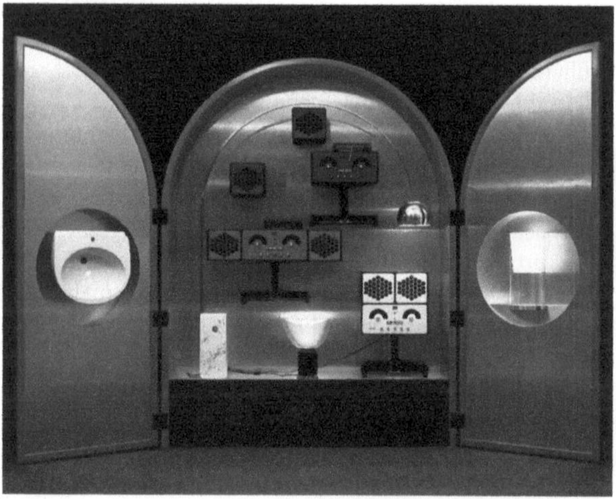

Goldenes Triptychon mit Objekten besonderen formalen Wertes

Würfelspiele. Brionvega hat diese Rundfunk-Phono-Kombination mit abnehmbaren Lautsprechern bei Achille und Pier Giacomo in Auftrag gegeben. Die für ihre kreativen Entwürfe bekannten Gebrüder Castiglioni entwickelten ein auch für heutige Sehgewohnheiten durchaus ungewöhnliches technisches Gerät, indem sie die traditionell dunkle Holzanmutung vergleichbarer »Tonmöbel« verließen und auf einen hellen Kunststoff setzten.

Zudem legten sie besonderen Wert auf die symmetrische Positionierung der Tasten und Regler für die Stereoanlage. Variabilität und Mobilität kennzeichnen diese bemerkenswerte Radio-Phono-Kombination. So können die Lautsprecherboxen wahlweise links oder rechts an das längliche Gehäuse angehängt werden. Bei Nichtbenutzung kann seine Form verändert werden, indem die Boxen oben aufgesetzt werden. Dann verdecken sie den asymmetrisch auf der Oberseite eingelassenen Plattenspieler, der durch eine Abdeckhaube aus Plexiglas geschützt wird. Der auf Rollen montierte Fuß verleiht dem technischen Gerät nicht nur eine schwebende Eleganz, sondern ermöglicht es auch, die Radio-Phono-Kombination im Raum zu bewegen.

Mit seinem ungewöhnlichen Design erregte rr 126 schnell großes Aufsehen, so dass die Rundfunk-Phono-Kombination in Museen, etwa dem renommierten Stedelijk-Museum in Amsterdam, ausgestellt wurde und zum Statussymbol gehobener Einkommensgruppen avancierte.

Plastic Fantastic → 194

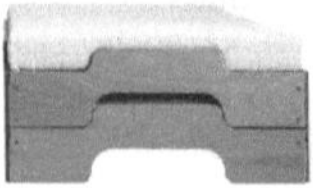

Stapelliege 223/224
Entwurf: 1966
Produktion: Seit 1966 durch Müller Möbelwerkstätten, Bockhorn

1966

Stapelbett

Rolf Heide

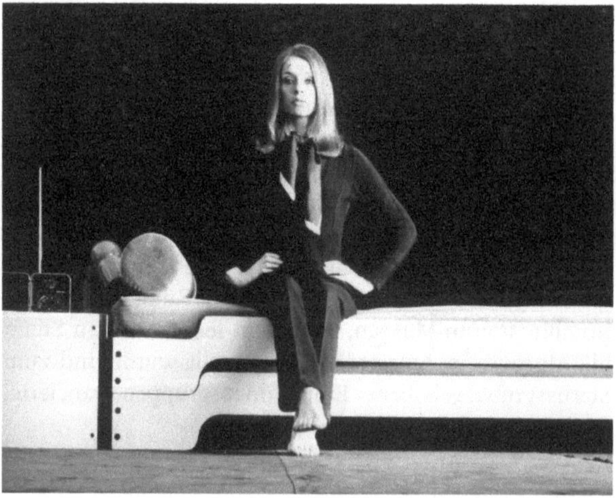

Flexible Schlafgelegenheit: Rolf Heides Stapelliege

Reduktion auf das Wesentliche: Das perfekte Gästebett. Rolf Heide, gelernter Tischler und Innenarchitekt, entwarf die Stapelliege 1966 ursprünglich als Bausatz für Leserinnen der Zeitschrift »Brigitte«, die ihn als handliches Paket nach Hause bestellen konnten.

Im Zuge der Studentenrevolte und der veränderten Wohnverhältnisse, die auf Spontaneität und Variabilität setzten, entwarf Rolf Heide das auf das Wesentliche reduzierte Stapelbett: Es besteht aus Schichtholz, und die schwungvoll abgerundeten Wangen ermöglichen das sichere Übereinanderstapeln mehrerer Elemente. Die deutlich sichtbaren Schraubenköpfe verweisen auf die Low-Tech- und Do-it-yourself-Lösungen der Sechzigerjahre.

Das Stapelbett eignet sich tagsüber als Sofa, nachts als perfektes Gästebett. Je nach Bedarf kann es als Doppelbett genutzt werden oder als zwei getrennte Einzelbetten. Ergänzt wird die Stapelliege, die in Buche, Esche, Ahorn und Birke, aber auch in farbigen Varianten sowie als poppig-buntes Kinderbett erhältlich ist, durch passendes Zubehör – von diversen Ablagen bis hin zum Bettkasten.

Funktionaler Minimalismus → 164

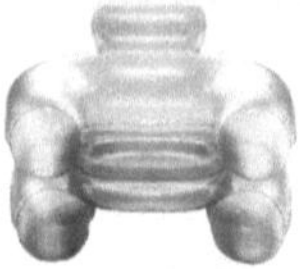

Entwurf: 1967
Ausführung: Ab 1967 Zanotta, Nova Milanese / Mailand, erneut seit den Achtzigern

1967

Blow

Gionathan de Pas, Donato D'Urbino, Paolo Lomazzi, unter Mitarb. von Carla Scolari

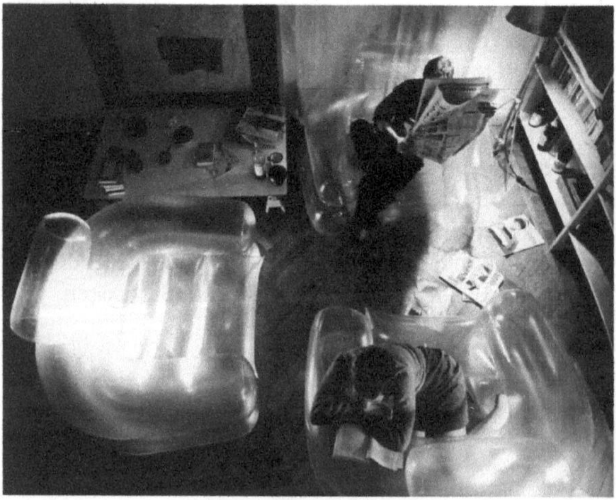

»Blow« im zeitgenössischen Interieur der späten Sechzigerjahre

Aufgeblasenes für die Serie. Der Sessel Blow gilt als erstes aufblasbares Möbel, das in einer großen Auflage in Serienproduktion hergestellt wurde. Er war ein preiswertes Möbel, das leicht zu transportieren und platzsparend zu verstauen war.

Der leichte, aufblasbare Kunststoffsessel entspricht einer neuen Grundhaltung zur Mobilität. Zwischen drinnen und draußen wird kein Unterschied mehr gemacht. Zudem richtet sich der Sessel mit seiner immateriellen Anmutung gegen alles Massive und Materielle.

Er ist das erste Produkt des sogenannten DDL-Studios, das 1966 von Gionathan de Pas, Donato D'Urbino und Paolo Lomazzi gegründet wurde mit dem Ziel, Objekte für ein preiswertes, frisches und jugendliches Wohnen zu produzieren.

Pate soll die Idee des Schlauchboots gestanden haben. Allerdings ließ sich PVC-Folie nicht wie Neopren verarbeiten. Transparenz zu erzeugen, war nicht einfach. Es bedurfte zahlreicher Versuche, bis die dünne Folie elektronisch verschweißt werden konnte.

Mit seinen prallen Rundungen hat der aufblasbare Sessel etwas Comic-haftes, und entsprechend vermuten Fachleute, dass er von »Bibendum«, dem französischen Michelin-Männchen, inspiriert sein könnte. Für Blow gab es auch ein Reparatur-Kit. Schließlich konnte schon eine glühende Zigarette das jähe Ende dieser trendigen Sitzgelegenheit herbeiführen.

Plastic Fantastic →194

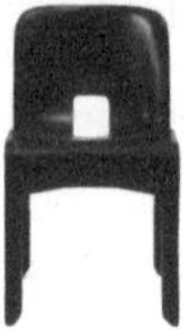

Modell 4867
Entwurf: 1965–67
Produktion: 1967 durch Kartell Binasco, Noviglio/Italien

1967

Stapelstuhl Universale

Joe Cesare Colombo

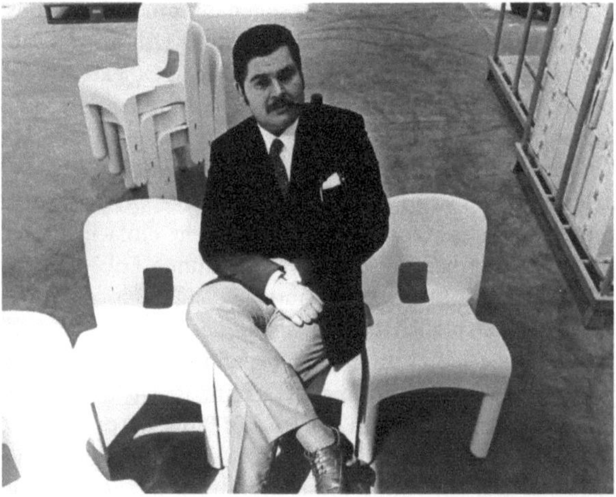

Joe Colombo auf seinem Stuhl »Universale«, um 1967

Kombinierbar und variabel. Ursprünglich hatte Joe Colombo an einem Stuhl aus Aluminium gearbeitet, wurde dann aber durch den Kinderstuhl 4999, den Marco Zanuso und Richard Sapper 1964 für Kartell entwickelt hatten, zu einer Fertigung aus ABS-Kunststoff inspiriert: Nach dem Kinderstuhl sollte nun eine größere Sitzgelegenheit aus dem neuen Material, mit dem es damals noch wenig Erfahrung gab, hergestellt werden.

Mit dem Universale gelang Colombo der erste im Spritzgussverfahren industriell hergestellte, vollständig aus Kunststoff gefertigte Stuhl. Seine Beine wurden aufgesteckt, so dass er in Standardgrößen, aber auch mit niedriger Sitzfläche, etwa für Kinder- oder Gartensessel, angeboten werden konnte. Auch dachte Colombo über ein erhöhendes Zwischenstück nach, das den Stuhl zum Barhocker hätte werden lassen. Diese Idee wurde jedoch ebenso verworfen wie eine Version mit Armlehnen.

Zwar entspricht der Stuhl praktisch-funktionalen Anforderungen: Die seitlich abgeflachten Stuhlbeine erlauben ein problemloses Aneinanderreihen; seitliche Einbuchtungen am Sitz ermöglichen das Übereinanderstapeln von maximal drei Stühlen. Eine Öffnung in der Mitte der Rückenlehne dient als Griff, fördert die Luftzirkulation oder erlaubt den Wasserablauf, falls der Stuhl draußen genutzt wird. Der Stuhl, der in Weiß, Schwarz, Rot, Grün und Braun erhältlich war, steht aber auch für den Optimismus der Vertreter der Pop-Kultur in den Sechzigerjahren, die sich zunehmend flexiblere Möbel- und Wohnformen für unterschiedliche Situationen und Bedürfnisse wünschten.

Plastic Fantastic → 194

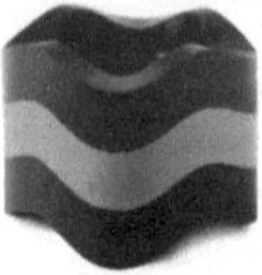

Stapelbarer Aschenbecher
(auch bekannt als Wellenaschenbecher)
Entwurf: 1966/67
Produktion: Ab 1967 durch Helit Presswerk Westfalen, Friedrich Hefendehl GmbH, Kierspe, heute helit innovative Büroprodukte GmbH

1967

Sinus-Aschenbecher

Walter Zeischegg, unter Mitarb. von Dieter Raffler, Tsugio Nachi, Verena Loibl (Farben)

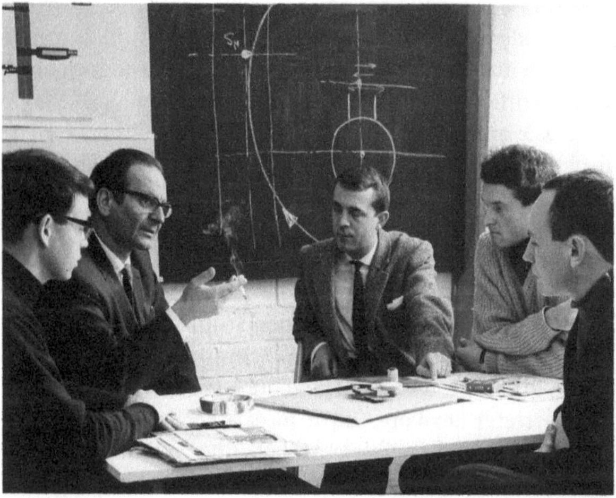

Walter Zeischegg im Unterricht an der Ulmer HfG, 1962

Function follows form. Der Sinus-Aschenbecher manifestiert die ganzheitlich-konzeptionelle Entwicklung eines Gegenstands auf der Grundlage intensiver, zunächst nicht zweckgebundener Formexperimente. Einige von Zeischeggs geometrischen Experimenten mündeten in Produkte der Firma Helit, so auch der aus Sinuskurven aufgebaute Aschenbecher.

Die Form des Aschenbechers entstand 1966, als Zeischegg Schwingungskurven, die auf einem Zylinder aufgezeichnet worden waren, in eine dreidimensionale Form überführt hatte. Ohne einen genauen Verwendungszweck zu nennen, präsentierte Zeischegg dem damaligen Juniorchef der Firma Helit, Hansfriedrich Hefendehl, ein solches Formexperiment. Erst bei dieser Präsentation entstand die Idee, die Form als stapelbaren Aschenbecher einer praktischen Funktion zuzuführen. In der Folge wurde das Modell mit den vier identischen Sinusschwingungen mit einer Vertiefung in der Mitte versehen und als Sinus-Aschenbecher aus glutfestem Melaminharz produziert.

Die geschwungenen Sinuskurven adaptieren weder die »organische« Formgebung der Nierentischästhetik noch bedienen sie stereotype Vorstellungen eines an orthogonalem Rasterdenken ausgerichteten »Ulmer Stils«. Vielmehr entwickelte Zeischegg aus zweckfreien Formexperimenten eine Gestalt mit hoher skulpturaler Qualität, der erst in einem zweiten Schritt eine praktische Funktion zugesprochen wurde.

Funktionaler Minimalismus → 164

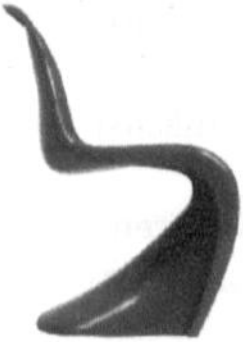

Entwurf: ab ca. 1957
Prototyp und Vorserie: 1967
Ausführung: Ab 1968 W. Fehlbaum GmbH / Herman Miller AG / Vitra, Birsfelden bei Basel

1968

Panton Chair

Verner Panton

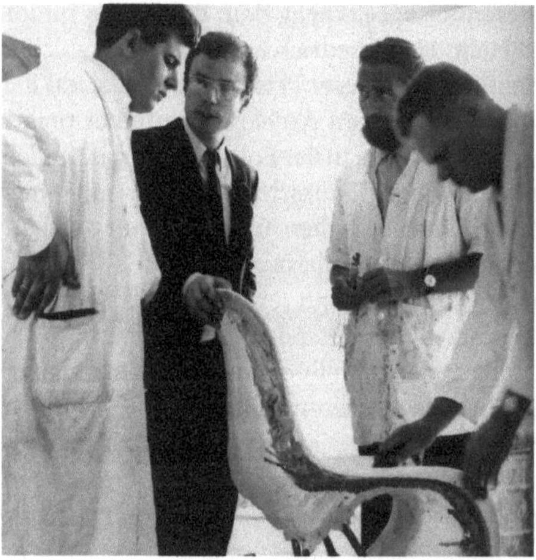

Panton (2. v. r.) mit Rolf Fehlbaum (2. v. l.) und Manfred Diebold (links; technische Entwicklung) bei der Begutachtung einer Stuhl-Form.

Aus einem Guss. Der Panton Chair, benannt nach dem dänischen Designer Verner Panton, ist der erste hinterbeinlose, leicht federnde Kunststoffstuhl, der aus einem Stück im Spritzgussverfahren hergestellt wurde. Produziert in den bunten Farben des Regenbogens und sinnlichem S-Bogen symbolisiert er den zukunftsgerichteten Schwung der Sechzigerjahre.

Seine Form ist von den Fertigungstechniken des Materials beeinflusst. Bereits 1952 fertigte Gunnar Aagaard Andersen einen Vorläufer dieses Stuhls aus Maschendraht und Zeitungspapier. Ende der Fünfzigerjahre entwickelte Panton dann zusammen mit der Firma »Dansk Acryl Teknik« einen Prototyp in Kunststoff, den er im »Mobilia-Club« auf Eriksholm bei Helsingör in der Hoffnung ausstellte, dadurch einen Produzenten auf seinen Entwurf aufmerksam zu machen – jedoch ohne Erfolg.

1962/63 fuhr Panton zu Willy Fehlbaum, der Herman-Miller-Produkte in Lizenz fertigte und vertrieb. Obwohl George Nelson, Chefdesigner von Herman Miller, nicht von den Erfolgschancen dieses Möbels überzeugt war, beschloss Fehlbaum, den Stuhl weiterzuentwickeln. Nach Jahren des Experimentierens wurde 1967 eine Vorserie aus kalt gepresstem, mit Glasfaser verstärktem Polyester (FRP) hergestellt. Der Wunsch nach einem stapelfähigen Stuhl verzögerte jedoch zunächst die Serienproduktion. 1968 schließlich konnte der Stuhl auf der Kölner Möbelmesse vorgestellt und bei Vitra in einem harten Polyurethanschaum, der in sieben Farben lackiert wurde, in Serie produziert werden.

Plastic Fantastic → 194

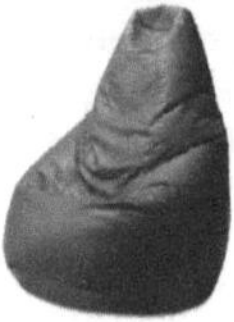

Sitzsack Sacco
Entwurf: 1967/68
Produktion: Seit 1968 produziert durch Zanotta, Nova Milanese / Mailand

1968

Sacco

Piero Gatti, Cesare Paolini, Franco Teodoro

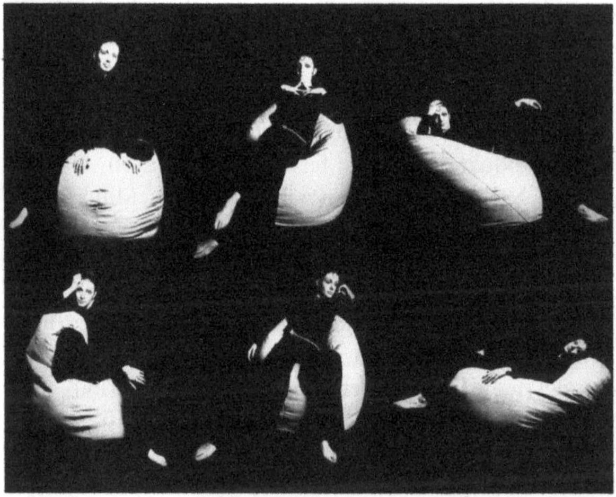

Lädt ein zum Lümmeln: der Sitzsack »Sacco«, hier in der Zeitschrift »Schöner Wohnen«, Sommer 1969

Der Soft-Sitz. Nicht-Sessel (»Non-poltrona«) nennen ihn seine Erfinder, weil er eben gerade nicht immobil und behäbig, sondern ganz im Gegenteil beweglich und anpassungsfähig ist. So hat Sacco bewusst keine feste Struktur und schon gar kein starres Skelett, das die Form des Sessels und die seines Besitzers formt. Vielmehr formt der Benutzer seinen Sacco.

Gedacht als unkonventioneller Sitzsack zum zwanglosen Entspannen, zum lässigen Lümmeln, ist der mit 12 Millionen aufgeschäumten Polystyrol-Kügelchen gefüllte Sacco leicht zu transportieren – also als mobile Sitzgelegenheit für alle möglichen Zusammenhänge einsetzbar, auch im Freien.

Das poppig-bunte Möbel entstand in der intellektuellen und politischen Umbruchsituation der späten Sechzigerjahre und gilt als Ausdruck des freiheitlichen und rebellischen Lebens- und Wohngefühl der 68er-Generation. Er ist ein jugendliches und spielerisches Objekt, das eine kompromisslose Absage an klar Strukturiertes nicht nur im Möbeldesign meint – ein Plädoyer für hedonistisches Nomadentum.

Nachdem eine amerikanische Zeitschrift den Prototyp vorgestellt hatte, orderte »Macy's« 10 000 Stück – damals sehr überraschend für die jungen Designer. Sacco hat schon viele Kopien überlebt und wird nach wie vor von Zanotta hergestellt.

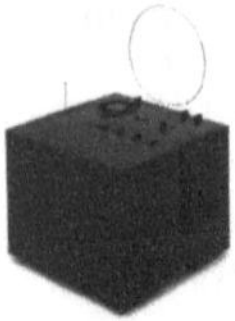

televisiore 12" black st 201
(auch bekannt als black)
Entwurf: 1969
Produktion: Ab 1969 bis in die Siebzigerjahre
durch Brionvega, Pordenone

1969

black st 201

Richard Sapper, Marco Zanuso

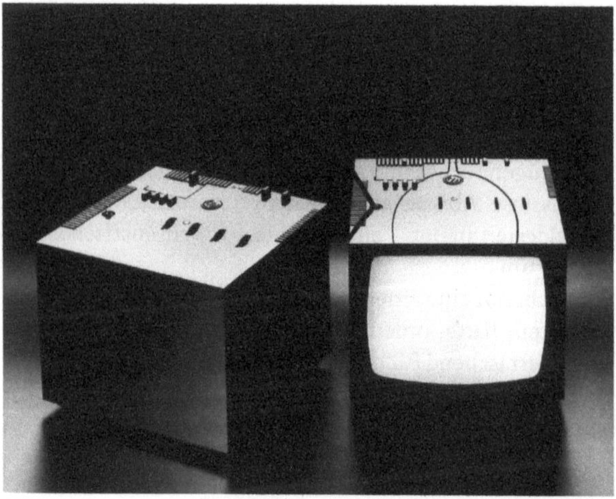

Schwarzer Würfel: black st 201

Black Box: Fernsehen abstrakt. Für Brionvega entwickelten Marco Zanuso und Richard Sapper das Fernsehgerät black st 201 mit einem Gehäuse aus Perspex, einem transparenten Methacryl-Material, das eigentlich dazu gedacht war, den Fernsehschirm abzudecken. Diesen speziellen Kunststoff verwendeten die beiden Designer allerdings für das gesamte Gerät in einem tiefen Schwarz.

Damit schufen sie in der Tat eine »Black Box«, eine minimalistische schwarze Box, bei der alle funktionalen Elemente in die Produkthülle integriert sind. So erinnert der schwarze Würfel im ausgeschalteten Zustand an Arbeiten der zeitgenössischen »Minimal Art«, etwa von Tony Smith. Wird das Gerät angeschaltet, erwacht der schwarze Kubus zum Leben, und das Fernsehbild erscheint auf geradezu magische Weise.

Indem die beiden Designer technische Innovation, formreduzierte Gestaltung und einen konzeptionellen Anspruch in diesem Gerät verbanden, schufen sie einen Fernseher, der weitaus mehr bietet als bewegte Bilder: Er gibt Rätsel auf und auratisiert das banale Gerät.

Disegno radicale

Anti- und Radical Design

1969 Mies
1971 Pratone
Karotisch

Gestaltung avancierte auch zum Mittel von Gesellschafts- und Konsumkritik. In Großbritannien hatte sich 1962 die Gruppe »Archigram« formiert, die ihre futuristischen Architekturvorstellungen in Zeichnungen umsetzte. Damit realisierte sie eine extrem ephemere, kurzzeitige Architektur, entsprach jedoch ebenso – konsequent in der Tradition der Pop-Art – einer von den Massenmedien geprägten Kultur. Als frühes konsumkritisches Manifest kann die 1963 erschienene dritte Ausgabe ihrer Zeitschrift verstanden werden, die unter dem Titel »Throwaway Architecture« Gebäude als verbrauchbare Konsumgüter definierte.

Ab etwa Mitte der Sechzigerjahre nutzte eine neue Generation von Gestaltern in Italien Design als politisches Werkzeug. Aus dem gesellschaftsprovokanten Zusammenhang der Sechzigerjahre formierten sich insbesondere in den Ausbildungszentren Florenz und Turin Designer-Gruppen, die in Opposition zum konsumorientierten »Normal-Design« ein subversives Gegen-Design formulierten. Zu ihnen gehörten: Superstudio (1966/Florenz), Archizoom (1966/Florenz), Gruppo Strum (1966/Turin) oder Gruppo 9999 (1968/Florenz). Mit Werten wie Kurzlebigkeit, Witz und Ironie setzte diese Bewegung radikale gesellschaftskritische Diskurse in Gang, die nicht nur die Überzeugungen der Moderne, sondern auch die Aufgaben und Ziele der eigenen Disziplin in Frage stellten. → 250, 264, 266 Gegen die Entmenschlichung einer immer stärker am Konsum orientierten hedonistischen Gesellschaft setzten sie assoziationsreiche Objekte mit hintergründigem Witz.

Disegno radicale

Die Auflösung des Objekts. Aktionskunst, Happenings und experimentelles Theater bilden den Hintergrund für diese konzeptionelle Haltung im Design, die versuchte, in einer Art Guerilla-Strategie ein objektfreies Leben umzusetzen. → 266 Nicht mehr das einzelne Möbel, sondern die kommunikative und soziale Funktion des Raums stand jetzt im Vordergrund. Einen Höhepunkt dieses Ansatzes, der soziale Prozesse und Handlungen thematisierte, um festgefahrene Denkstrukturen zu durchbrechen, war die Ausstellung »Italy. The New Domestic Landscape« im MoMA 1972. Sie zeigte Environments von 15 Designern und Designergruppen, bei denen die Integration des Publikums wesentlich war.

Soziale und wirtschaftliche Veränderungen hatten im Verlauf der Sechzigerjahre dramatische Veränderungen kultureller Werte bewirkt: Der große wirtschaftliche Boom forcierte – gekoppelt an den unbedingten Glauben rationaler Planbarkeit und an den Optimismus einer technisch orientierten Zukunft – eine spätfunktionalistische Architektur. Heinrich Klotz beschrieb sie als »Bauwirtschaftlichkeitsfunktionalismus«. In bundesdeutschen Städten wurden immer mehr Trabantensiedlungen nach rationalem Raster errichtet. Sie führten mit ihrer »Unwirtlichkeit«

(Alexander Mitscherlich) die Kehrseite moderner Gestaltungsutopien mehr als deutlich vor Augen und provozierten die Kritik der jüngeren Generation an einem allein auf wissenschaftliche und rationale Argumentation ausgerichteten Verständnis von Gestaltung.

Linguistic Turn. Im Verlauf der Sechzigerjahre beeinflusste die Semiotik zunehmend die Wahrnehmung der Lebenswelt des Menschen. In Frankreich entwickelten Roland Barthes, Michel Foucault und Jean Baudrillard neue Ideen, mit denen sie die Grundüberzeugungen vieler Disziplinen – Literatur, Sprache, Werbung, Architektur und Politik – in Zweifel zogen. In Publikationen wie *Die Sprache der Mode* entschlüsselte der französische Semiotiker und Sprachphilosoph Roland Barthes beispielsweise Alltagsästhetik anhand semiotischer Analysen und verdeutlichte, dass an real Fass- oder Sichtbares immer auch »unsichtbare« Bedeutungen gekoppelt sind, die keinesfalls eindeutig sind.

Dies war folgenreich für die Theorie des Designs, denn damit wurde klar, dass es keine bedeutungsneutralen Gegenstände und keine »objektive« Gestaltung geben kann, wie es die auf ahistorische und abstrakte Gesetze ausgerichtete »Moderne« intendiert hatte.

Während die italienische Design- und Architekturavantgarde mit dem »Disegno radicale« das erste gestalterische Statement einer funktionalismuskritischen Haltung formulierte, lenkte Robert Venturi in den USA in seiner Publikation *Complexity and Contradiction in Architecture* (1966, MoMA) das Interesse auf die Zeichen- und Symbolhaftigkeit in der Architektur. Indem er dem Mies'schen

Credo »less is more« sein »less is bore« entgegenschleuderte, übte er zudem harsche Funktionalismuskritik. Venturi setzte der kulturellen Armut und visuellen Banalität moderner Gebäude seine Theorie der Komplexität, der Widersprüchlichkeit und der Vielfältigkeit entgegen. Er plädierte dafür, die Vieldeutigkeit der Realität anzuerkennen und ein »Sowohl-als-auch« zuzulassen – selbst ein vermurkstes.[→306]

Disegno radicale

Posthistoire: Geburt der Klassiker. Gleichzeitig wurde das Geleistete und Erreichte in einem (verklärenden) Rückbezug auf Vergangenes immer wichtiger. Objekte, die als zentrale gestalterische Statements der Zwanzigerjahre galten, wurden neu produziert und vermarktet.[→66, 74, 76, 78, 80, 84] Ausstellungen über das Bauhaus und andere künstlerisch-gestalterische Avantgarde-Bewegungen etablierten diese Objekte als historisches Kulturgut und bewirkten, dass »modernes« Design als Zeichen bürgerlicher Distinktion in Büros und Wohnungen vordrang. Charakteristisch dabei war ein Stilmix, in den diese »Klassiker« nun oftmals eingebunden waren.

Ambasz, Emilio / Museum of Modern Art, New York: **Italy.** The New Domestic Landscape. Achievements and Problems of Italian Design. Katalog New York 1972.

Breuer, Gerda / Plüm, Kerstin / Peters, Andrea / Bergische Universität – Gesamthochschule Wuppertal, Lehrstuhl für Kunst- und Designgeschichte: **Die sechziger.** Positionen des Design. Köln 1999.

Höger, Hans: **Die Architettura Radicale und ihre Bedeutung für die Designentwicklung seit den sechziger Jahren in Italien.** In: Institut für Innenarchitektur und Möbeldesign (Hrsg.): Dienende Möbel. Dokumentation des 8. Weißenhofseminars an der Staatlichen Akademie der bildenden Künste Stuttgart 1990. S. 14–25.

Internationales Design Zentrum Berlin e. V. in Zusammenarb. mit d. Bundesverb. d. Dt. Industrie Köln (Hrsg.): **Design als Postulat am Beispiel Italien.** Katalog u. Anthologie zur Ausstellung im IDZ Berlin. Köln 1973.

Schepers, Wolfgang (Hrsg.): **68' Design und Alltagskultur zwischen Konsum und Konflikt.** Köln 1997.

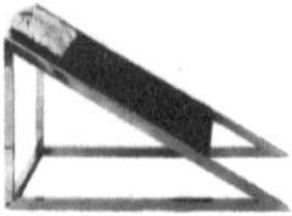

Entwurf: 1969
Produktion: Ab 1969 durch Poltronova, Agliana/Pistoia

1969

Mies

Archizoom Associati

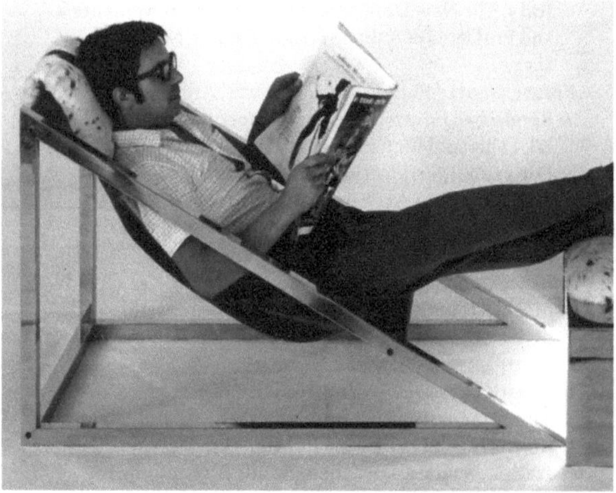

Mies: Moderne ironisch konterkariert

Form gewordene Funktionalismus-Kritik. Die 1966 in Florenz gegründete Designer- und Architekten-Gruppe Archizoom Associati kritisierte grenzenloses Wirtschaftswachstum, maßloses Konsumverhalten und eine rein funktional orientierte Gestaltung.

Mit dem Sessel Mies reagierten die Designer auf die einsetzende Historisierung »modernen« Designs, die sich in den Sechzigerjahren zunehmend auch in Reeditionen von Möbeln der »Klassischen Moderne« manifestierte, etwa in der von Knoll International erheblich erweiterten »Mies van der Rohe Collection«. Damit wurden ehemals avantgardistische Gestaltungsstatements endgültig bürgerlichem Repräsentationswillen untergeordnet. Ein derartig konservierender und nostalgisch verklärender Blick musste radikale Gestaltungspositionen geradezu herausfordern.

So spielten die Schöpfer von Mies in der Namensgebung unverkennbar ironisch auf Ludwig Mies van der Rohe als einen der berühmtesten Vertreter moderner Architektur an. Sie überzeichneten die Gestaltungsprinzipien der Moderne wie folgt: Zwar orientiert sich Mies an der elementaren Geometrie und Materialästhetik der Klassischen Moderne. Doch während die Moderne den Körper in die Starrheit geometrischer Formen presst, gibt der straff gespannte Latexgummi bei Mies dem Körper nach, passt sich ihm an. So ist es letztlich der Körper, der dieses Sitzmöbel formt.

Plastic Fantastic → 194, Disegno radicale → 244

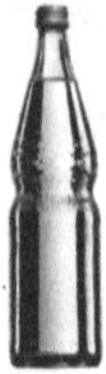

Mehrwegmineralwasserflasche /
0,7 l Einheitsflasche der Deutschen Mineralbrunnen (auch bekannt als Standardflasche)
Entwurf: 1969
Produktion: Ab 1969

1969

Perlenflasche

Günter Kupetz

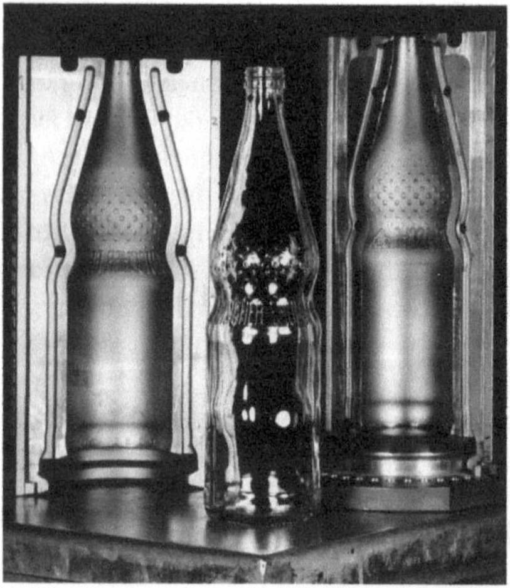

Evoziert die Vorstellung von Frische: »Perlenflasche« für die Genossenschaft Deutscher Brunnen (Foto: Stephan Klonk)

Ökologisch sinnvoller Standard. Die sogenannte Perlenflasche löste 1969 die Einheitsflasche ab, die für alle Brunnenbetriebe der »Genossenschaft Deutscher Brunnen« (GDB) gefertigt wurde. Sie ist dem Mehrwegprinzip verpflichtet und basiert auf der Idee, dass jede Flasche überall in Deutschland und unabhängig vom ursprünglichen Inhalt abgegeben und von jedem lokalen Brunnen insgesamt etwa 50mal neu wieder befüllt werden kann.

Steigende Automatisierung in den Abfüllanlagen forderte in den Sechzigerjahren nicht nur neuartige Verschlüsse, sondern auch eine neue Flaschenform, die im Wettbewerb mit dem modern-jugendlichen Image anderer Erfrischungsgetränke bestehen konnte.

Der Bildhauer und Produktdesigner Günter Kupetz überzeugt mit seiner taillenartigen Einschnürung der Flasche, die oberhalb mit Perlen, unterhalb mit dem Schriftzug »LEIHFLASCHE DEUTSCHER BRUNNEN« versehen ist. Zwei genau definierte, um die Flasche laufende Stoßwülste verhindern das Zerkratzen der Mantelfläche oder eine Beschädigung des Etiketts.

Die »Perlenflasche« vereint Sinnlichkeit, Ästhetik und Funktion: Die Einschnürung erinnert an eine weibliche Taille, unterstützt gleichzeitig aber auch die Handhabung. Die an Rasterstrukturen konstruktiver Kunst erinnernden Punktereliefs der »Perlen« machen die Flasche nicht nur besonders griffig, sondern imaginieren auch Frische.

Die Mineralwasserflasche hat sogar den Übergang von der Mehrwegflasche aus Glas zur PET-Flasche gut überstanden, kein Wunder, da die PET-Flasche eigentlich eine Adaption der Glasflasche ist.

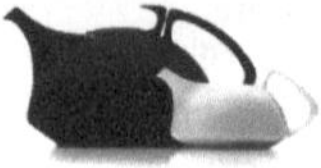

Entwurf: 1968
Produktion: Ab 1969 durch Rosenthal Glas und Porzellan AG, Selb in der »Studio-Line«

1969

Teeservice TAC 1

Walter Gropius, Louis A. McMillen, Katherine de Souza

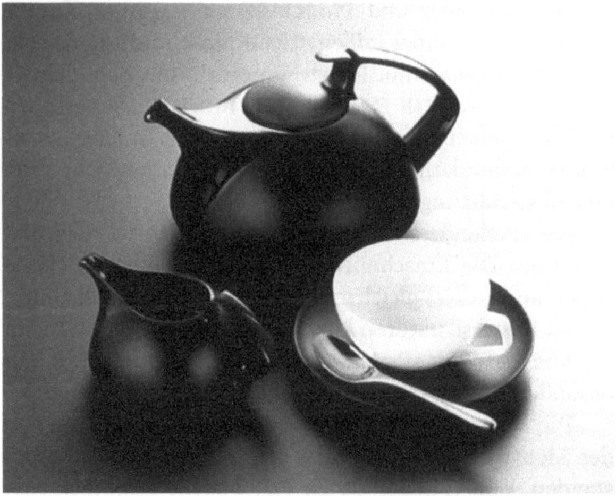

Teeservice »TAC 1« in der klassischen Schwarz-Weiß-Ausführung

Schwarz, weiß oder bunt? Im Zusammenhang mit der Planung einer großen Porzellanfabrik für die Rosenthal AG in Selb begeisterte sich Walter Gropius für die Porzellanherstellung. So reifte die Idee, selbst ein Kaffee-, Tee- und Speisegeschirr aus Porzellan zu entwerfen, ein Vorhaben, das Gropius zunächst mit den Mitarbeitern seines 1945 gegründeten Architekturbüros »The Architects Collaborative« (TAC) umsetzte.

1967 konkretisierten sich diese Pläne: Rosenthal beauftragte das amerikanische Architekturbüro mit einem Service für ihr Autorenprogramm »Studio-Line«. Unter der Leitung von Walter Gropius und Louis McMillen entstanden Entwürfe für das Teeservice TAC 1, das von der Keramikerin Katherine de Souza gestaltet und 1969 von Rosenthal ausgeformt wurde. Es wird bis heute in der »Studio-Line-Kollektion« angeboten.

Als Klassiker gelten insbesondere die dekorfreien Ausführungen in Weiß und Schwarz, die durch ihre matten und glänzenden Ausführungen die expressive Formqualität des Teeservices betonen. Allerdings lehnte Gropius Porzellandekorationen keineswegs ab. Er selbst hat sechs Vorschläge mit zurückhaltenden abstrakten Texturen und blassen Farben eingereicht, dazu jedoch angemerkt, dass grelle Farben zu vermeiden seien.

Der markante Hakengriff von Kannendeckel und Zuckerdose entspreche – so ein Prospekt der Studio-Line – der Beobachtung, dass die meisten Frauen den Deckel trotz Deckelsicherung festhalten.

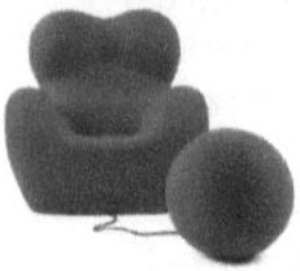

Sessel Up 5 / Donna; Up 6 / Sitzkissen,
aus der Serie Up
Entwurf: 1969
Produktion: 1969–1973 C&B (Cassina & Busnelli), ab 1993 B&B Italia, Novedrate/ Como

1969

Donna

Gaetano Pesce

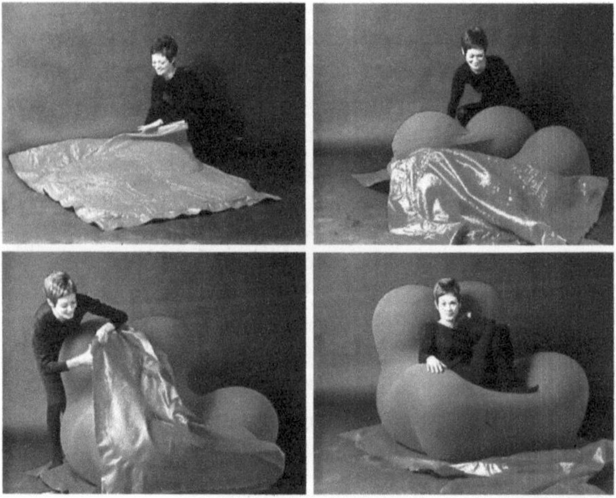

Sessel Up 5: Sobald die Hülle geöffnet wird, bläht sich der Sessel auf. Ein genau geplantes Schauspiel

Angekettet: Zur gesellschaftlichen Rolle der Frau. Gaetano Pesce, der eng mit den Protagonisten des italienischen Radical Design zusammenarbeitete, stellte 1969 für C&B Italia sechs Produkte seiner Serie Up her. Am erfolgreichsten war sein Sessel Up 5 Donna, eine pralle Pop-Sitzskulptur, deren anthropomorphe Form an einen runden weiblichen Körper denken lässt. Daran war das Fuß- bzw. Sitzkissen Up 6 gekettet.

Beide Sitzgelegenheiten bestanden aus Polyurethanschaum von hoher Dichte, der mit einem blutroten Nylonstretch bezogen war. Up kam im Karton beim Nutzer an und blies sich beim Öffnen der Vakuumhülle selbst auf – eine Idee, die Pesce beim Öffnen einer Vakuumverpackung von gefriergetrocknetem Kaffee gekommen sein soll. Bei der Premiere 1968 wurde noch eine Technik verwendet, die heute aus ökologischen Gründen verboten ist: Pesce hatte einen zweistufigen Prozess entwickelt, der zu einer extremen Verringerung des Volumens führte, indem geschäumtes Polyurethan zunächst in eine Jerseyhülle gespritzt und geformt wurde. Dann wurde dem Polyurethan die Luft entzogen und das nun flache Gebilde in eine Kunststoffhülle gepresst. Wird die Hülle aufgeschnitten, strömt Luft ein und das Polyurethan schließt die chemische Reaktion der Polymerisation ab – das Möbel nimmt seine Form an.

Up 5 und Up 6 können auf unterschiedlichen Ebenen gelesen werden: Pesce intendierte wohl ein kritisches Statement zur gesellschaftlichen Rolle der Frau, indem er das runde Fußpolster als Symbol für eine Bleikugel mit Kette oder gar als Baby verstand, das mit seiner Mutter verbunden ist.

Plastic Fantastic → 194

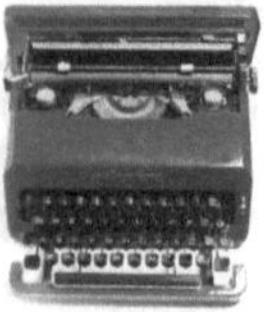

Valentine
Entwurf: 1968
Ausführung: 1969–2001 durch Olivetti, Ivrea

1969

Olivetti-Reiseschreibmaschine

Ettore Sottsass, Perry A. King

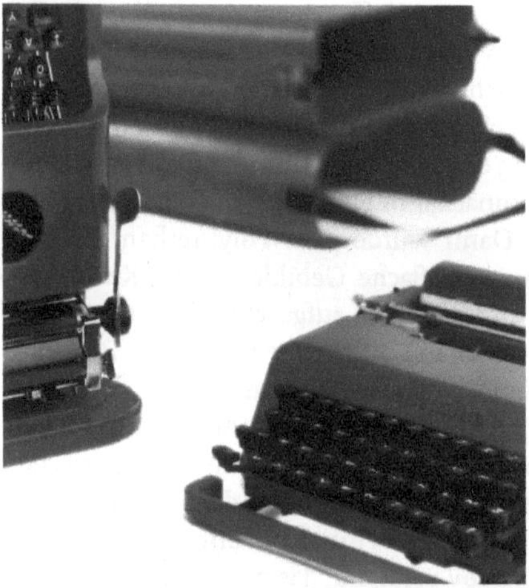

Schreibmaschine aus rot-orangem Kunststoff: die »Valentine« von Ettore Sottsass und Perry King

Ikone des Pop-Design. Mit der Valentine schufen Ettore Sottsass und Perry A. King eine leichte und unkompliziert handhabbare Schreibmaschine, die mobiles Arbeiten ermöglichen sollte. Mit ihrem glänzenden rot-orangen Kunststoffgehäuse ist sie eine Ikone des Pop-Design. Beworben wurde sie 1969 unter anderem mit einem »Plakat« aus wärmegeformtem ABS, das Valentine als leichtes Relief zeigt.

Valentine besteht aus zwei Teilen: Aus der Schreibmaschine mit schräger Frontpartie, aus der die Tastatur frei hervorsteht, sowie aus einem separaten Tragekoffer. Überraschenderweise befindet sich an der Rückseite der Maschine ein Griff – eine Besonderheit, die sich erklärt, sobald Valentine in den Tragekoffer geschoben wird. Die gesamte Formgebung ist auf dieses unkomplizierte Einschieben und den Transport abgestimmt. Entsprechend können Schreibmaschine und Koffer einfach und schnell durch zwei Kunststoffklammern im Deckel miteinander verbunden werden.

Auch in anderer Hinsicht verabschiedete Valentine traditionelle Vorgaben. Mit dem leuchtenden Rot-Orange setzten sich die Designer über arbeitsphysiologische Grundsätze hinweg, denn bis dato hatten pastose Farbtöne dominiert. Dass und wie stark das Diktum objektiver Zurückhaltung im Produktdesign aufgebrochen wurde, verdeutlicht auch der Name Valentine, der das Produkt als individuelle Persönlichkeit erscheinen lässt. Entsprechend schrieb Sottsass seinem Werk »menschliche« Züge zu. Er betonte, die beiden orangen Farbbandspulen wirkten wie die zwei Augen eines Roboters.

Plastic Fantastic → 194

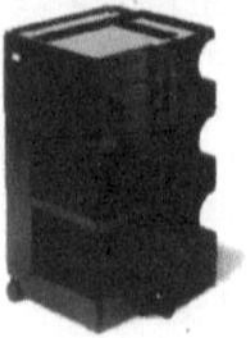

Rollcontainer
Entwurf: 1969/70
Hersteller: 1970–99 Biffeplast; seit 2000 B-Line, Padova

1970

Boby

Joe Cesare Colombo

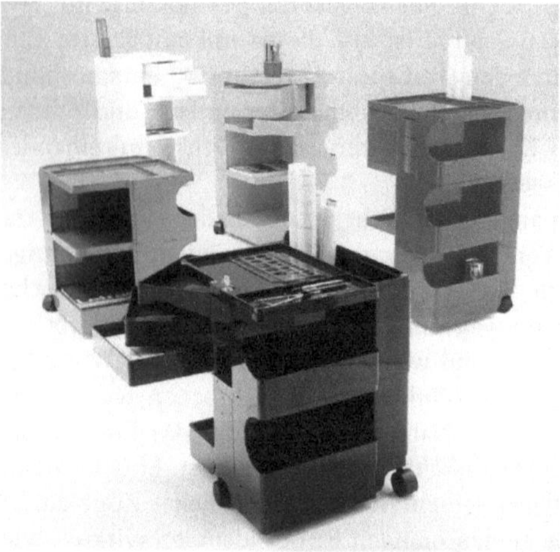

»Boby«: poppiges Regalelement auf Rollen

Für mobiles Wohnen. Mit seinen ausschwenkenden Tabletts wurde der Rollcontainer Boby ursprünglich zwar für den Gebrauch am Zeichentisch entworfen, dennoch ist er vielseitig sowohl im Büro als auch zu Hause einsetzbar. Die Nutzung des Trolleys aus ABS-Kunststoff ist also bewusst offengehalten.

Joe Colombo lehnte herkömmliche Einzelmöbel ab und wollte sie durch multifunktionale Möbel in einem sich ständig wandelnden Lebensraum ersetzen, die sich einem sich ständig wandelnden Lebensraum anpassen. In einem kleineren Maßstab steht Boby exemplarisch für diese Idee eines mobilen und multifunktionalen Möbels, denn der modular aufgebaute Rollcontainer ist in der Höhe durch Aufsatzmodule variabel.

Die im Detail sorgfältig geplante Kombination der Fächer und sein zurückhaltendes Erscheinungsbild haben Colombos Boby zu einem weitverbreiteten Containermöbel werden lassen. Zur Popularität dürfte auch die Namensgebung beigetragen haben, die einen sympathischen, stets zu Diensten stehenden Helfer intendiert. Das Möbel war ursprünglich in Weiß, Schwarz, Gelb, Grün, Braun und Rot sowie in vier Größen erhältlich.

Plastic Fantastic → 194

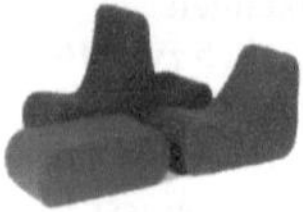

Anlässlich der Kölner Möbelmesse
im Auftrag der Bayer AG

1970

Visiona II

Verner Panton

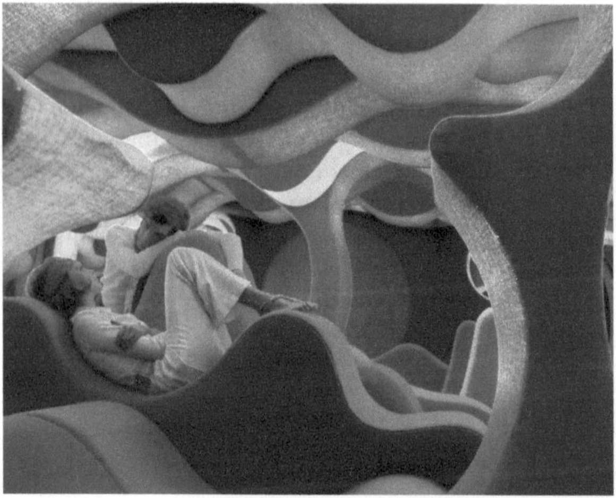

Raum zum Träumen: »Phantasy Landscape« auf der Kölner Möbelmesse, 1970

Psychedelische (T-)Räume. 1970 wurden anlässlich der Kölner Möbelmesse neue Bayer-Textilien auf dem sogenannten Dralon-Schiff präsentiert. Hier inszenierte Verner Panton Wände, Decke, Boden, Einrichtung und Beleuchtung als gestalterische Einheit, die, von der Außenwelt abgeschirmt, ein ganz eigenes Raumerlebnis vermittelte.

In jeder der zweckfreien und zusammenhängenden Raumeinheiten entdeckten die Besucher eine eigene »futuristische« Wohnlandschaft mit aufeinander abgestimmten Farben, Formen, Materialien und Lichteffekten, ausgestattet beispielsweise mit glitzernden Kunststoffleuchten, spiegelnden Spiralen oder Spiegelflächen, deren Reliefstrukturen an Objekte der Düsseldorfer Künstlergruppe Zero erinnern.

Das bekannteste Environment der Visiona II war allerdings eine Wohnlandschaft, die vielfältige Sitz- und Liegemöglichkeiten bot: Einer phantastischen Höhle gleich wölben sich aus Decken, Wänden und Boden organische, textilbespannte Schaumstoffkurvaturen, die, in wechselndes Farblicht getaucht, immer neue Atmosphären erzeugen. Ganz besonders dieser Raum wurde als Ausdruck der psychedelischen Jugendkultur und als wichtiger Gegenentwurf zum Funktionalismus gefeiert.

Plastic Fantastic →194

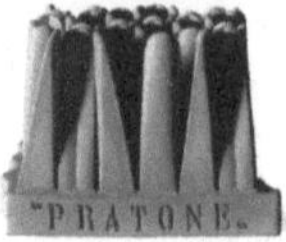

Entwurf: 1966
Produktion: Ab 1971 durch Gufram, Balangero

1971

Pratone

Gruppo Strum (Giorgio Ceretti, Piero Derossi, Ricardo Rosso)

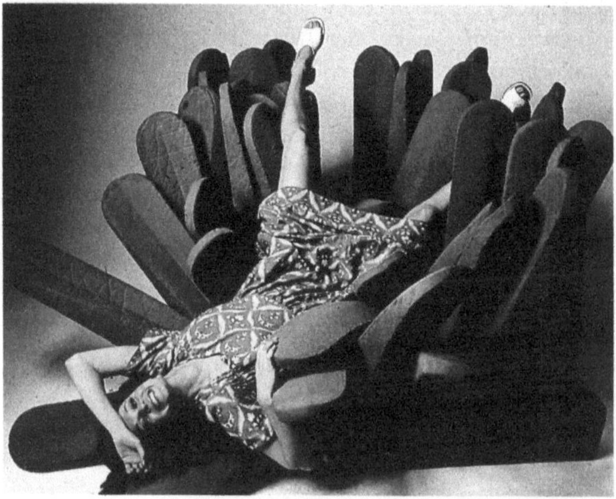

Überdimensioniert:
Pop-Rasen als Wohnlandschaft

Liegewiese: Sehnsucht nach Natur. Das Sitz- bzw. Liegemöbel Pratone bedeutet zu Deutsch »Rasen«. Mit seinen weichen, überdimensionalen Kunststoffhalmen vermittelt es zwischen der Pop-Kultur und der Hippie-Bewegung der späten Sechzigerjahre.

Aus Pratone spricht eine durch und durch artifizielle Auffassung von Natur. Dabei geht es nicht um die Nachahmung von Natur, sondern um eine künstlich erzeugte Welt, die Sehnsuchtsträume nach einer Naturidylle ironisch gebrochen erfüllt: Nachdem Naturlandschaft als Gartenlandschaft domestiziert wurde, wird sie mit Pratone zur Wohnlandschaft, einer beliebig erweiterbaren, durch und durch künstlichen Spielwiese für Erwachsene. Die Vergrößerung der grünen Grashalme ruft psychedelische Erlebnisse hervor. Gleichzeitig verweist die Konsistenz des weichen, grünlackierten Polyurethanschaums auf Sinnlichkeit, die in den späten Sechzigerjahren zunehmend als Gegenpol zu einem rein rational orientierten Gestalten eingesetzt wurde.

Damals war Polyurethanschaum ein neues Material im Möbeldesign, dessen Materialeigenschaften bei Pratone sehr bewusst betont wurden. Hergestellt wurde Pratone bis in die Siebzigerjahre in einer limitierten Auflage von etwa 60 Stück durch die Firma Gufram, die sich auf sogenannte »Multipli« spezialisiert hatte. Die artifizielle Liegewiese wurde vorwiegend an Museen und Galerien verkauft.

Plastic Fantastic →194, Disegno radicale →244

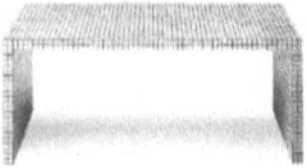

Quaderna-Table / Tisch Quaderna 260
Entwurf: 1970/71
Ausführung: Ab 1971 Zanotta, Nova Milanese / Mailand

1971

Karotisch

Superstudio (Adolfo Natalini)

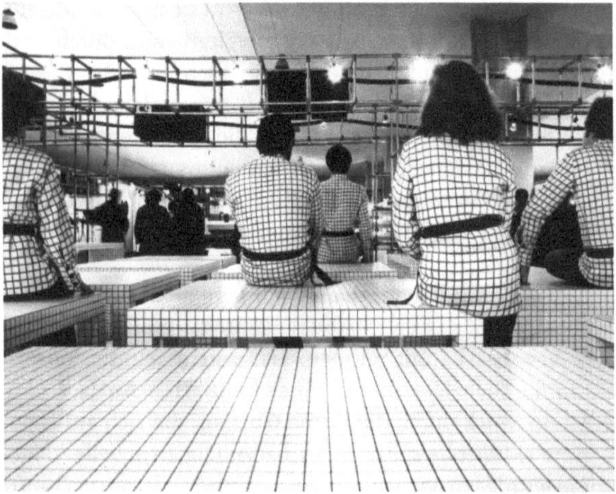

Ein Gitter aus quadratischen Kästchen ohne Anfang und Ende überzieht die Serie Quaderna.

Mehr Manifest als Möbelstück. Die 1966 in Florenz gegründete Designer- und Architektengruppe Superstudio gehörte zu den wichtigsten Vertretern des italienischen Radical Design, das sich gegen ein enges funktionales Designverständnis auflehnte, aber auch gegen die Schaffung »schöner« Objekte im Sinne des italienischen »Bel Design«.

Mit ihren utopischen Entwürfen trat die Gruppe für eine veränderte Wohn- und Konsumwelt ein. 1968 entwickelten sie ihr Projekt »Monumento continuo« (das fortwährende Monument), bei dem sie ein endloses, dreidimensionales quadratisches Raster über Städte und Landschaften legte, um so eine Basis für dekorations- und assoziationsneutrale Umgebungen zu schaffen. Dadurch sollte einer von Erinnerungen, Assoziationen und Konsum belegten Objektwelt entsagt werden können.

Um ihr Konzept exemplarisch umzusetzen, entstanden 1969 Modelle für Bauten und Möbel. Angeregt durch einen Wettbewerb der Firma Abet Print entwarf Superstudio zu Beginn der Siebzigerjahre ein System von Tischen, Bänken und Blöcken mit dem schwarzen feinen Liniennetz auf weißem Grund, unter anderem den Tisch Quaderna 260. Von Zanotta produziert, wurde der Tisch ein großer Erfolg. Allerdings scheinen dafür weniger die theoretischen Überlegungen der Gruppe als vielmehr die sich entwickelnde »High-Tech«-Kultur der Siebzigerjahre verantwortlich zu sein, in der Fabriklofts als Wohnraum entdeckt wurden, in deren bewusst kühler Atmosphäre Möbel, die an geflieste Fabrikhallen erinnern, besonders gut passten.

Plastic Fantastic →194, Disegno radicale →244

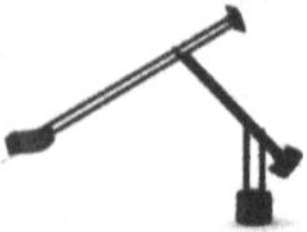

Schreibtischleuchte Tizio
Entwurf: 1970
Hersteller: Ab 1972 Artemide, Pregnana, Milanese, Mailand

1972

Tizio

Richard Sapper

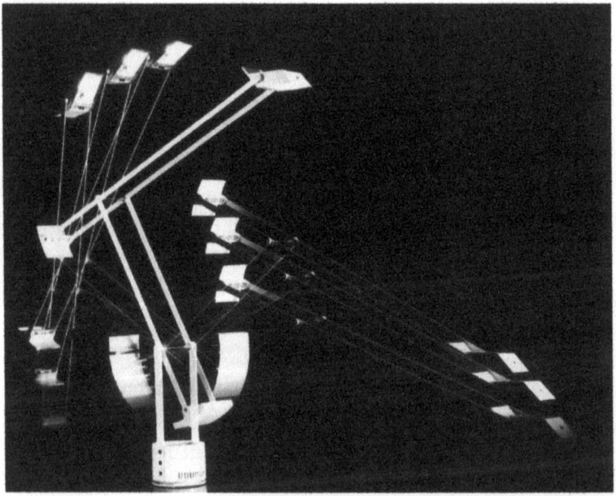

Linien einer Leuchte im Spiel von Licht und Schatten: die Tizio als Objekt, fotografiert von Sergio Libis

Radikal technisch. Sapper sagt, er löse Probleme durch Nachdenken. Im Falle der Tizio führte dieses Nachdenken zu einer klug konstruierten Lampe aus schwarz mattiertem ABS-Plastik und Aluminium mit technisch innovativen Details, mit der sich eine Vielzahl späterer Leuchtenentwürfe auseinandergesetzt haben, denn: Tizio ist ein Arbeitslicht, das perfekt auf die neue Halogentechnologie abgestimmt war.

Die Leuchte besticht durch formale Logik, technische Neuerungen und hohes ästhetisches Formgefühl: Der Transformator befindet sich in der schweren Basis mit den beiden senkrecht stehenden Streben, an denen der untere Arm schwingt, in den wiederum der obere Arm eingehängt ist. Die beiden Gelenkarme balancieren die Gegengewichte derart aus, dass der kleine Leuchtkopf schon durch eine leichte Berührung ausgerichtet werden kann.

Der schlanke Aufbau der fragilen Konstruktion bedingte zahlreiche technische Detaillösungen. Um auf eine interne Verkabelung verzichten zu können, setzte Sapper auf Niedervoltstrom, der durch die Metallarme und die speziell entwickelten, mit einem Druckknopf versehenen Gelenke zur Halogenleuchte fließt. Der Reflektor musste aufgrund der großen Hitzeentwicklung zweischichtig aufgebaut werden, innen Aluminium, außen glasfaserverstärktes Nylon. Weitere Details, wie die roten Farbtupfer an den Hauptgelenken und am Lichtschalter sowie die Perforationen im Sockel oder Leuchtkopf, überzeugen praktisch wie auch ästhetisch.

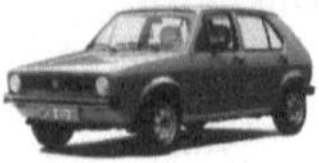

Entwurf: 1970–74
Produktion: 1974–83 durch Volkswagen AG, Wolfsburg

1974

Golf 1

Giorgetto Giugiaro, Herbert Schäfer

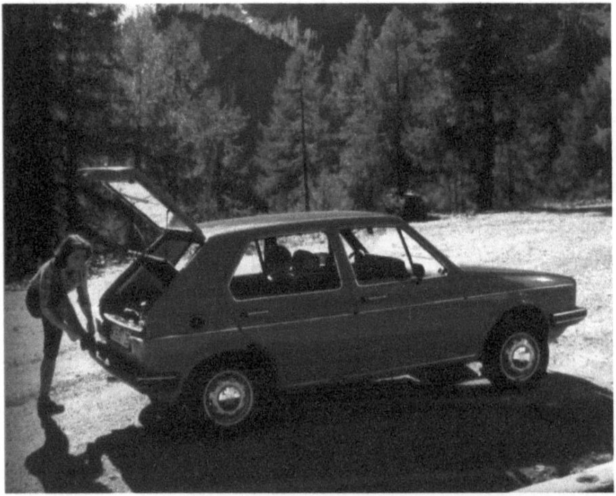

Eine unvergleichliche Erfolgsgeschichte: der VW Golf

Kantig: Der Käfer-Nachfolger. Schon 1963 waren erste Käfer-Nachfolger entwickelt worden, die jedoch im Modellstatus blieben. Die Wende brachte der Turiner Automobilsalon 1969. Hier fielen dem damaligen VW-Chef Kurt Lotz sechs Autos auf. Vier davon stammten von Giorgetto Giugiaro. Der italienische Designer erhielt noch auf der Messe den Auftrag für die Gestaltung des Käfer-Nachfolgers.

Im Sommer darauf waren bereits die ersten 1:1-Modelle, im April 1971 die ersten Prototypen gefertigt. Aus den technischen Vorgaben von VW entwickelte Giugiaro eine stark abfallende Haube sowie eine schräg stehende Frontscheibe, klar gegliederte Seitenfenster, ein Schrägheck sowie runde Radausschnitte.

Unterstützt und verfeinert wurde der Entwurf von Herbert Schäfer, langjähriger Karosserietechniker bei VW, der das Dach wegen amerikanischer Sicherheitsstandards verlängerte, was zur Folge hatte, dass die Frontscheibe steiler wurde. Eine seitliche Fuge überführte die Heckklappe an die Seiten und vermied die Trennfuge am Heck. Auch wurden Giugiaros Rechteckscheinwerfer durch Kreise ersetzt, die, in die Rechteckfläche des Grills eingepasst, einen graphischen Akzent setzten.

In ihrer Gesamtheit sorgten diese Gestaltungsdetails für den kantigen Charakter des Autos, der zum einprägsamen Alleinstellungsmerkmal avancierte. Der Golf erfuhr eine ähnliche Erfolgsgeschichte wie sein Vorgänger, der Käfer: Im Oktober 1976 waren bereits 1 Million, 1982 bereits 5 Millionen Stück verkauft.

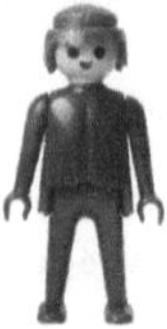

Patent in Deutschland: 1972
Markteinführung: 1974

1974

Playmobil

Hans Beck

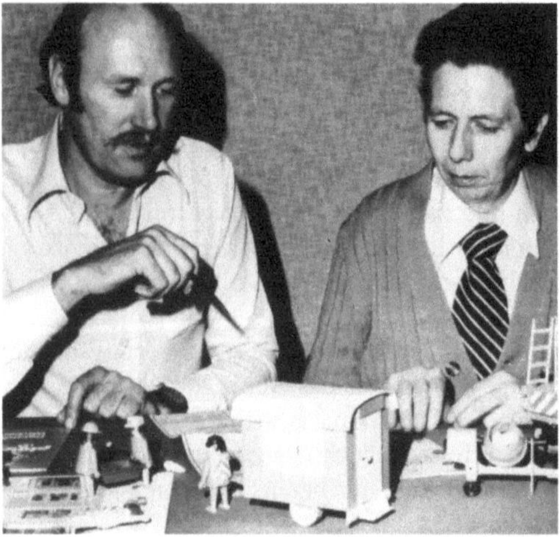

Die ersten Playmobil-Figuren lassen den nachhaltigen Erfolg der neuen Spielidee noch nicht erahnen.

Spielfiguren mit System. Als Folge der Ölkrise 1973 wollte die fränkische Firma geobra Brandstätter ihre Produktion von großen Kunststoffprodukten auf kleinere, profitable Produkte verlagern. Nun rückte eine Idee, die den Entwicklungschef Hans Beck schon seit 1971 umgetrieben hatte, ins Zentrum des Interesses.

Er hatte die Idee für ein Systemspielzeug entwickelt, das aus verschiedenen kleinen Elementen bestand. So wurde nicht nur weniger Kunststoff verbraucht, auch Lagerung und Versand konnten kostengünstiger erfolgen. Eine weitere wesentliche Innovation stellte die Erkenntnis dar, dass es auf dem Spielwarenmarkt zwar viele Fahrzeuge und auch Bausteine → 194, aber keine handlichen Figuren gab. In der Folge wurden die kleinen bunten Kunststofffiguren mit dem typischen Kugelkopf und ihren ganz eigenen, auf sie abgestimmten Spielwelten entwickelt.

So führte die Idee des Systemdesigns dazu, vorhandene Formen immer wieder neu kombinieren zu können, was Kosten in der Produktion senkte. Dass die bereits vorhandenen Elemente weiter genutzt und über Jahre hinweg mit beliebig vielen neuen Elementen zu immer wieder neuen Spielwelten kombiniert werden konnten, begeisterte Eltern und Kinder gleichermaßen. Nachdem Playmobil 1974 auf der Nürnberger Spielzeugmesse präsentiert wurde, nahm die Firma schnell eine Spitzenposition in der deutschen Spielzeugindustrie ein.

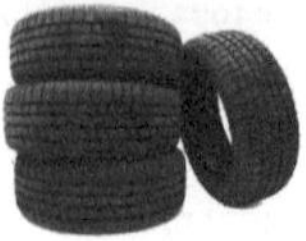

Entwurf: 1974

1974

Reifensofa

Jochen Gros (des-in)

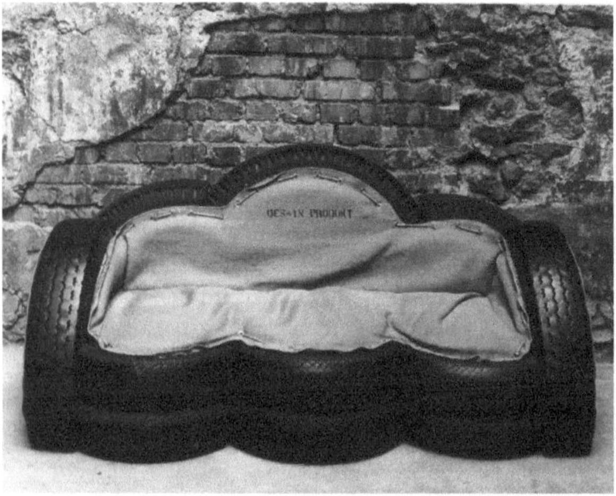

Jochen Gros schuf mit der des-in-Gruppe Offenbach 1974 das Reifensofa.

Die Alternative: Recycling-Design. Das Reifensofa ist als programmatisches Statement zu verstehen. Die Designer verwerteten – ökologisch korrekt – bereits Gebrauchtes. Der Entwurf entstand im Rahmen eines Seminars an der HfG Offenbach, das sich mit der Studie *Die Grenzen des Wachstums* (1972, Club of Rome) auseinandergesetzt hatte. Das Projekt mündete 1974 in der Gründung der Design-Initiative des-in.

Hier hatten sich Studierende unter der Leitung von Jochen Gros zu einer Produktionskommune zusammengeschlossen, um sich konkret der Wiederverwertung gebrauchter Materialien zu widmen und selbst bestimmte Lebens- und Arbeitsformen umzusetzen.

Bereits im Gründungsjahr entstand das Reifensofa, eine bewusst einfache Konstruktion aus alten Autoreifen und dem nachwachsenden Rohstoff Jute. Die gebrauchten Reifen bildeten das konstruktive Gerüst, und die Jute den »Sofabezug«. Wie kein anderes Produkt der Gruppe verkörpert dieses Sofa die öko-ästhetische Kreativität und den Enthusiasmus, mit dem in den Siebzigerjahren versucht wurde, aus Industrieabfällen brauchbare Dinge zu machen. Ziel war es, mit konkreten Entwürfen auf die ökologisch problematischen Entwicklungen zu reagieren, indem des-in neue umweltorientierte Leitbilder für das Industriedesign schuf, um einen Bewusstseinswandel in Richtung Nachhaltigkeit anzuregen – in der eigenen Disziplin wie auch bei den Konsumenten.

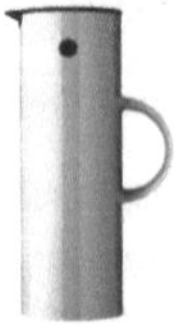

Entwurf: 1976 für Stelton
Produktion: Ab 1977, Stelton A/S, Hellerup

1977

Stelton-Thermoskanne

Erik Magnussen

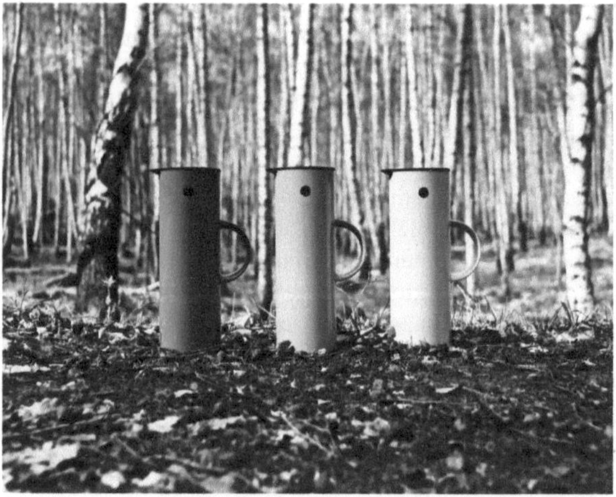

Dänisches Design vom Feinsten, praktisch und schön

Auf den Konferenztischen der Welt zu Hause.
Erik Magnussen, Keramiker und Designer bei Stelton, entwickelte 1976 eine Thermoskanne aus Kunststoff für die ursprünglich von Arne Jacobsen konzipierte Reihe der Cylinda-Line. Allerdings folgte Magnussen nicht sklavisch den gestalterischen Details, die Jacobsen für die Tee- und Kaffeekannen eingeführt hatte.

Vor allem das Kunststoffmaterial und die bunte Farbpalette, die auf den ersten Blick so gar nicht zu edlem Porzellan des gedeckten Tisches passen wollten, bedingten den großen Erfolg der Stelton-Kanne: Sie war eine der ersten Thermoskannen, die nicht für draußen zum Picknick, bei der Arbeit oder – in Dänemark weit verbreitet – zum Fischfang gedacht war. Vielmehr war sie für den Gebrauch in der Wohnung konzipiert und manifestierte in ihrer klaren zylindrischen Form und bunten Farbpalette frische Unkompliziertheit, die dem veränderten sozialen Verhalten im Büro, aber auch zu Hause entsprach.

Zudem überzeugte sie durch gestalterische und technische Details: Magnussen erfand einen einfachen und zugleich raffinierten Kippverschluss, der das Ausschenken heißer Getränke sogar mit einer Hand ermöglichte. Der tiefe Sitz des halbrunden Henkels beruht auf Gebrauchsstudien, und die beiden schwarzen Punkte in der Wandung helfen beim Herausnehmen des gläsernen Innenteils. Sie können aber auch als Augen eines freundlichen Vogels wahrgenommen werden, und damit hat die hohe schlanke Kanne auch assoziative Qualitäten.

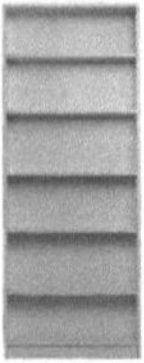

Entwurf: 1975
Produktion: 1978 Markteinführung

1978

Billy

Gillis Lundgren (IKEA-Designer-Team)

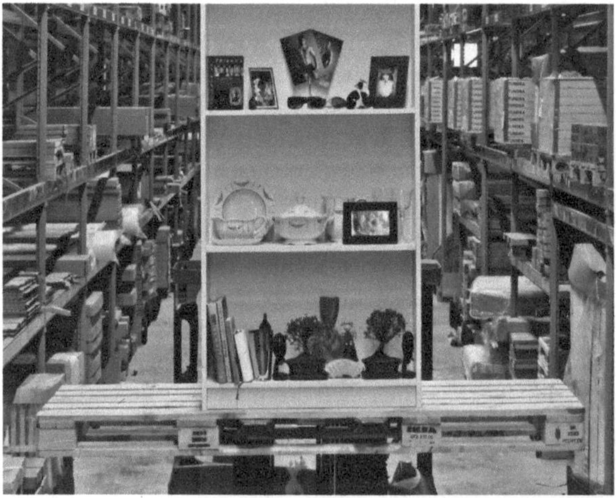

Das Lieblingsselbstbaumöbel aller Leseratten

Das Regal für alle. Wohnen bedeutet seit jeher mehr als rein praktische Zweckerfüllung. Die Art und Weise, wie Privates gestaltet und inszeniert wird, verdeutlicht immer auch eine ästhetische und geistige Haltung, so auch das Regalsystem Billy von IKEA, das jahrzehntelange Erfolgsmöbel des schwedischen Möbelhauses.

Das schlichte Spanplattenregal mit seinen wohlproportionierten Einzelelementen, die sich je nach Bedarf kombinieren lassen, orientiert sich an der Idee des Systemdesigns.→ 134, 222 Im Gegensatz zu den gediegenen Schrankwänden (alt-)väterlicher Arbeitszimmer oder selbstgebastelter Holzkonstruktionen der Alternativszene besteht Billy jedoch durch und durch aus synthetischen Materialien: aus Pressholz, das mit Kunststoff furniert ist. Was auf den ersten Blick allein der BILLYgkeit geschuldet scheint, entpuppt sich als geschickte Strategie, den Zeitgeist einzufangen.

Billys Erfolgskonzept scheint in den strategischen Fähigkeiten des Möbelkonzerns zu liegen, das einfache Möbel immer wieder so zu inszenieren und zu modifizieren, dass es den veränderten ästhetischen Vorlieben seiner Kunden und ganz unterschiedlichen Wertvorstellungen entspricht.

Billy regte auch zu kritischen Kommentaren an, etwa von Matthias Furch und Kai Ertel, die 2002 »Billy Clever« entwickelten – ein Regal, das dem IKEA-Regal ähnelt, jedoch auf hochwertige Materialien sowie Verarbeitung setzt und ohne Schrauben auskommt.

Postmoderne

Von der Funktionalismus-Kritik zum Neuen Design

1978 Proust-Sessel
1981 Radio in a Bag
Carlton
1983 Consumer's Rest
Swatch
1984 Mac
Costes Chair
Queen Anne
Verspanntes Regal
1985 Graves-Wasserkessel
1987 Elektronischer Handrechner
Tabula rasa

Es ist kein genauer Zeitpunkt auszumachen, an dem die Moderne aufhört und die Postmoderne beginnt. Vielmehr handelt es sich bei dem Übergang um einen langen Prozess geistiger Auseinandersetzung, in dem das Modell der »Moderne« aufgegeben und ein anderes Realitätsmodell entwickelt wurde.

Für den Bereich Design schlug der Kritiker Corin Hughes-Stanton 1968 vor, die Bezeichnung »postmodern« für »freie« Designformen zu verwenden, die zuvor als »Pop«→ 194 definiert worden waren (Hughes-Stanton, Corin: *What Comes After Carnaby Street?* In: Design, H. 230, Februar 1968, S. 43). In der zweiten Hälfte der Siebzigerjahre avancierte der amerikanische Architekt Charles Jencks mit seiner Publikation *Die Sprache der postmodernen Architektur* (Orig. 1977 / dt. 1978) zum Protagonisten des Begriffs, indem er ihn als Stilbezeichnung für die Architektur nutzte und das Ende der Moderne symbolisch auf das Jahr 1972 mit der Sprengung der preisgekrönten Siedlung Pruitt-Igoe in St. Louis, Missouri, festsetzte. In seiner Publikation *La condition postmoderne* (1979; dt. *Das postmoderne Wissen*) betrachtete François Lyotard ein auf Ganzheitlichkeit und Einheitlichkeit zielendes Konzept der »Moderne« dagegen als gescheitert und ersetzte es durch das der »Postmoderne«, die auf Pluralismus, auf Vielfältigkeit unterschiedlicher Sprachspiele, Handlungsformen, Lebensweisen und Wissenskonzepte zielt. Dementsprechend kennzeichnet »postmodernes Design«, dass es kein »Entweder/Oder« gibt, kein »falsches« oder »richtiges« Design im Sinne einer endgültigen und perfekten Lösung → 136, sondern ein Tolerieren verschiedener Ausdrucksweisen.

Postmoderne

Postmodernes Design. Die weitgehend theoretisch geführten funktionalismus- und gesellschaftskritischen Diskurse wurden seit den späten Siebzigerjahren von immer mehr speziell für diesen Zweck ins Leben gerufenen Designergruppen weitergeführt. Sie entwickelten provokante gestalterische Statements, die mit besonderer Vorliebe historische Formen neu kombinierten oder/und metaphorische Zeichen manipulierten, um das Verhältnis von »Hoch«- und »Niedrigkultur« weiter in Frage zu stellen. → 310 Inszeniert in oftmals eigens gegründeten Design-Galerien, erreichten die experimentellen Objekte ein zunächst irritiertes, dann aber zusehends fasziniertes Publikum.

Studio Alchimia. 1976 gründeten Alessandro und Adriana Guerriero in Mailand das Studio Alchimia, das schnell avantgardistische Designerinnen und Designer wie Alessandro Mendini, Andrea Branzi, Ettore Sottsass, Michele De Lucchi, Franco Raggi und Paolo Navone versammelte. Als experimentelles Labor mischte diese Designergruppe alle Disziplinen und konzipierte nicht nur Möbel, sondern auch Kleidung, Dekorationsgegenstände, Architekturprojekte oder Bühnenbilder, die sie in einer eigenen Galerie ausstellte. Aus seiner These, klassisches Industriedesign sei in seinem hohen kulturellen Anspruch gescheitert, entwickelte Alessandro Mendini die Theorie des »banalen Designs«, das auf der Überzeugung basiert, das gewöhnliche Gestaltungsverständnis eines Durchschnittsbürgers präge unsere Gesellschaft weitaus stärker als idealistische Designvorstellungen einer gesellschaftlichen Elite. Entsprechend überarbeitete die »Alchimisten-Werkstatt« banale Alltagsgegenstände durch Zugabe von Farbe oder dekorative Elemente und erarbeitete aus dem derart ironisch Überbetonten neue ästhetische Qualitäten, die international Vorbildcharakter erlangen sollten. →286

Memphis. Im Winter 1980/81 formierte sich in Mailand die Gruppe Memphis. Die Doppeldeutigkeit des Begriffs – altägyptische Hauptstadt und Grabstätte von Elvis Presley in Tennessee/USA – ist zugleich Stil und Programm: Sie verweist auf ein von der Pop-Art geprägtes Re-Design des Vorhandenen, nun allerdings in einer modischen Variante. 1981 stellten etwa 20 internationale Designer ihre Memphis-Entwürfe vor, bei denen praktische Funktionen zugunsten symbolhafter Deutungsmöglichkeiten in den Hintergrund traten. Jetzt rückten Material und Dekor der Oberfläche in den Vordergrund. Grelle Pop- und sanfte Neonfarben, kleine Bacterio- und grobe Schwarzweiß-Oberflächenmuster ergaben zusammen mit den neuen, am Computer konstruierten bunten Ornamenten von Nathalie du Pasquier eine aufregende Mischung, die nicht mehr eindeutig zuzuordnen war. →294 Eben diese semantische

Postmoderne

Unbestimmtheit war Programm: An Prozesshaftigkeit und Offenheit interessiert, suchten die Memphis-Designer keine verbindlichen und vorbildlichen Lösungen. Im Gegenteil: Sie ließen spontane Statements zu, die Raum für Assoziationen boten. Dem aktuellen Zeitgeist verpflichtet und im Hier und Jetzt verankert, zielte die Gruppe auf eine tolerante und flexible Designkultur. In der Tat hatte dieses Konzept mit seiner lebensfrohen Farb- und Formensprache großen Erfolg: Die Objekte wurden schnell zu begehrten Sammlerstücken und in zahlreichen Printmedien reproduziert, so dass sie den postmodernen Lifestyle in der ersten Hälfte der Achtzigerjahre breitenwirksam beeinflussten.

Neues Deutsches Design. In der Bundesrepublik stellte sich die Situation in den späten Siebzigerjahren gänzlich anders dar. Das eigene, stark funktionalistisch geprägte Erbe → 50, 136, 164 dominierte die Designausbildung und den Diskurs über Design. Ende der Siebziger- und besonders in den Achtzigerjahren formierten sich in Berlin, Hamburg und im Köln-Düsseldorfer Raum Design-Initiativen als Entwurfs-, Produktions- und Vertriebsgemeinschaften. Angesichts arbeitsteiliger und hoch technisierter Arbeitsprozesse stand das Streben nach Unabhängigkeit von der industriellen Serienproduktion im Vordergrund. Um Produzieren und Verkaufen verbinden zu können, gründeten die jungen Designer eigene Produzentengalerien, in denen Design-Unikate oder Kleinserien ausgestellt und verkauft wurden. Programmatisch forderten sie eine tolerante Haltung gegenüber individuellen gestalterischen Statements und bezogen sich in ihren experimentellen

Entwürfen (wieder) auf einfache und grundlegende Entwurfsmethoden wie »Spiel«, »Zufall« oder »Basteln«. Besonders faszinierte die Idee des »Halbfertigdesign«, das Halbzeuge mit »Hightech-Charakter« oder/und »kalte« Materialien wie Metall, Blech, Neon zu bis dato ungewohnten Materialkombinationen nutzte. Zudem griffen die Designer je nach Bedarf auf Vergangenes zurück, indem sie kulturelle Versatzstücke veränderten und/oder in einen neuen Kontext stellten. → 296 Demgegenüber loteten die formreduzierten Möbelobjekte der Pentagon-Gruppe (1980) oder von Ginbande (1985, Frankfurt a. M.) konstruktive Materialeigenschaften aus. → 308, 314

Digitalisierung. Ähnlich wie in Italien konzentrierten sich die jungen Designer und Designergruppen – aller kreativen Innovationsmöglichkeit des neuen elektronischen Zeitalters zum Trotz → 292, 302 – vornehmlich auf das Möbeldesign und den Einrichtungsbereich. Einzig die Designer der Düsseldorfer Gruppe »Kunstflug« setzten sich mit den neuen technischen Möglichkeiten auseinander und interpretierten sie als Chance für ein eigenständiges Gestaltungskonzept, nicht ohne auch auf mögliche Gefahren hinzuweisen. → 312

Albus, Volker / Borngräber, Christian: **Design Bilanz.** Neues deutsches Design der 80er Jahre in Objekten, Bildern, Daten und Texten (DuMont Dokumente). Köln 1992.
Eisele, Petra: **BRDesign.** Deutsches Design als Experiment seit den 1960er Jahren. Köln/Weimar/Wien 2005.
Radice, Barbara: **Memphis.** The New international Style. Mailand 1981.
Sato, Kazuko: **Alchimia.** Italienisches Design der Gegenwart. Berlin 1998.

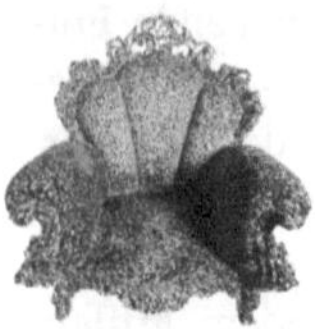

Poltrona di Proust
Entwurf: 1978
Produktion: 1978 durch Studio Alchimia / Atelier Mendini, ab 1994 durch Cappellini, Mailand

1978

Proust-Sessel

Alessandro Mendini (Studio Alchimia)

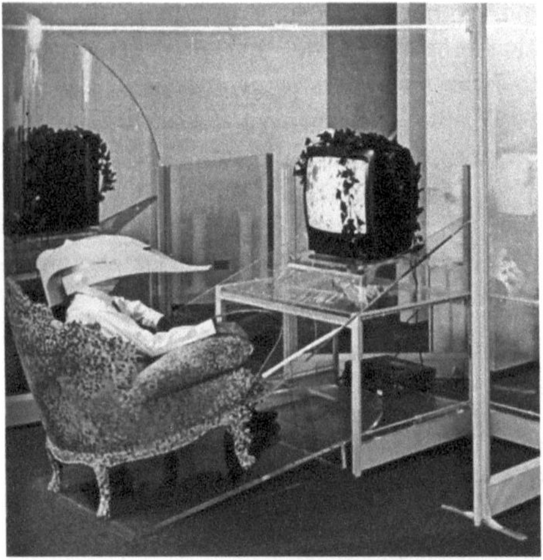

Neobarocke Heiterkeit, die sich traditionellen Bewertungskriterien entzieht

Barockes bunt betupft. Gemäß seiner These vom »banalen Design« propagierte Alessandro Mendini Re-Design als Gestaltungsmethode: Seiner Überzeugung nach sollte das 20. Jahrhundert ohne gestalterische Avantgarde enden. Dementsprechend plädierte er dafür, bereits bestehende Produkte ästhetisch zu überarbeiten.

Ursprünglich recherchierte der italienische Designer und Architekt für ein Stoffmuster, das als Hommage an den französischen Schriftsteller Marcel Proust gedacht war. Bei seinen Recherchen in Prousts großbürgerlichem Umfeld inspirierte ihn allerdings die Kopie eines neobarocken Sessels dazu, den Sessel mit dem vergrößerten Ausschnitt eines Gemäldes von Paul Signac zu überziehen.

Indem Mendini die Form des neobarocken Möbels und das pointilistische Punkteflimmern als Zitat aufnahm, riss er diese Zeichen aus ihrem ursprünglichen Zusammenhang und verschob sie in einen neuen. Damit schuf er ein »Displacement«. Zudem vergrößerte und kopierte er den Ausschnitt des Kunstwerks und degradierte es zum Dekor. Gerade diese Vielschichtigkeit, das Hin und Her zwischen Gestern und Heute, zwischen High und Low, lässt den Poltrona di Proust zu einer vieldeutigen Erscheinung werden. Hier verschwinden traditionelle Bewertungskriterien bezogen auf Designqualitäten wie funktionaler Aufbau oder ökonomische Produktion hinter der Zeichenhaftigkeit des Objekts, das selbst zu einer Sinn und Bedeutung erzeugenden Kraft wird.

Postmoderne → 280

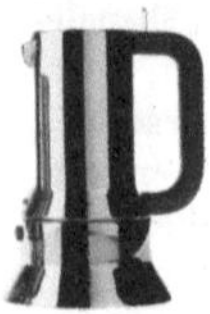

Caffèttiera 9090
Entwurf: 1978
Markteinführung: Seit 1979 durch Alessi, Omegna

1979

Alessi-Espressokanne

Richard Sapper

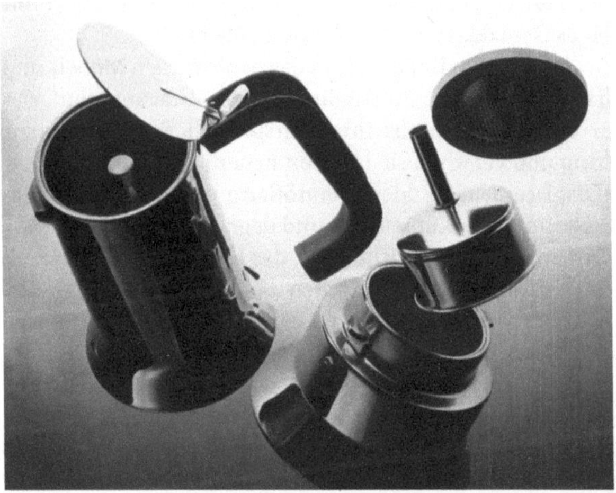

Die traditionelle Form neu interpretiert

Die Neuerfindung einer Ikone. In seiner Espressomaschine Nr. 9090 setzt sich Richard Sapper mit *der* Form einer Espressokanne auseinander, der Ikone italienischer Espressokultur schlechthin: dem »Moka Express« – einer Espressokanne aus Aluminium, die Mitte der Dreißigerjahre von Alfonso Bialetti entwickelt und seit den Vierzigerjahren von seinem Sohn in sehr hoher Stückzahl industriell produziert worden war.

Zwar arbeitet Sappers Maschine nach dem traditionellen Prinzip der Dampfdruckkaffeekanne, die aus zwei Behältern zusammengeschraubt und auf der heimischen Herdplatte erhitzt wird. Allerdings ersetzte Sapper den Aluminiumguss durch Edelstahl. Zudem nahm er Änderungen vor, mit denen er die Kanne sicher und praktisch machte: Statt die typisch taillierte Kaffeekannenform zu zeigen, verjüngt sich Sappers Espressomaschine in weich modellierten Stufen nach oben. Der untere Teil, in dem das Wasser zum Kochen gebracht wird, verfügt über eine große, standsichere Basis, mit der die Energie der Kochplatte besser aufgenommen werden kann. Der obere Teil wird nicht mehr aufgeschraubt, sondern mit einer Schnappverbindung explosionssicher aufgesetzt, wobei der Stahlhenkel mit neuartiger hitzebeständiger Oberfläche gleichzeitig als Griff und Verschluss dient.

Mit dieser Espressomaschine ist es Richard Sapper gelungen, ähnlich wie zuvor mit seiner Tischleuchte Tizio → 268, für einen bekannten Produkttyp eine neue Form zu finden, die als ebenso selbstverständlich wahrgenommen wird wie das längst Vertraute.

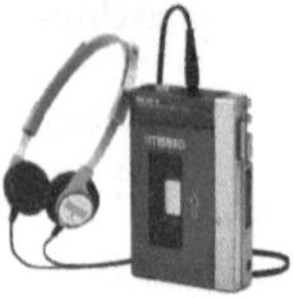

TPS-L2
Produktion: Ab 1979

1979

Walkman

Sony Design Team, Walkman-Team
(Akio Morita, Masaru Ibuka, Kozo Ohsone)

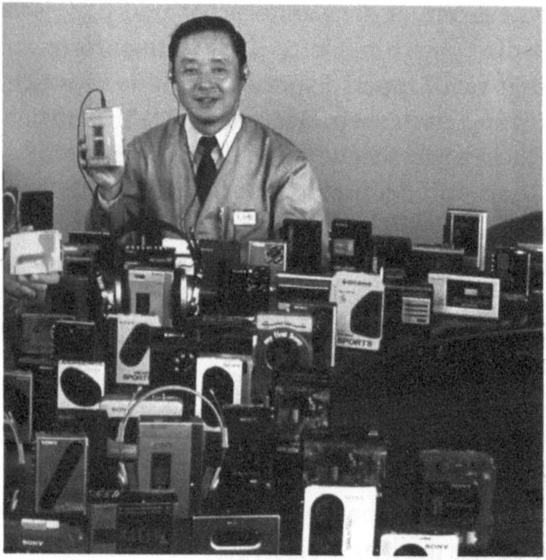

Stunde Null für das Hören im Gehen oder beim Joggen: die Erfindung des Walkmans

Verwandelt den Alltag in einen Videoclip. Die Entwicklung des ersten Walkmans soll unter anderem der Beobachtung des Sony-Firmenchefs Akio Morita geschuldet gewesen sein, dass vor allem junge Menschen Musik zunehmend auch auf der Straße hörten und andere damit belästigten. Um hier Abhilfe zu schaffen, ließ er ein Abspielgerät mit Kopfhörern ausstatten.

Technische Voraussetzungen waren die Tonband-Kassette, die bereits 1965 auf dem Markt gekommen war, sowie Sonys Pressman-Kassettenrecorder, dessen Aufnahmeteil und Lautsprecher entfernt und durch einen Stereoverstärker und Miniaturkopfhörer von Sony mit sehr guten Klangeigenschaften ergänzt wurden. Letztere waren zuvor bereits für Diktiergeräte zum Einsatz gekommen. Das Gehäuse des ersten Walkmans war für die damaligen Verhältnisse klein. Er war einfach zu bedienen und extrem leicht, so dass er gut in der Jackentasche oder am Gürtel getragen werden konnte. Vor allem erwies sich der Walkman als unempfindlich gegen Erschütterungen, so dass er nicht nur den Härtetest beim Joggen oder beim damals beliebten Rollerskating bestand, sondern – wie es der Name andeutet – zum ständigen Begleiter auf allen Wegen wurde.

Anfangs war Akio Morita wenig begeistert von der Wortschöpfung »Walkman«. Sie wurde jedoch schnell so populär, dass sie zum Synonym für alle kleinen Kassettenrecorder mit Kopfhörer avancierte, auch wenn sie nicht von Sony stammten. 1981 ließ Sony die Bezeichnung »Walkman« als Warenzeichen eintragen.

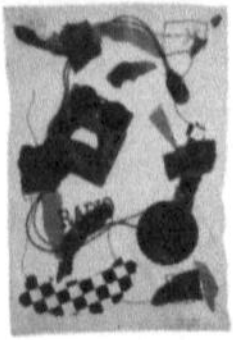

Radio in a Bag, Tütenradio
Entwurf: 1981
Ausführung: Parenthesis, Mailand / Anthologie Quartett, Bad Essen

1981

Radio in a Bag

Daniel Weil

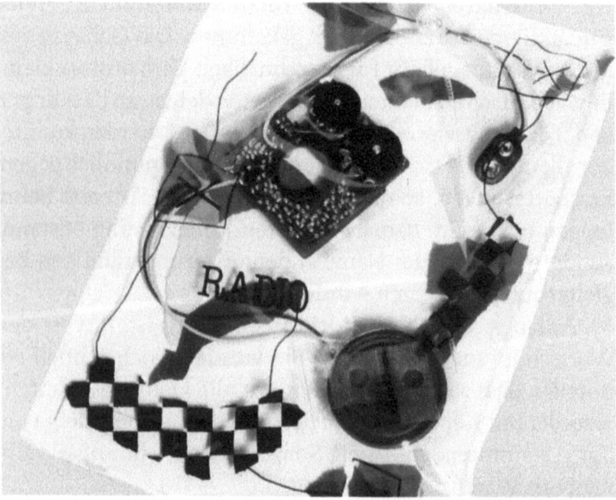

Ein postmodernes Ornament: das »Radio in einer Tüte«

Schrumpftechnik eingeschweißt. Das Taschenradio von Daniel Weil entstand am Londoner Royal College of Art. Es stellt die traditionellen Vorstellungen, wie ein Radio auszusehen hat, vollkommen auf den Kopf. Anstelle eines soliden Gehäuses steckte Weil die technischen Komponenten einfach in eine durchsichtige Plastikhülle und machte damit die technischen Einzelteile sichtbar, die zum Bau eines Radios benötigt werden.

Mit seinem »Radio in einer Tüte« reagierte Weil mit einfachen Mitteln auf den beschleunigten technischen Wandel in der Mikroelektronik, der sich zu Beginn der Achtzigerjahre bereits abzeichnete. Die extreme und in immer kürzeren Schritten vollzogene Miniaturisierung löste das Größenverhältnis zwischen Gerätehülle und technischen Komponenten im Inneren elektronischer Geräte auf. Damit veränderte sich nicht nur die körperliche Mensch-Objekt-Relation, sondern auch die Begründung von Designqualität, die sich jahrzehntelang auf technisch-materielle Faktoren gestützt hatte. Weils Tütenradio thematisiert diese Entwicklung weitsichtig: Er entzieht dem Radio die Dreidimensionalität und verschmilzt die technischen Komponenten mit den dekorativen Elementen zu einem postmodernen Ornament.

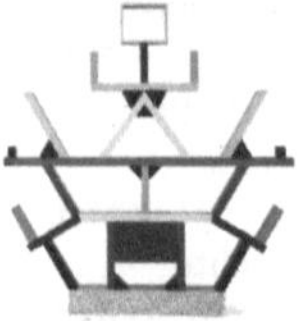

Raumteiler/Regal Carlton
Entwurf: 1981
Ausführung: Memphis, Pregnana Milanese, Mailand

1981

Carlton

Ettore Sottsass

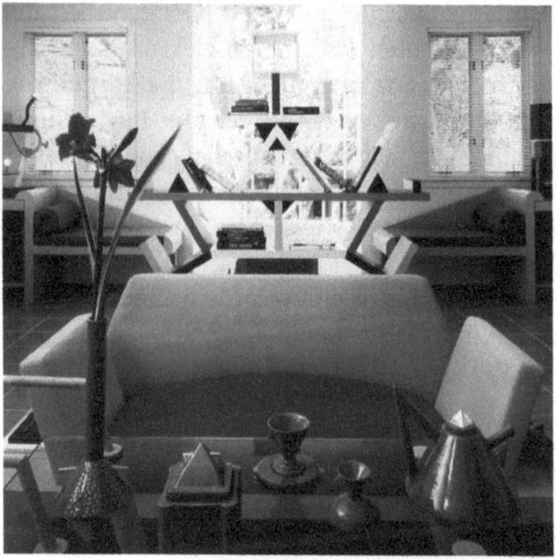

Ein kultischer Raumteiler,
der Assoziationen an Totemfiguren weckt

Regal-Gottheit. Im September 1981, als die Mailänder Designergruppe »Memphis« zum ersten Mal ihre Arbeiten öffentlich präsentierte, war Carlton von Ettore Sottsass eines der meistbeachteten Exponate. Wie kein anderes Objekt versinnbildlichte das fast zwei Meter hohe freistehende Regal eine postmoderne Haltung, die sich gegen einen in Selbstreferenz erstarrten Funktionalismus richtete.

Gleichzeitig versinnbildlicht Carlton aber auch den Stil, der die Designergruppe Memphis in den nächsten Jahren prägen sollte. Hatte sich das traditionelle, horizontal-vertikal gegliederte Regal noch auf dienende Zurückhaltung konzentriert, fordert dieses Objekt mit seiner anthropologischen Formensprache individuelle Assoziationen geradezu heraus. So ruft die Figur oberhalb des grünen Regalbretts die Vorstellung einer Totemfigur wach und erzeugt eine Aura des Kultischen.

Auf formalästhetischer Ebene ist der Einsatz von Laminat auffällig, das durch seine bis dato negativ besetzte Materialität als billige und minderwertige Beschichtung beispielsweise von Arbeitsflächen in Küchen als ideales Mittel der Provokation erkannt wurde. Besonders berühmt wurde Sottsass' Dekor »Bacterio«, das er 1978 entwickelt hatte und das, nun im Sockel eingesetzt, eine neue dekorative Ornamentik entfaltet. Die Farben und Proportionen des Regals sind sorgfältig aufeinander abgestimmt, so dass Dekor und Konstruktion expressiv, dabei aber harmonisch wirken.

Postmoderne→280

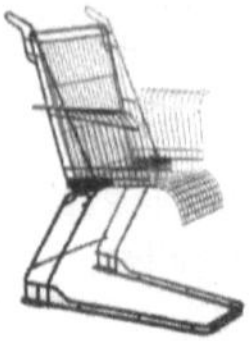

Consumer's Rest
(auch bekannt als Einkaufswagenstuhl)
Entwurf: 1983
Produktion: Kleinserie: Stiletto Studios
Berlin, dann: Gebrüder Siegel, Leipheim

1983

Consumer's Rest

Stiletto

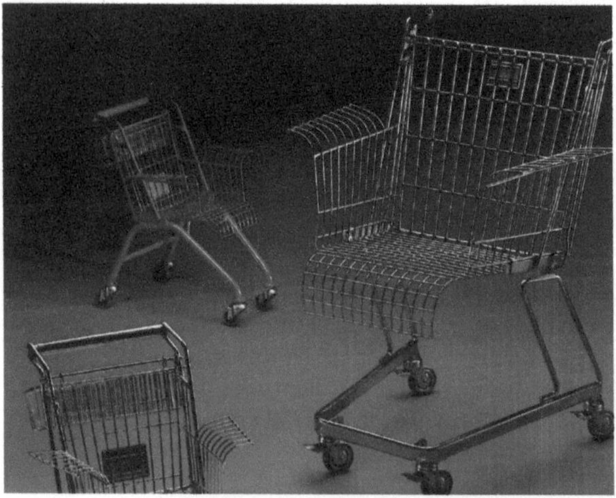

Pause vom Konsumieren – vieldeutig und humorvoll

Da ist ein Ding gedreht worden. Stiletto versteht die Materialvielfalt der vorhandenen Objektwelt als Herausforderung an seine kreative Intelligenz und als Ausgangspunkt für spontane »Basteleien«. Durch individuelle Eingriffe interpretiert Stiletto einzelne, bereits vorhandene Gegenstände neu.

Seine wohl berühmteste Neuinterpretation stellt der 1983 zur Sitzgelegenheit umfunktionierte Einkaufswagen mit dem mehrdeutigen Titel »Consumer's Rest« dar: Mit wenigen und bewusst einfachen handwerklichen Eingriffen trennte der Designer die Frontseite des Einkaufswagens auf, verbog die Seitenteile nach außen und schuf so aus dem bekannten Einkaufskorb auf Rädern eine ungewöhnliche Sitzgelegenheit, einen Einkaufswagenstuhl.

Diese Methode funktionaler Umwertung durch gestalterische Eingriffe kann als »transfunktional« umschrieben werden: Durch wenige handwerkliche Eingriffe überführt Stiletto den Gegenstand nicht nur in eine neue Form, sondern auch in eine neue Funktion, die jenseits der ursprünglichen liegt.

Entsprechend verweist der Titel »Consumer's Rest« mehrdeutig sowohl auf den Rest des Einkaufs, den Müll, als auch auf die Erholung des Konsumenten vom Einkauf. Damit thematisierte Stiletto Konsum, ohne ihn ideologisch zu bewerten oder in einem politischen Sinn Kritik an der Konsumgesellschaft zu üben. Stattdessen transportiert er ihn auf eine Ebene, die unterschiedliche Möglichkeiten offenlässt.

Postmoderne →280

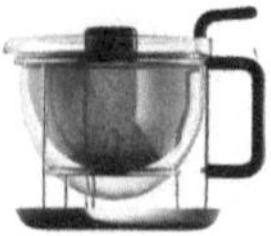

Mono Tea 1 / Mono 450
Entwurf: 1982
Produktion: 1983 Mono-Metallwarenfabrik Seibel, Mettmann

1983

Mono-Teekanne

Tassilo von Grolman

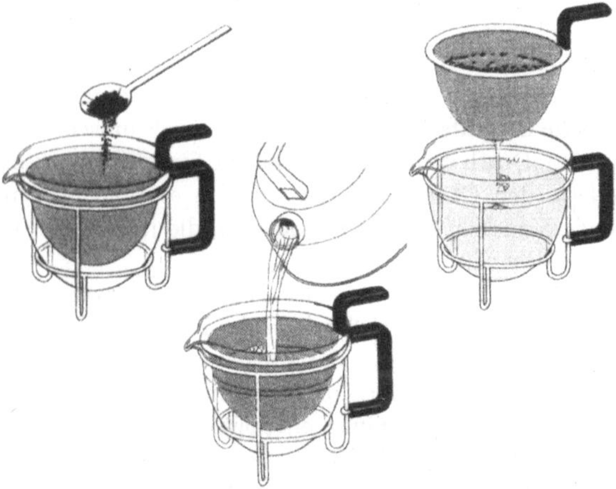

Praktisch und schön: das große Sieb der Mono-Teekanne

Tischskulptur für Teetrinker. In einer Halbkugel aus hitzebeständigem Borosilikatglas hängt eine nahezu gleich große Halbkugel aus Edelstahlgeflecht. Der Glasbehälter wird durch einen runden Metalldeckel aus Edelstahl mit Kunststoffgriff verschlossen und ist in ein Gestell aus Edelstahl eingehängt, das wiederum durch einen s-förmigen schwarzen Kunststoffgriff gehalten wird.

Tassilo von Grolmans Teekanne für Mono folgt einem klaren Gestaltungsprinzip, sowohl was die Konstruktion als auch die Materialwahl betrifft: Sie variiert das Thema des Kreises und der Kugel, konzentriert sich auf eine strenge horizontale und vertikale Ausrichtung. Auch die verwendeten Materialien Glas und Metall verweisen auf Ideen der Moderne und wirken klassisch-elegant.

Im Vergleich zu herkömmlichen Tee-Eiern hat die Kanne den Vorteil, dass das große Edelstahlsieb gleichsam integriert ist und die Teeblätter ausreichend Platz haben, um ihr Aroma voll zu entfalten: eine »Tee-Revolution«. Innovativ ist auch die Einfassung des Glasbehälters mit einem Metallgestell. So bleibt die Stellfläche für die Kanne von der Hitze verschont. Der mit dem Gestell verbundene Kunststoffgriff erlaubt ein gefahrloses Einschenken des heißen Getränks.

»Mono 450« bzw. »Mono Tea 1« war Grolmans erste Teekanne, die von der Mono Metallwarenfabrik GmbH in Serie produziert wurde. Der Designer schuf ein vielfältiges Teekannenprogramm mit einem in Farbe, Form und Material variierten Gestell. Ergänzt wird es durch verschiedene Stövchen.

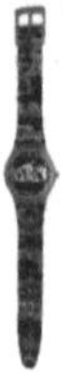

Swatch-Armbanduhr
Entwurf/Prototyp: 1980
Produktion: 1982, erste Charge von 10 000 Stück in den USA; Produkteinführung Europa 1983

1983

Swatch

Prototyp: u. a. Ernst Thomke, Elmar Mock, Jaques Müller (Uhrenfabrikant ETA SA)

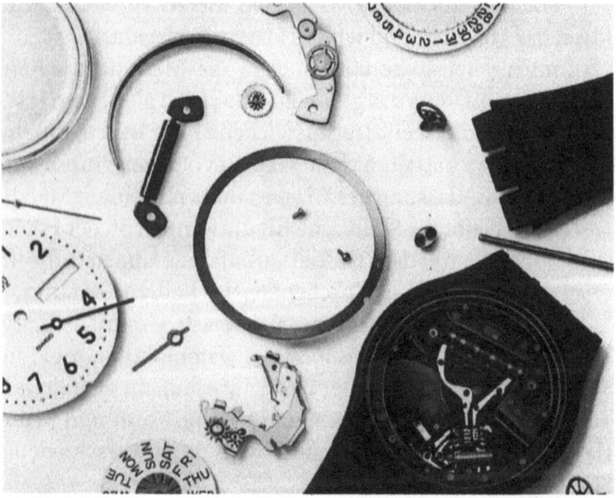

Bestandteile einer einfach gebauten Uhr, die weltweit zum Kultobjekt avancierte

Modische Accessoires am Handgelenk. Nachdem die japanische Uhrenindustrie preiswerte digitale Uhren in großen Stückzahlen aufgelegt hatte, reagierte die Schweizer Uhrenindustrie – von jeher hochwertig, aber auch hochpreisig – mit der Swatch, einer neuartigen Armbanduhr aus Kunststoff und einem dafür maßgeschneiderten Marketingkonzept.

Ziel war eine preiswerte, zuverlässige und wasserfeste Uhr für die Massenfabrikation, die sich von der Konkurrenz aus Fernost abhebt. Als Referenz an die große schweizerische Tradition analoger Uhren bewahrte die »Swiss Watch« die Zeiger einer Uhr. Ansonsten setzten die Designer auf Innovation: Im Kunststoffgehäuse aus einem Guss sind Uhrwerk und Ziffernblatt fest verschweißt. Auch in der Produktion wurden neue Wege beschritten. Die Anzahl der Einzelteile wurde stark reduziert; der Zusammenbau erfolgt automatisch in einer Fabrik mit nur noch wenigen Arbeiterinnen und Arbeitern.

Die Idee zur graphischen Ausstattung und halbjährlichen Kollektionen (u.a. gestaltet von Künstlern und Künstlerinnen wie Mimmo Paladino, Kiki Picasso oder Keith Haring) stammte von den Zürcher Designern Robert & Durrer. Damit avancierte die Uhr nicht nur zum Modeaccessoire und individuellen Statement, sondern – für eine zumeist ältere Zielgruppe – auch zum Sammelobjekt.

Postmoderne → 280

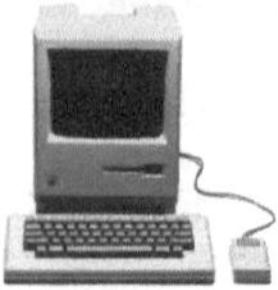

Apple Macintosh 128k
Entwurf: 1982
Produktion: 1984–87 durch Apple,
Cupertino, CA

1984

Mac

Hartmut Esslinger (Frog Design)

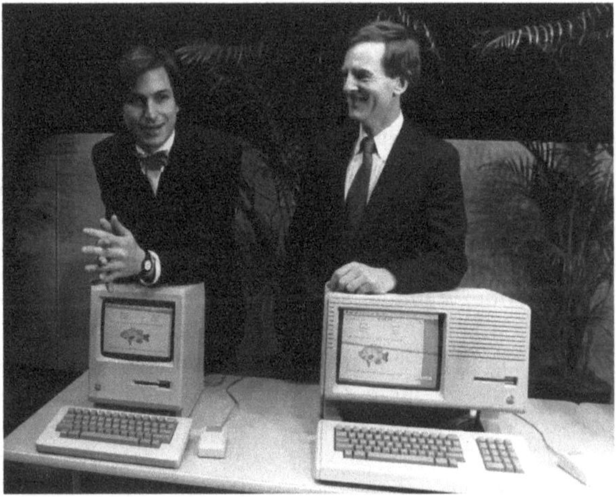

Steve Jobs mit dem Apple Macintosh (links)
und John Scully mit dem Apple Lisa (1983)

Freundliches Gegenüber: Der Ur-Mac. Nachdem Steven Paul Jobs und Stephen G. Wozniak 1976 ihre Firma Apple Computer Company gegründet und mehrere Computermodelle auf dem Markt lanciert hatten, stellten sie am 24. Januar 1984 den Macintosh 128, liebevoll »Mac« genannt, vor, der sich zum Verkaufsschlager und Standard für eine ganze Gerätegattung entwickeln sollte.

Der Preis für den ersten Mac mit 128 Kilobyte Arbeitsspeicher, einem 3,5-Zoll-Diskettenlaufwerk und Schwarz-Weiß-Monitor betrug etwa 8000 D-Mark. Wie sein Vorgänger war auch der Mac mit einer Maus und einer graphischen Benutzeroberfläche (*graphical user interface*) ausgestattet. Die Bildschirmoberfläche wurde – metaphorisch verstanden – zum Schreibtisch, auf dem u.a. mit virtuellem Papierkorb und Ordnern die vertraute analoge Büroumgebung wiederzufinden ist. Zudem begeisterte die direkte Ansprache des Nutzers mit »Hello« – »Willkommen«, die sich wohltuend vom technischen Eingabebefehl bei MS-DOS unterschied.

Ab 1982 arbeitete Esslinger mit der sogenannten »Snow White Design Language«, die das Gehäuse des Mac deutlich von den tristen beigebraunen Kunststoffgehäusen anderer PCs abhob. Zudem führte er Rechner, Diskettenlaufwerk und Monitor zu einer kompakten Einheit zusammen, so dass die umständliche Verkabelung unnötig wurde. Damit wirkte der Ur-Mac zugleich kompakt, solide und elegant, was seine Popularität speziell bei Designern und Architekten mitbegründete.

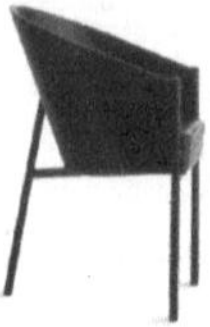

Entwurf: 1982
Produktion: Seit 1984/85 durch Driade, Piacenza

1984

Costes Chair

Philippe Starck

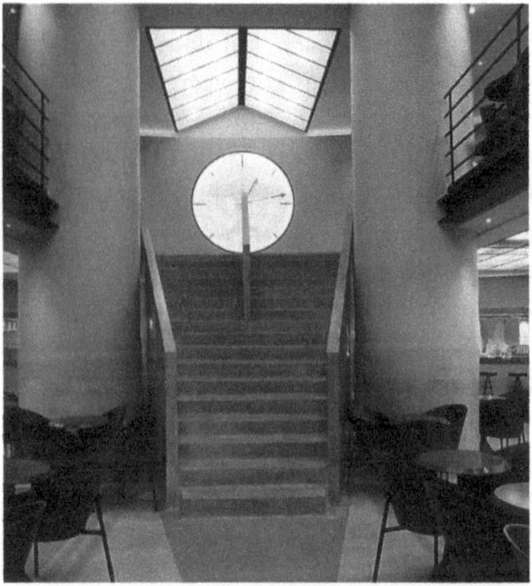

Ein Dreibeiner als Stuhl – mit Rücksicht auf die eilenden Kellner konzipiert

Postmoderne Zurückhaltung. Philippe Starcks Stuhl Costes wurde eigens für das 1984 in Paris eröffnete Szenecafé Costes entworfen, das die traditionellen französischen Cafés neu interpretierte und Keimzelle eines großen Gastronomieimperiums werden sollte.

Das Mobiliar des Café Costes war Starcks erstes Interieur, das wegen seiner »Coolness« dem Lifestyle junger karriereorientierter Yuppies der Achtzigerjahre entgegenkam und international für Furore sorgte.

Der Costes-Stuhl wurde als Dreibeiner konzipiert, um den Kellnern das Umrunden der Stühle zu erleichtern. Er gilt als wichtiges Beispiel einer neuen minimalistischen Formauffassung im Möbeldesign. Mit seiner dunklen Rückenschale aus gebogenem Sperrholz, seinem gepolsterten schwarzen Lederkissen und dem Gestell aus schwarz lackiertem Stahlrohr wirkt er vergleichsweise gediegen. Die gebogene Holzschale des Stuhls, eine Mischung zwischen Art-Déco-Anleihen und Fünfzigerjahre-Paraphrasen, verleiht der Sitzgelegenheit eine verhaltene Eleganz. Gerade dieses Changieren zwischen den Stilen läutete zusammen mit den geometrischen Formen eine neue Phase der Abgeklärtheit ein, die zwar an den erzählerischen Reichtum der Postmoderne anknüpft, jedoch im Gegensatz zu den Entwürfen der italienischen Memphis-Gruppe formal deutlich zurückhaltender ausfällt.

Postmoderne → 280

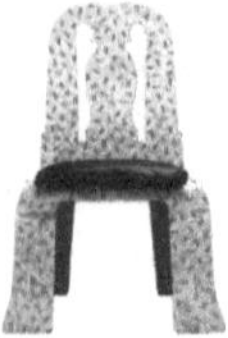

Queen Anne, aus der Stuhlserie für Knoll International
Entwurf: 1979–84
Produktion: 1984–89 durch Knoll International, New York

1984

Queen Anne

Robert Venturi, Denise Scott-Brown

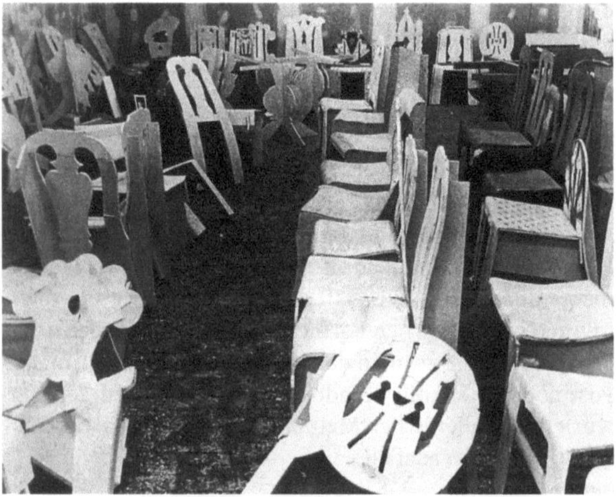

Queen Anne zitiert den ganzen Formenschatz amerikanischer und europäischer Stilgeschichte.

Sowohl-als-auch. 1966 publizierte Robert Venturi seine *Complexity and Contradiction in Architecture,* mit der er zu einem der Begründer postmoderner Architekturtheorie avancierte. Hier griff er die kulturelle Armut und visuelle Banalität moderner Gebäude an und setzte ihr Komplexität, Widersprüchlichkeit und Vieldeutigkeit entgegen. Er plädierte dafür, »aus den Gegensätzen heraus ein neues Gleichgewicht« zu schaffen.

Aus seiner Theorie des Widerspruchs geht das Phänomen des »Sowohl-als-auch« hervor, das »eine vermurkste Lebendigkeit einer langweiligen Einheitlichkeit« vorzieht. Wie stark der amerikanische Architekt das Ansprechen mehrerer Bedeutungsebenen favorisierte, verdeutlichen auch seine Anleihen an historische Stile bei seiner Stuhlkollektion für Knoll International.

Die scherenschnittartigen Formen und Ornamente der gebogenen Schichtholzstühle zitieren aus dem reichhaltigen Formenschatz amerikanischer und europäischer Stilgeschichte. Allerdings erinnern Venturis Muster nur vordergründig an die etwa zeitgleich entworfenen Laminate der Memphis-Gruppe, da sie stärker inhaltlich motiviert sind. Das sogenannte Grandmother-Muster beispielsweise, das der amerikanische Architekt für den Stuhl Queen Anne benutzt, blendet diagonale schwarze Streifen aus Bildern von Jasper Johns über das Blumenmuster der Lieblingstischdecke der Großmutter seines Kollegen Robert Schwartz und demonstriert so sehr anschaulich das geforderte Sowohl-als-auch.

Postmoderne →280

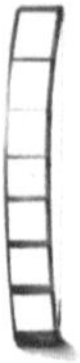

Entwurf: 1982
Produktion: Ab 1984 durch Pentagon, heute durch Nils Holger Moormann, Aschau

1984

Verspanntes Regal

Wolfgang Laubersheimer (Pentagon)

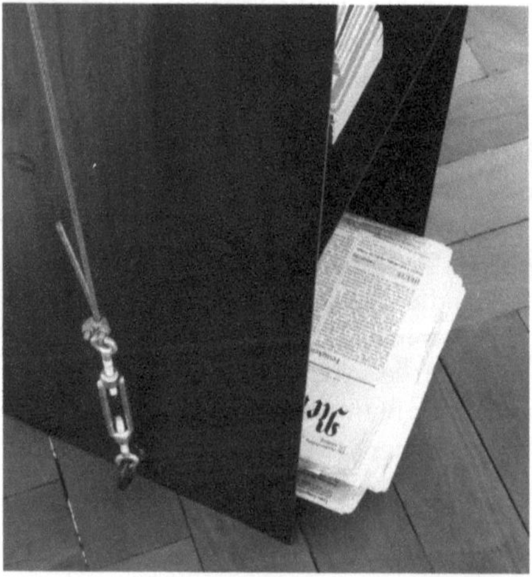

Fest verschweißt und genial verspannt

Elegant gespannt. Das »Verspannte Regal« gilt als das bekannteste Möbel der Kölner Designergruppe Pentagon, die Mitte der Achtzigerjahre mit Möbeln verblüffte, bei denen der Einsatz von rohem Metall, Holz und Stein zu einer ungewohnt ungeschliffenen, fast archaischen Ästhetik führte, die nicht mit der poppig-bunten Memphis-Welt korrespondierte.

Inspiriert von der Arte povera und den Ready-Mades Marcel Duchamps, ging es Pentagon darum, mit einfachen Materialien essenzielle Objekte zu schaffen, die sich einer eindeutigen Zuordnung wiedersetzen. 1985 bis 1990 unterhielt die Gruppe auch eine eigene gleichnamige Galerie. Besonders bekannt wurde Pentagon durch ihr »Café Casino« auf der »documenta 8« 1987 in Kassel.

Das Verspannte Regal überzeugt durch seine konstruktive Lösung: Es besteht aus zwei dünnen Stahlblechen, die durch fest verschweißte Regalböden miteinander verbunden sind. Seine Stabilität erhält das Regal durch das in der Längsachse gespannte Stahlseil, das mit Hilfe einfacher Seilspanner die gesamte Konstruktion aussteift. Ähnlich wie bei einem traditionellen Fachwerk wird die Versteifung über die Diagonale geführt. Damit gelang Laubersheimer ein im Verhältnis zur Höhe schlankes, aber stabiles Regal, das in seiner eleganten Form durchaus minimalistische Konzepte einer »Neuen Einfachheit« antizipierte.

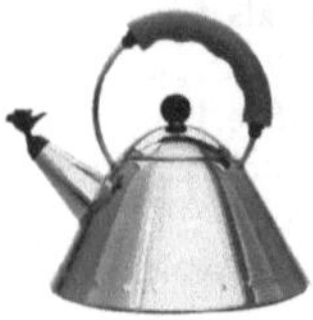

Bird Kettle 9093
Entwurf: 1985
Produktion: Ab 1985 durch Alessi, Omegna

1985

Graves-Wasserkessel

Michael Graves

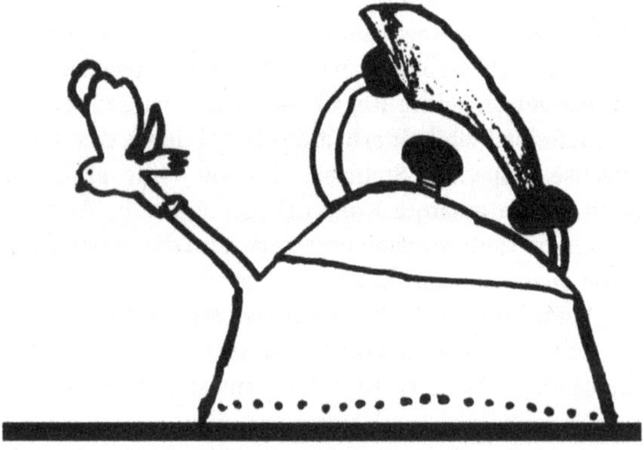

Ein fröhliches Alltagsobjekt:
der Wasserkessel mit dem Vögelchen

Fröhliches Wasserkochen mit Vogelpfeifen.
Mit einfachen geometrischen Formen sowie den gedeckten Grundfarben scheint der amerikanische Designer Michael Graves klassisch-moderne Vorstellungen von Design zu bestätigen. So beachtete Graves grundlegende funktionale Anforderungen an einen Wasserkessel.

Die Basis seines Kessels ist sehr breit, so dass die Hitze gut weitergeleitet und die Energie optimal verwendet wird. Der Griff ist aus einem Material, das nicht heiß wird, und zudem mit Griffmulden versehen, die ein Abrutschen verhindern. Der Deckel lässt sich gut entfernen und wieder aufsetzen; der Wasserdampf kann nur durch das Vögelchen mit Pfeife am Ausguss entweichen.

Der »Bird Kettle« besitzt aber noch ganz andere erzählerische Qualitäten. Er stellt ein liebenswürdiges und fröhliches Gebrauchsobjekt dar, das unseren Alltag bereichert: Es ist eben dieses kleine rote Vögelchen, das als niedliches Element Assoziationen zu einfachem Kinder- oder Jahrmarktspielzeug, Kuckucksuhren und Kitsch heraufbeschwört, gleichzeitig aber auch an die Kühlerfiguren eleganter Limousinen denken lässt. Mit dieser großen semantischen Bandbreite avancierte der Wasserkessel zu einem der ersten global erfolgreichen Produkte postmodern-populärer Gestaltung.

Postmoderne → 280

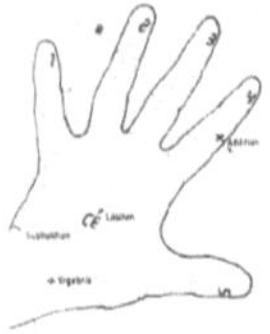

Entwurf: 1986/87

1987
Elektronischer Handrechner

Gruppe Kunstflug (Gerhard Fischer, Harald Hullmann, Heiko Bartels, Charly Hüskes)

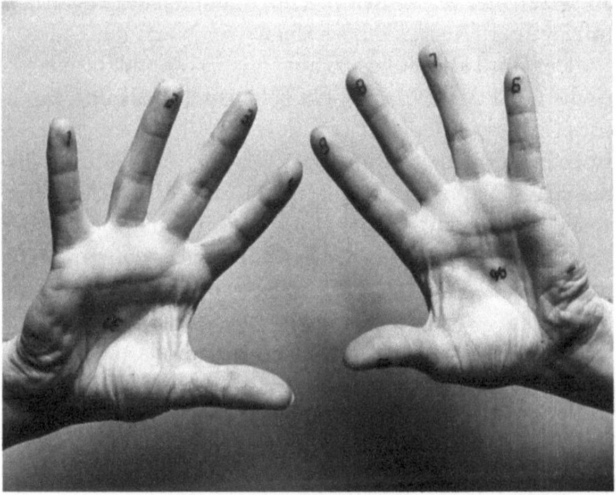

Futuristisches Design, das Materie und Mensch verbindet

Aufgelöste Gegenstände. Die Düsseldorfer Gruppe Kunstflug setzte sich früh mit möglichen Auswirkungen technischer Entwicklungen auf das Industriedesign auseinander und thematisierte in visionären Entwürfen auch die Kehrseiten einer gegenstandslosen, immateriellen Gestaltung.

Der Elektronische Handrechner wurde 1986/87 für die Ausstellung »Design heute« (1988) im Deutschen Architekturmuseum Frankfurt a. M. erarbeitet. Die Designer sahen vor, mikroelektronische Sensoren unter die Haut von Handfläche und Fingern zu implantieren. Leichte Bewegungen und sanftes Drücken der Fingerkuppen oder das Berühren einzelner Handpartien sollten Nervenstränge aktivieren und die Ergebnisse der Rechenvorgänge direkt ins Gehirn übertragen. Damit stellte Kunstflug ein unsichtbares »Software-Design« vor, das nicht – wie bei üblichen Taschenrechnern oder Computern – auf außerkörperliche Bereiche beschränkt ist. Vielmehr nutzte dieser dystopische Entwurf die Nervenstränge für den Informationsfluss. Die Künstlergruppe kommentierte dies folgendermaßen: »Das Design teilt sich nicht mehr über das Medium der sichtbaren Formen oder in Volumen mit; die technischen Teile sind auf mikroskopische Größe geschrumpft; sie gehen buchstäblich unter die Haut; sie sind praktisch unsichtbar geworden und in den menschlichen Körper gekrochen. Die Funktion hat keine Form mehr. Das Design ist gegenstandslos und lebt im Kopf.«

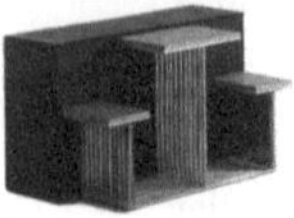

Entwurf: 1987
Produktion: 1987 bei Vitra, Birsfelden bei Basel; später Anthologie Quartett, Bad Essen

1987

Tabula rasa

Ginbande (Uwe Fischer, Klaus-Achim Heine)

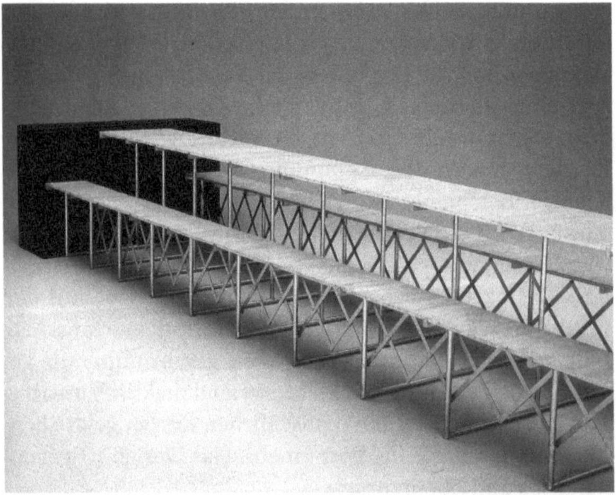

Reduziert in der Form, doch technisch aufwendig: der »reine Tisch«

Flexibel, universell und funktional. Uwe Fischer und Klaus-Achim Heine gründeten 1985 in Frankfurt die Designergruppe Ginbande. Mit ihren formal einfachen, aber technisch aufwendig konzipierten Möbeln setzten sich die beiden Designer mit essenziellen gestalterischen Fragestellungen auseinander.

Die 1987 entwickelte ausziehbare Tisch-Stuhl-Konstruktion, die mit einem aufwendigen Scherenprinzip aus Stahlrohr und Schichtholzlamellen arbeitet, ist für die tägliche Beanspruchung konzipiert: Das Ausziehen ermöglicht eine individuelle Einstellung des Möbels, denn je nach Belieben können aus den etwa 40 Zentimeter breiten Stühlen mit dazugehörigem Tisch 2 bis zu 5 Meter lange Bänke mit einer entsprechend großen Tafel entstehen.

Der Titel des Möbels verdeutlicht den Anspruch der Gruppe, eine Zäsur, einen Neuanfang im Design wagen zu wollen. Es sollte in einem doppelten Sinne »reiner Tisch« gemacht werden. Das Designer-Duo setzte auf eine fast archaisch einfache Material- und Formreduktion. Nach den assoziationsreichen Form- und Farbexzessen der vorangegangenen Jahre gingen die Künstler von einem »leeren Papier« aus, um sich damit von den überspannten Ausschweifungen der Postmoderne zu distanzieren.

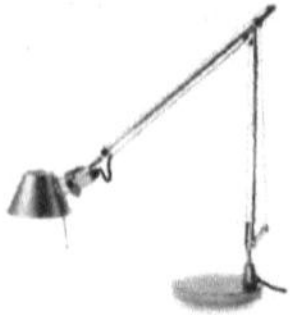

Entwurf: 1986
Produktion: Seit 1987 durch Artemide, Pregnana Milanese, Mailand

1987

Tolomeo

Michele De Lucchi und Giancarlo Fassina

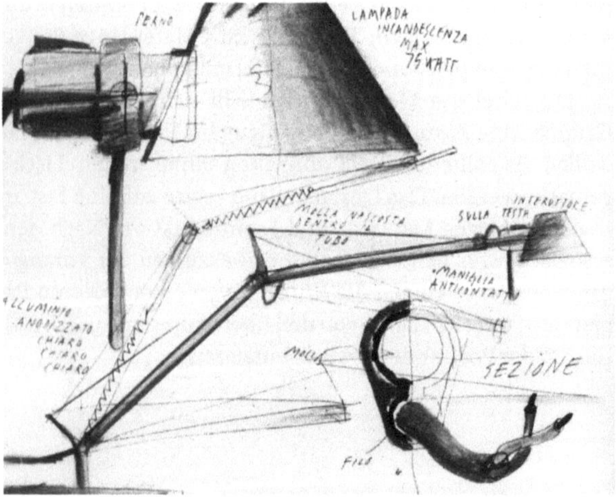

Tolomeo-Entwurfszeichnung mit technischen Details

Vorbild Angelrute. Seit 1987 vertreibt Artemide diese leichte Leuchte, die einen Hauch Extravaganz in den Büroalltag bringt – trotz ihrer minimalistischen Gestaltung: Sie zeichnet sich durch ein äußerst bewegliches Aluminiumgestell und einen hutförmigen Schirm aus mattiertem Aluminium aus.

Tolomeo stellt die verschlankte Interpretation einer bekannten Arbeitsleuchte von Naska Loris dar, die das Licht punktgenau ausrichtete und daher gern von Designern und Architekten genutzt wurde. Für die Tolomeo widmeten sich Michele De Lucchi und Giancarlo Fassina intensiv der Verbesserung technischer und funktionaler Details: Aufgrund der großen Flexibilität des Schwenkarms und des drehbaren Leuchtenschirms lässt sich das Licht optimal auf dem Schreibtisch ausrichten. Während vormals der Federmechanismus sichtbar war, ist er nun in den Metallarmen verborgen, so dass außen nur die dünnen Stahldrähte zu sehen sind, die über sichtbare Aluminiumgelenke geführt werden.

Heute gibt es neben dem ursprünglichen Modell für den Tisch weitere zahlreiche Varianten, die sich alle durch die Form des markanten Leuchtenschirms auszeichnen: Es gibt Tolomeo als Steh-, Wand-, Klemm- und Pendelleuchte in verschiedenen Größen und Farben sowie Lampenschirme aus unterschiedlichen Materialien und mit unterschiedlichen Leuchtmitteln.

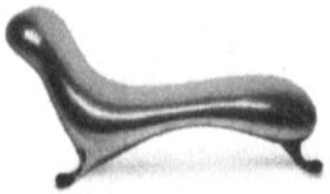

MN-01 LC1 (auch bekannt als Lockheed Seat)
Entwurf: 1985–88
Produktion: 1988–90 durch Pod, Sydney

1988

Lockheed Lounge

Marc Newson

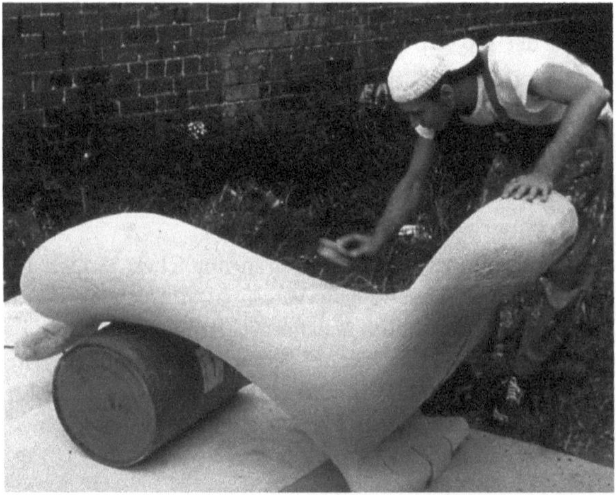

Madonna machte ihn berühmt, den Lockheed-Sitz.

Die Form fließenden Silbers. Die fließenden amorphen Formen der Chaiselongue Lockheed Lounge basieren auf dem Möbelobjekt LC1, das Marc Newson nach seinem Studienabschluss der Bildhauerei und des Schmuckdesigns am Sydney College of Arts für die Ausstellung »Seating for Six« in der Roslyn Oxley Gallery in Sydney gefertigt hatte.

Zwischen 1986 und 1988 überführte der australische Designer diesen Entwurf in eine fließende Form, die, nun als Lockheed Lounge bezeichnet, großes Aufsehen erregte.

Der Korpus der Chaiselongue besteht aus glasfaserverstärktem Kunststoff, aus dem sich die mit Gummi ummantelten Beine fortsetzen – ein stilistisches Merkmal, das viele Arbeiten des australischen Designers auszeichnet. Die restliche Oberfläche des organisch geformten Kunststoffkorpus ist mit dünnen rechteckigen Aluminiumplatten überzogen, die mit Blindnieten befestigt werden, so dass die Liege an alte Flugzeugverkleidungen denken lässt. Entsprechend wurde die Chaiselongue nach dem amerikanischen Flugzeughersteller benannt.

1988 wurden zehn Exemplare plus vier Künstlerausführungen von der Chaiselongue produziert. Berühmtheit erlangte das futuristisch anmutende Möbel, nachdem sich Madonna im Video zu ihrer Single *Rain* 1993 darauf geräkelt hatte. 2009 wurde ein Exemplar der Lockheed Lounge auf einer Auktion für den Rekordpreis von 1,1 Millionen Pfund versteigert. Damit avancierte sie zum mit Abstand teuersten Objekt zeitgenössischen Designs.

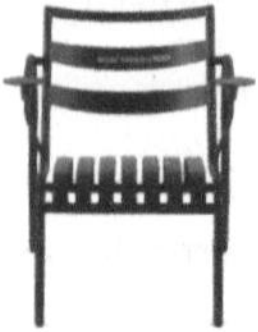

Entwurf: 1986
Produktion: Ab 1988 durch Cappellini, Mailand

1988

Thinking Man's Chair

Jasper Morrison

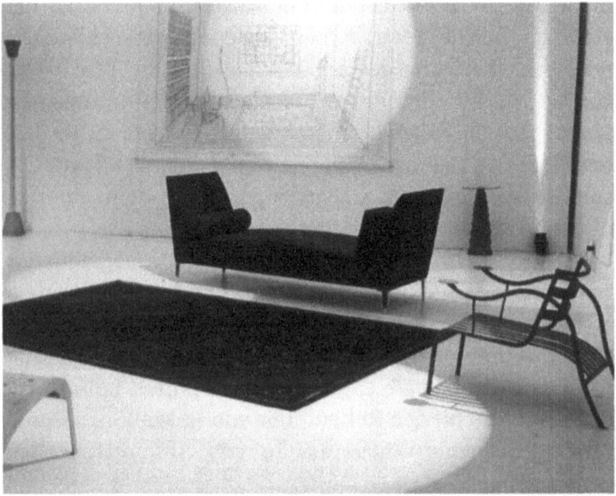

Der Stuhl des »Denkers« erinnert an den klassischen Deck Chair.

Glücksmomente. Jasper Morrison wurde bei seiner Abschlussausstellung am Londoner Royal College of Art von Zeef Aram entdeckt, einem der wichtigsten Londoner Designgaleristen und -unternehmer. Dieser lud ihn in seine Galerie ein, wo der damals 27jährige Designer zwischen Exponaten namhafter Designer, Künstler und Architekten wie Norman Foster oder Eduardo Paolozzi vertreten war.

Hier wiederum wurde der Thinking Man's Chair von Giulio Cappellini entdeckt, der den Stuhl dann produzierte. Mit dem Thinking Man's Chair definierte Morrison den klassischen Deck Chair neu, indem nicht Polster, sondern hartes Metall zum Nachdenken und Ausruhen einlädt. Den nötigen Komfort sollen die extrem lange Sitzfläche sowie die beidseitig sanft geschwungenen Metallrohre mit kleinen Tabletts bieten, auf denen Getränke abgestellt bzw. Bücher abgelegt werden können. Dazwischen werden längs flache Metallbänder als Sitzfläche und quer als Rückenlehne gespannt. So bescheiden der Materialeinsatz, so unprätentiös auch die ungewöhnliche Beschriftung: Sie verzeichnet die Maße und Radien gut sichtbar und lesbar auf dem lackierten Metall.

In seiner programmatischen Nüchternheit manifestiert der Thinking Man's Chair eine neue Haltung, die das Design der kommenden Dekade bestimmen sollte: Unaufgeregtheit, Kontemplation und Ruhe.

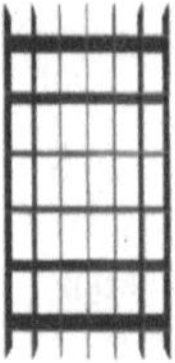

FNP-Regalsystem
Entwurf: 1989
Produktion: Von Nils Holger Moormann, Aschau

1989

FNP

Axel Kufus

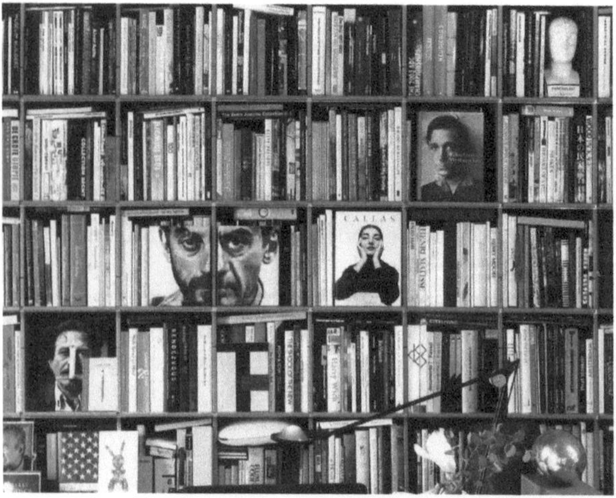

Konsequent durchdacht:
das FNP-Regalsystem von Axel Kufus

Das Schlichtestmögliche. Diese Ikone der »Neuen Einfachheit« ist einem ganzheitlichen Ansatz verpflichtet, der nicht nur auf Funktionalität und Konstruktion, sondern auch auf Material- und Herstellungsökonomie sowie möglichst geringe Umweltbelastung ausgerichtet ist.

Das FNP-Regal ist eine einfache und intelligente Konstruktion, die ohne Werkzeug und Schrauben aufzubauen ist, denn, so Axel Kufus: »seite hält schiene / schiene hält boden / boden hält schiene / schiene hält seite«. Das filigrane MDF-Regalsystem mit geschlitzten Böden und Wangen stabilisiert sich selbst durch eingesteckte Aluminiumschienen. Lediglich eine Spannvorrichtung aus Drahtseil ist vonnöten, sollte das Regal frei im Raum stehen.

Zur Grundidee des Regals gehört es, Auf- und Abbau, Herstellung, Verpackung und Transport zu vereinfachen. Zunächst war es für die dezentrale Produktion konzipiert. Heute wird das FNP-Regal im Chiemgau von regionalen Handwerksbetrieben hergestellt und mit einer eigens entwickelten Verpackung vertrieben.

1997 folgte das FNP-X, eine Variante des Regals mit veränderten Größenverhältnissen. 2000 wurde das System durch Archiv- und Ablageboxen erweitert. Heute sind zahlreiche weitere Details erhältlich wie Schiebetüren und verschiedene Leuchten, Displays, Pulte und sogar ein Sekretär.

Schon gewusst? Die Bezeichnung FNP ist die Abkürzung für Flächennutzungsplan.

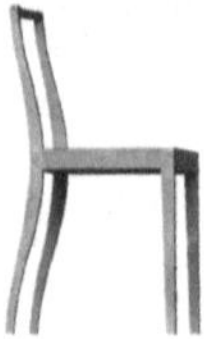

Plywood Chair
Entwurf: 1988
Produktion: Seit 1989 durch Vitra, Birsfelden bei Basel

1989

Ply Chair

Jasper Morrison

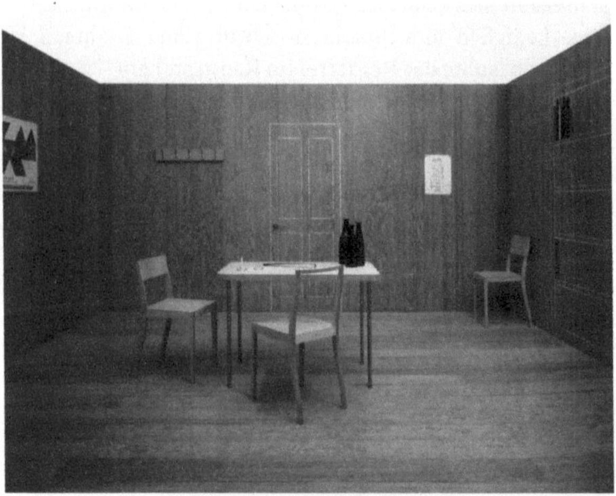

Ein Statement gegen postmoderne Opulenz: der Plywood Chair, einfach und elegant

Einfach neu. Mit seinem Plywood Chair antizipierte Jasper Morrison die »Neue Einfachheit« der Neunzigerjahre. Der aus verleimten Multiplex-Birkenplatten gefertigte Sperrholzstuhl besticht durch Leichtigkeit und spartanische Form. Die schlanke Silhouette und die extrem schmale Rückenlehne lassen das Möbel elegant wirken.

Morrison entwickelte den »Plywood Chair« 1988 im Rahmen des Projekts »Berliner Wege – Prototypen der Designwerkstatt«, das von Christian Borngräber konzipiert wurde, um die Experimente des »Neuen Designs« in die Serienproduktion zu überführen. Während eines dreimonatigen Arbeitsaufenthalts erarbeitete Morrison die Installation »Some New Items for the House, Part I«, in der er die Konturen einer Tür und eines Bücherregals wie in einem Puppenhaus auf die in dunklem Naturholz gehaltenen Wände zeichnete. Die greifbare dreidimensionale Einrichtung des spartanisch ausgestatteten Zimmers – ein Tisch, die Plywood-Stühle sowie Garderobenhaken – wurde dagegen aus einfachem hellen Sperrholz gefertigt.

Diese exemplarische, in einem künstlerischen Kontext erprobte bescheidene und anspruchslose Gestaltung, die dauerhafte Formen rezipierte, wie sie aus alten Schulräumen oder Gaststätten vertraut sind, erregte das Interesse der Firma Vitra, die den Stuhl in ihre Edition »Solitäre« aufnahm.

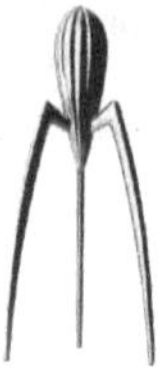

Zitronenpresse Juicy Salif
Entwurf: 1988
Produktion: Ab 1990 durch Alessi, Omegna

1990

Juicy Salif

Philippe Starck

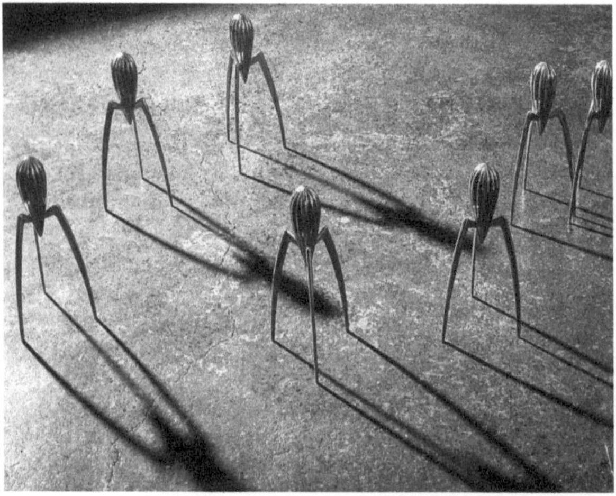

Eigenwillige Eleganz eines Gebrauchsgegenstands

Zitronenpresse mit figürlicher Note. 1988 entwarf der französische Stardesigner Philippe Starck für Alessi eine Zitronenpresse aus Aluminiumguss mit Füßchen aus Polyamid, die in zwei Varianten erhältlich ist: glänzend poliert oder schwarz.

Mit ihren langen, spinnenähnlichen Beinen löste Juicy Salif hitzige Kontroversen aus zwischen denen, die im Zuge postmoderner Semantisierungen die figurative Dimension des Objekts schätzten, und denen, die ihre Unzweckmäßigkeit anprangerten.

Für ihren praktischen Zweck sei Juicy Salif, so die Kritiker, eigentlich zu groß und zu instabil. Zudem benötige sie ein Glas, um den Saft aufzufangen. Auch habe sie spitze Kanten, sei schwer zu reinigen, und die Zitronensäure greife das Metall an.

Dennoch erfreut sich Juicy Salif großer Beliebtheit als narratives Objekt, zu dem offensichtlich eine starke affektive Bindung aufgebaut werden kann.

Dass Juicy Salif auch als Statussymbol taugt, macht eine limitierte Auflage der spinnenbeinigen Zitronenpresse im Jahr 2000 in 24karätiger Vergoldung deutlich. Die veredelte Presse sei – so der Hinweis der Firma – keinesfalls für den Gebrauch bestimmt.

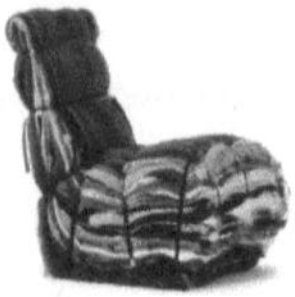

Rag Chair, Lumpensessel
Entwurf: 1991

1991

Rag Chair

Tejo Remy

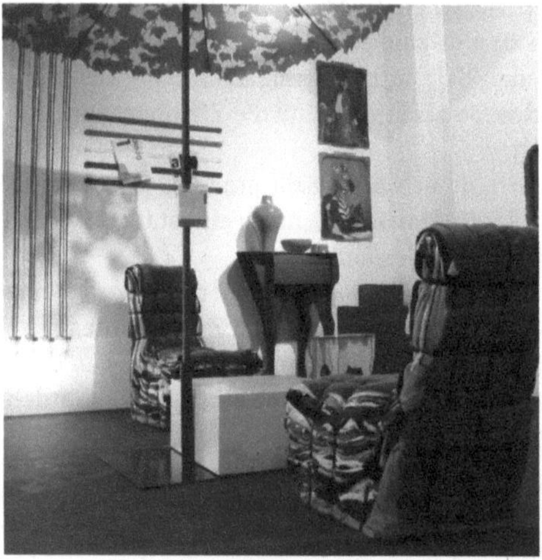

Upcycling, ökologisch korrekt:
alte Kleidung zum Sitzen

Recycling gesellschaftsfähig. 1991 entwarf Tejo Remy, Mitglied der holländischen Gruppe Droog Design, den Rag Chair, einen Sessel, der aus gebrauchten Textilien besteht, die mit schwarzen Kunststoffbändern fest zusammengeschnürt sind.

Käufer können zwischen zwei Varianten wählen: Einem Rag Chair aus circa 25 Kilogramm anonymer Kleidungsstücke oder der entsprechenden Menge eigener Kleidung und/oder Textilien. In der personalisierten Variante archiviert der Rag Chair so einen Teil des eigenen Lebens.

Mit seinem Rag Chair nutzte der holländische Designer nicht nur das Recycling-Verfahren, sondern entsprach auch dem zunehmenden Bedürfnis, den glatten, anonymen fabrikneuen Produkten eine eigene Geschichte und eigene Erinnerung entgegenzusetzen. Eine derartige Verwendung alter Kleider stellt sich nicht nur gegen das Diktat neuwertiger Waren, sondern fordert auch dazu auf, selbst aktiv zu werden: Aus Vorgefundenem, vermeintlich Minderwertigem, wird Neues produziert. Die Verwendung abgelegter Kleider für ein »neues« Designobjekt verweist nicht belehrend auf den Recycling-Kreislauf, sondern macht ihn individuell ästhetisch erfahrbar als Teil authentisch gelebter Geschichte.

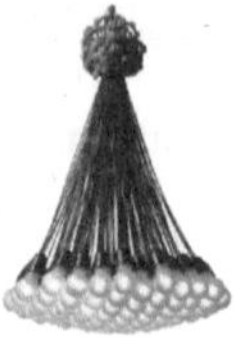

Leuchte 85 Lamps
Entwurf: 1992
Produktion: 1993 durch Droog, Amsterdam

1993

85 Lamps

Rody Graumans (Droog Design)

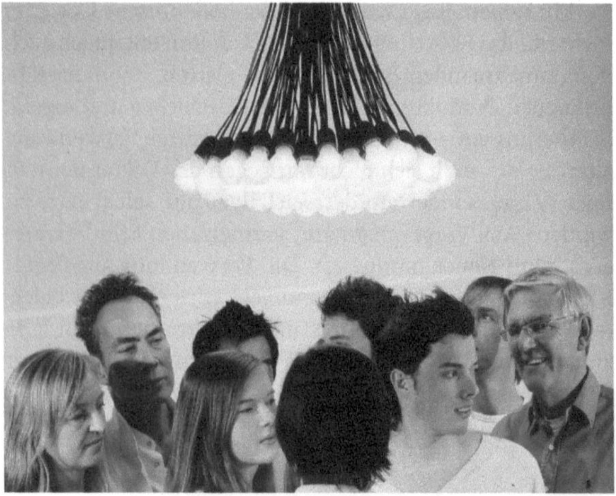

Die Leuchte 85 Lamps: genial einfach und doch eine opulente Augenweide

Zwischen Schlichtheit und Überfluss. Rody Graumans hatte die Leuchte 85 Lamps als Teil seiner Abschlussarbeit an der Utrecht Art Academy entwickelt. Sie war eines der ersten Produkte, die von der 1993 gegründeten niederländischen Gruppe »Droog Design« in Serie produziert und mit großem Erfolg verkauft wurde.

Formal gesehen handelt es sich bei der Leuchte mit Baumarkt-Charme lediglich um ein Bündel aus 85 identischen 7-Watt-Glühbirnen: 85 schwarzen Fassungen, 85 gleich langen Kabeln und Lüsterklemmen, die sich zu einer Kugel formieren.

So besteht 85 Lamps auf den ersten Blick nur aus dem Allernotwendigsten. Bei genauer Betrachtung eröffnet sich jedoch der konzeptionelle Ansatz, bei dem die Wiederholung banaler Halbzeuge aus dem Baumarkt ein opulentes Designobjekt erzeugt.

85 Lamps vereinigt Gegensätzliches: Die auf das funktional Notwendige reduzierten technischen Einzelteile werden in einer keineswegs notwendigen, geradezu barock überquellenden Fülle zu einem beeindruckenden minimalistischen Kronleuchter – ein gestalterisches Paradoxon mit Ausdruckskraft.

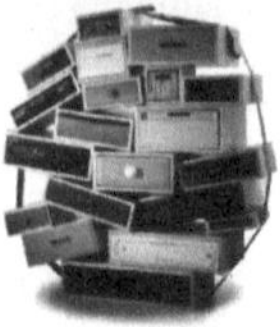

You can't Lay Down Your Memory
(auch bekannt als Schubladenschrank, Chest of Drawers)
Entwickelt: 1991
Produziert und vertrieben: Ab 1993 bei Droog Design

1993

Schubladenschrank

Tejo Remy (Droog Design)

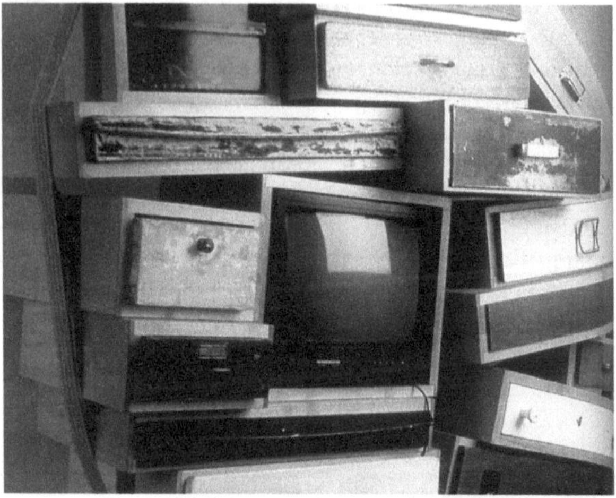

Gebrauchtes und Neues individuell komponiert zu einem neuen Möbelstück

Zusammengeschnürt. Getreu seinem Motto »Ich will nicht planen« hat Tejo Remy mit dieser Anhäufung von alten Schubladen, die jeweils in einen Holzkasten aus Ahorn eingepasst und mit einem Spanngurt zusammengehalten werden, das Gegenteil eines traditionellen Holzmöbels geschaffen. Hier gibt es nichts Festgefügtes: Die Kommode kann immer wieder neu zusammengestellt und in ihrer Form verändert werden.

Chest of Drawers wurde 1993 auf der Mailänder Möbelmesse präsentiert, wo das Kollektiv »Droog Design« mit gestalterischen Statements überraschte, die auf eine bis dahin ungewohnt unprätentiöse Einfachheit zielten. Mit seinem Schubladenschrank entspricht Remy der Kultur des Sampelns und Recycelns auf eine eigensinnige Art: Mit seinen verschiedenen Schubladen aus unterschiedlichen Materialien (Holz, Kunststoff, Plastik, Metall etc.) vereinigt das Möbelobjekt Gebrauchtes und Neues, Versatzstücke aus dem Privaten und/oder Öffentlichen aus ganz unterschiedlichen Zeiten zu etwas Neuem, das nicht nur Spekulationen über mögliche originale Zusammenhänge herausfordert, sondern auch zu eigenen Zusammenstellungen anregt. Letztlich verweist der Titel des Möbels »You can't Lay Down Your Memory« aber auch darauf, wie der Schubladenschrank verstanden werden könnte: Als Metapher für unser Gedächtnis. Der Schrank wurde ein Bestseller, wohl auch, weil die Schubladen von Remy numeriert und signiert wurden. 2007 gestalteten Tejo Remy und Ted Noten eine Variante mit Schubladen aus Acrylglas, in denen Dinge zu sehen waren, die ansonsten versteckt werden: Revolver, Diamanten und Drogen.

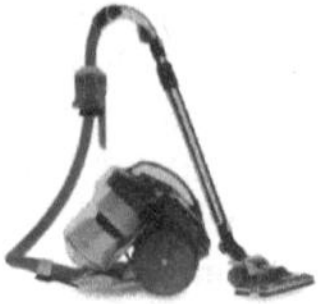

Dyson DC01
Entwurf: 1978–93
Produktion: Ab 1993

1993

Dual Cyclone Vacuum Cleaner

James Dyson

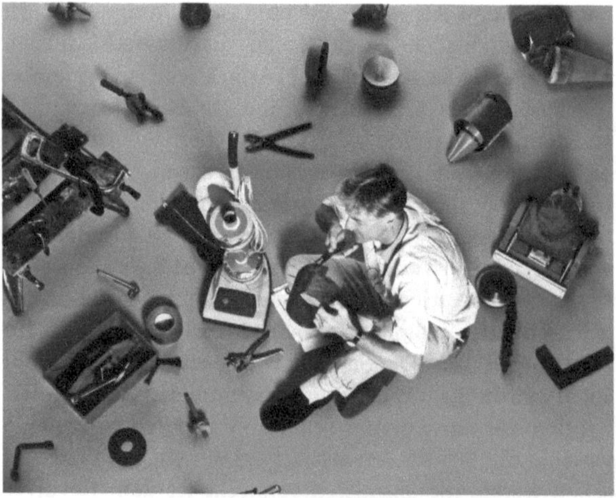

Saugt mit Schallgeschwindigkeit: die Revolution für hausmännisches und -frauliches Arbeiten

Beutellos. Beim Staubsaugen ärgerte sich im Jahr 1978 James Dyson, der eigentlich auf die Entwicklung von Gartengeräten spezialisiert war, darüber, dass die Saugkraft von Staubsaugern schon kurz nach dem Wechsel des Staubbeutels nachließ. Er entwickelte eine innovative Staubsaugertechnologie, dank derer weder Beutel noch Filter benötigt werden und eine konstant hohe Saugkraft garantiert ist.

1993 brachte Dyson, nachdem er 5127 Prototypen entworfen hatte, mit dem DC01 Dual Cyclone einen Staubsauger auf den Markt, der innerhalb von nur zwei Jahren der bestverkaufte Sauger in Großbritannien wurde und dann international Erfolge feierte.

In Dysons Dual-Cyclone-Geräten, die in verschiedenen Ausführungen für verschiedene Marktsegmente angeboten werden, wird die Luft auf Schallgeschwindigkeit beschleunigt. Durch die entstehende Zentrifugalkraft werden Luft und Schmutz voneinander getrennt und der Schmutz in einem Klarsichtbehälter gesammelt. Damit verabschiedete sich Dyson von den lästigen Staubbeuteln, mit denen bis dato alle konventionellen Geräte bestückt waren, die mit der von der US-amerikanischen Firma Hoover 1908 erfundenen Wirbelstromtechnik arbeiteten.

Zum Erfolg des hochpreisigen Staubsaugers dürfte auch beigetragen haben, dass der Kauf des richtigen Staubbeutels angesichts 1120 verschiedener Tüten allein in Deutschland zu einem schwierigen Unterfangen wird, vor allem aber, dass der Erfolg getaner Arbeit direkt im Klarsichtbehälter zu begutachten ist.

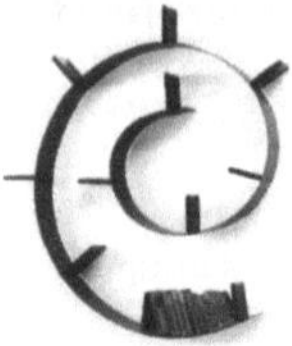

Bookworm, Bücherwurm
Entwurf: 1993
Erstpräsentation/Produktion: Ab 1994
durch Kartell, Binasco, Noviglio

1994

Bookworm

Ron Arad

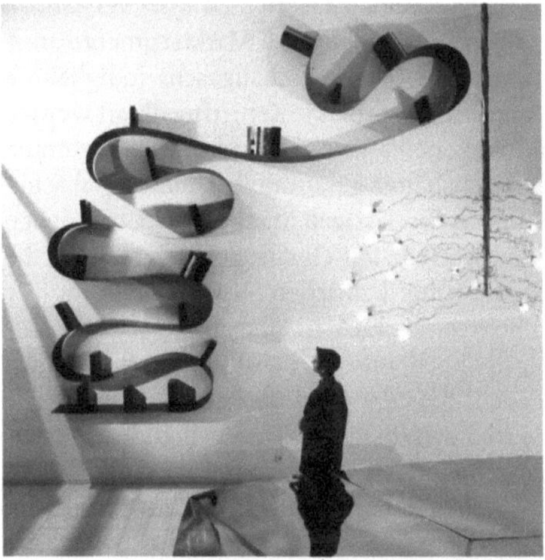

Geschwungene Eleganz für Büchernarren
mit Sinn für Skulpturales

Die Neudefinition des Regals. Ursprünglich bestand Ron Arads Bookworm aus einem einzigen fortlaufenden Stück Stahlblech, das beliebig gebogen werden kann. Je stärker die Kurven, umso größer die Materialspannung und die Belastbarkeit.

Arad verabschiedete die Vorstellung eines starren, im rechten Winkel fest gefügten Bücherregals zugunsten einer in seiner Form variierbaren, geschwungenen Buchablage, die sich windungsreich den Platzverhältnissen und Vorstellungen ihrer Nutzer anpasst.

Zwar verlocken die in regelmäßigem Abstand angebrachten Kunststofflaschen dazu, etwas anzulehnen, z.B. Bücher. Dennoch scheint sich der skulpturale Charakter des »Bücherwurms« einer rein funktionalen Zuordnung zu entziehen: Im Gegensatz zu den geordneten Variationsmöglichkeiten konventioneller Regalsysteme herrscht Freiheit, sowohl was die Form, als auch was die Nutzung betrifft. So wird der Bookworm tatsächlich zur Wandskulptur, die sich – mit oder ohne Bücher – an der Wand entlangschlängelt.

Zunächst wurde der Bookworm als Stahlband produziert, dann wurde der Mini Bookworm aus einem kürzeren und schmaleren eloxierten Bandstahl hergestellt, das die Zusammenarbeit mit Kartell begründete. Seit 1994 wird der Bücherwurm aus einem speziellen Kunststoff gefertigt und ist kommerziell so erfolgreich, dass er in verschiedenen Farben und Längen angeboten wird.

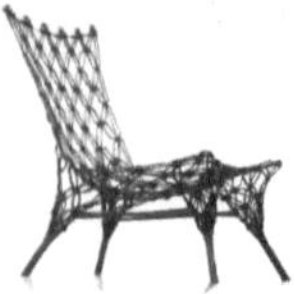

Entwurf: 1995
Produktion: 1996 Droog Design, Amsterdam, dann Cappellini, Mailand

1996

Knotted Chair

Marcel Wanders

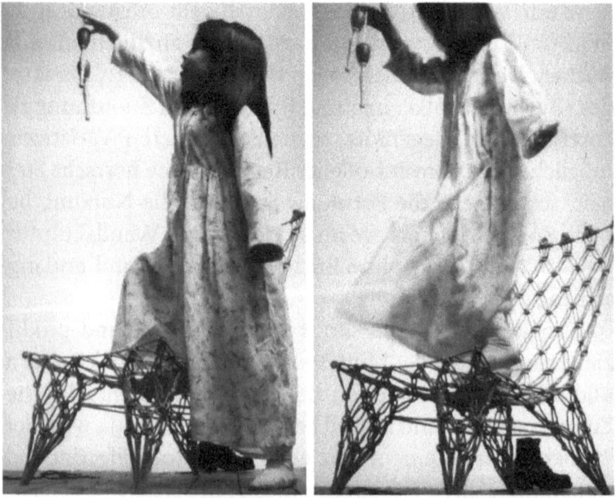

Kunstharzverstärkt:
Makramee-Knüpftechnik im Härtetest

Vereinigt: Handwerk mit Zukunft. In einem hochtechnologischen Zeitalter betont der Knotted Chair durch die Verwendung der traditionellen Makramee-Knüpftechnik wieder das Handgemachte, allerdings kombiniert mit Zukunftstechnologie.

In einem Workshop an der Technischen Universität in Delft wurde ein innovatives Materialkomposit verwendet: Ein Seil aus Aramidfasern, die um einen Karbonkern geflochten sind. Es wird von Hand nach traditionellen Makramee-Mustern aus den Sechzigerjahren zu dieser ungewöhnlichen Stuhlform geknotet. Dann wird das schlaffe Knäuel mit Epoxydharz getränkt und zum Aushärten in einen Rahmen gehängt, wo sich die Form des niedrigen vierbeinigen Sessels mit hoher Rückenlehne allein durch die Schwerkraft ergibt.

Obwohl mit alten Handwerkstechniken und aus einem robusten Material hergestellt, wirkt der Knotted Chair filigran und leicht – was er in der Tat auch ist, denn er wiegt nur 1,4 Kilogramm. Die vertraute Makramee-Ästhetik verleiht dem Stuhl nicht nur einen »alten« Look, sondern macht ihn uns auch vertraut. Wir haben den Eindruck, als kennen wir ihn schon, ohne ihn eigentlich wahrgenommen zu haben – damit wird Hightech selbstverständlich in unseren Alltag integriert.

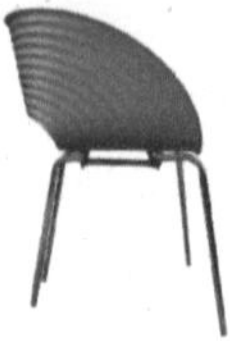

Entwurf: 1997
Produktion: Seit 1998 durch Vitra, Birsfelden bei Basel

1997

Tom Vac

Ron Arad

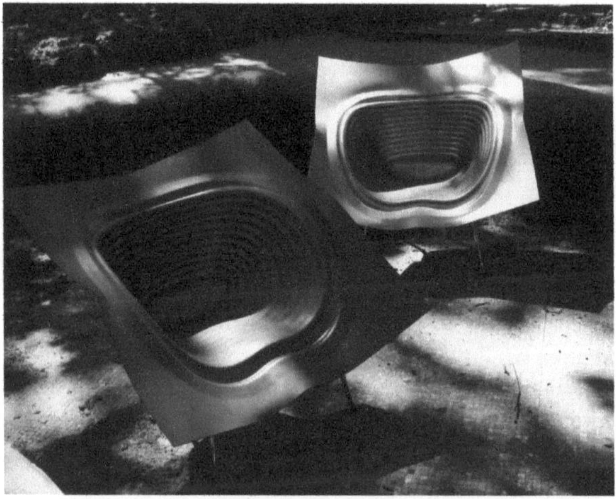

Recyceltes Polypropylen findet zu neuer Form mit Sitzkomfort.

Materialmetamorphosen. 1997 wurde Ron Arad von der Zeitschrift »Domus« beauftragt, für die Mailänder Möbelmesse eine Installation zu entwerfen. Er entwickelte das sogenannte Domus-Totem, eine Plastik aus ineinandergestapelten Stühlen, die von erschöpften Messebesuchern schnell dekonstruiert wurde.

Anstatt bereits existierende Stühle für diesen Raum zu verwenden, investierte Arad das Budget in eine Maschine, die in 20 Minuten eine sehr dünne und elastische Form aus gewelltem Aluminiumblech herstellen konnte. Diese Form ergänzte er durch ein zierliches Untergestell mit vier Beinen. Um den Stuhl stapeln zu können, befand sich am Mittelpunkt des Sitzes ein Loch, durch das die zueinander gebogenen Hinterbeine passten. Die auf 500 Stück limitierte Auflage machte »Tom Vac« zu einem beliebten Sammlerstück.

Seit 1998 fertigt Vitra die Stühle industriell, nun allerdings mit einer leicht elastischen Schale aus recyceltem Polypropylen, dessen leichte Bogenunebenheiten durch kleine Kugelköpfe an den verchromten Stuhlbeinen ausgeglichen werden. Als Hommage an das Designerpaar Eames → 132 folgten 1999 »Tom Rock« zum Schaukeln, »Tom Roll« zum Rollen und »Tom Twist« zum Drehen. Benannt wurde der Stuhl nach Arads Freund, dem Fotografen Tom Vac.

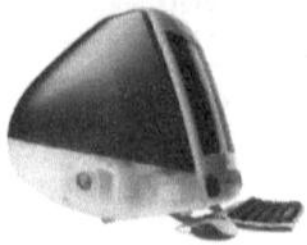

Produktion: 1998

1998

iMac

Jonathan Ive und Apple Industrial Design Group

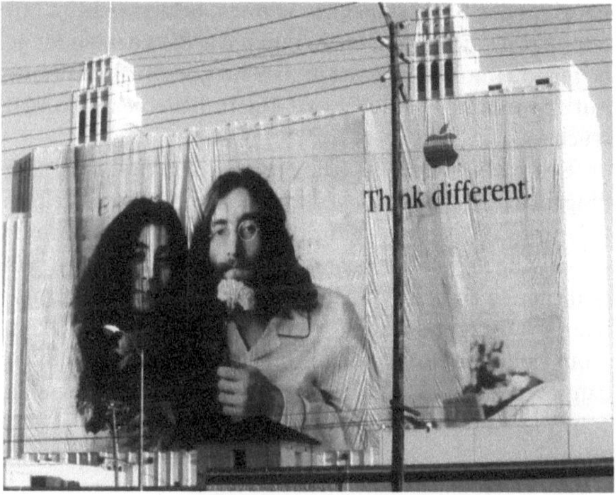

Think different: Organische Form und halbtransparente Materialien werden dem traditionellen Black-Box-Design entgegengestellt.

Halbdurchsichtig und doch undurchschaubar: Datenverarbeitung. 1998 wurde der iMac vorgestellt – ein Rechner, der schnell zur modischen Designikone avancierte, die zahllose Produkte von Autos bis hin zu Büroutensilien beeinflusste. Der iMac wurde innerhalb von nur fünf Monaten etwa 800 000mal verkauft und verdoppelte den Gewinn der Firma. Dabei setzten Jonathan Ive und sein Team auf den Reiz des Halbdurchsichtigen.

Beim iMac-Gehäuse verwendete Apple zum ersten Mal transluzenten Kunststoff für einen Computer, der die technischen Bauteile im Inneren offenbart, jedoch zwischen dem Opaken und Transparenten changiert. Man weiß zwar nicht, wie der Rechner funktioniert, hat aber durch den – wenn auch verschwommenen – Einblick ins Innere einen Eindruck von den Dimensionen der technischen Bauteile und eine Vorstellung, die dem Black-Box-Design technischer Geräte entgegenarbeitet. Der Computer funktioniert nach dem »All-in-one-Prinzip« und präsentiert sich als kompakte Einheit mit Bildschirm, integriertem Laufwerk und Modem.

Mit dem iMac führte Apple eine bunte Farbpalette für Computergehäuse ein, die eine Auswahl nach dem eigenen Geschmack erlaubt. Die enge Beziehung des Nutzers zu seinem technischen Produkt wird durch den kleinen Buchstaben »i« betont, im Englischen »ich«. Er suggeriert wie beim »iPod« oder beim »iPhone« Individualität.

Der erste iMac war Ives Debüt als Leiter des Designteams bei Apple. Der große Verkaufserfolg wurde klar dem innovativen Gestaltungskonzept zugeschrieben, das den Computer nun auch gut in private Wohnräume passen ließ.

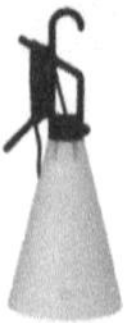

Mayday (auch bekannt als Handleuchte, Mehrzweckleuchte)
Entwurf: 1998
Produktion: Seit 1999 durch Flos, Bovezzo

1998

Mayday

Konstantin Grcic, Klaus Hackl (Projektassistent, KGID)

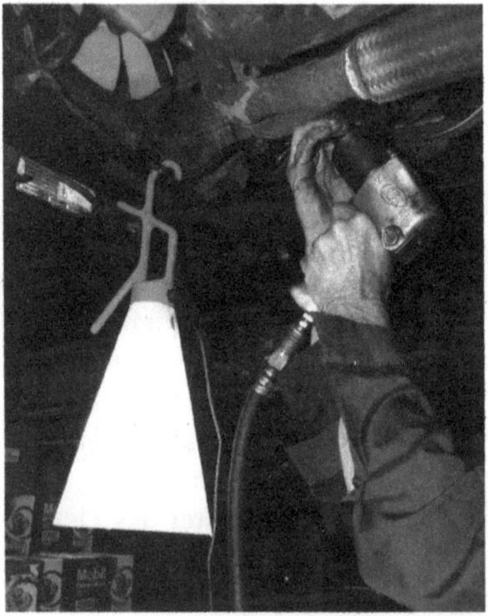

Mayday im Einsatz:
portabel und vielseitig integrierbar

Für alle Fälle: Schnelle Hilfe. Die tragbare Leuchte »Mayday« besteht aus zwei Teilen: einem mattweißen, kegelförmigen Diffusor und einem Griff aus Polypropylen, der in vier verschiedenen Farben erhältlich ist, zum Tragen und Aufhängen, der aber auch als Kabelaufwickler für das 5 Meter lange Kabel verwendbar ist. Derart unkompliziert gestaltet, versteht man sofort, wie die Lampe eingesetzt werden kann.

Mit ihrer archetypischen Form zeigt die Lampe ihre Herkunft: Mayday lehnt sich an die einfachen funktionalen Arbeitsleuchten an, wie man sie aus Autowerkstätten als Inspektionslicht für Mechaniker kennt. Die Form wurde allerdings »zivilisiert« und auf den Interieurbereich übertragen, wo Mayday als Pendel-, Decken- oder Bodenleuchte eingesetzt werden kann.

Wie ihr Pendant aus der Garage ist auch diese unprätentiöse, aber elegante Mehrzweckleuchte für den Ad-hoc-Einsatz gedacht und soll immer dort Verwendung finden, wo sie gerade gebraucht wird. Sie ist also dezidiert für unsere flexibler werdenden Lebensgewohnheiten gedacht. Grcic selbst verwendet angeblich zwei seiner Lampen bei sich zu Hause: Eine befindet sich neben dem Bett, die andere – »für alle Fälle« – an der Wohnungstür.

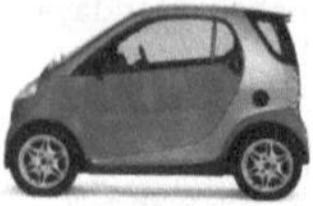

Entwurf: 1993/94
Produktion: 1998 durch die Daimler-Benz AG (heute Daimler AG)

1998

Smart

Smart Design Team

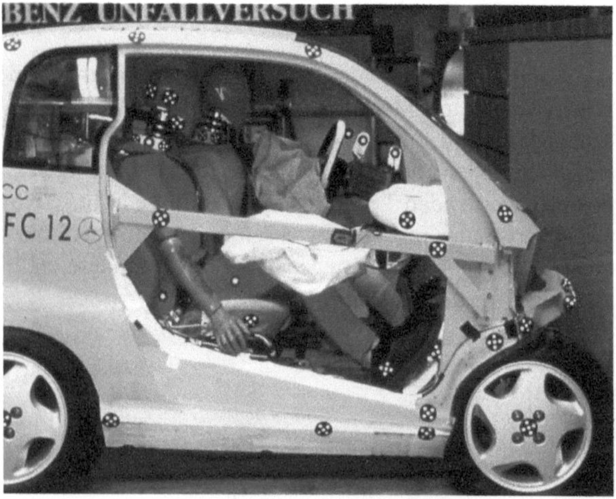

Innenleben eines Stadtautos mit Kultqualitäten

Öko-Status. Um die Jahrtausendwende avancierte der kleine Stadtwagen zum Symbol des »Downsizing«. Die Idee zu diesem revolutionären Auto ging von Nicolas G. Hayek aus, Gründer der Swatch-Gruppe. In den Neunzigerjahren entwarf er ein Elektroauto, das ebenso klein, bunt und preiswert sein sollte wie die Swatch-Uhren →300 und ebenso unkompliziert individuellen Vorstellungen angepasst werden kann.

1994 entstanden erste Modelle eines kleinen energiesparenden Stadtwagens unter der Micro Compact Car AG (MCC), einer Tochtergesellschaft der Stuttgarter Daimler-Benz AG und der Schweizerischen Gesellschaft für Mikroelektronik und Uhrenindustrie in Biel. In der Folge wurde der Smart (Swatch, Mercedes, Art) entwickelt, der über einen höheren Sicherheitsstandard verfügte, aber auch teurer war. Anlässlich der Olympischen Spiele in Atlanta präsentierte MCC 1996 ein erstes Show-Car. Nachdem Hayek 1997 aus dem Projekt ausgestiegen war, wurde der Smart offiziell auf der Frankfurter IAA vorgestellt und ab 1998 produziert. Mit dem kleinen Kompaktwagen definierte Daimler-Benz eine vollkommen neue Autoklasse: den Smart – einen modischen Zweisitzer mit einem sensationell sparsamen Benzinverbrauch.

Bis zum finanziellen Gewinn musste sich der Konzern allerdings gedulden: Erst mit dem Anstieg der Benzinpreise stieg auch das Interesse der Autokäufer für sparsame Fahrzeuge. Die zunehmende Sensibilität für nachhaltige Produkte förderte dann außerdem »smarte« Autokäufe.

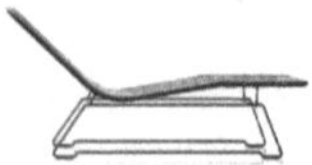

Entwurf: 2000
Produktion: 2000–04 durch Zanotta, Nova Milanese / Mailand

2000

Soft Chaise

Werner Aisslinger

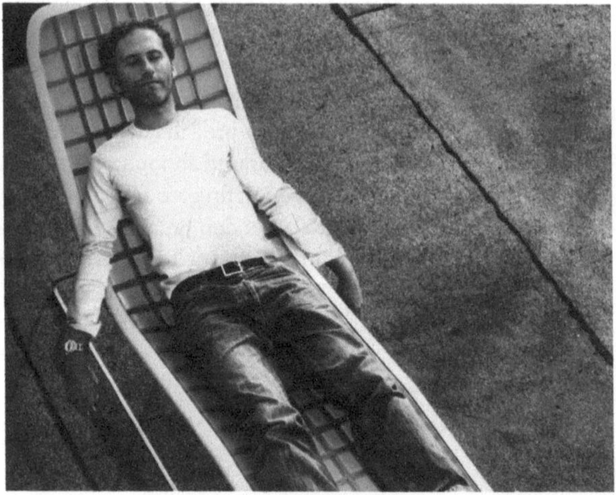

Die Soft Chaise: ein »Knautsch«-Sitz, der sich jeder Bewegung anpasst

Polstermöbel-Revolution. Bei einem Ausstellungsbesuch im New Yorker MoMA entdeckte Werner Aisslinger 1995 einen Fahrradsattel aus einem speziellen, blauen, transluzenten Gel, der ihn dazu inspirierte, solche Materialien auch im Möbeldesign einzusetzen: Er überführte Materialien aus der Medizin- oder Sportgerätetechnik ins Möbeldesign – eine Innovation, die zu einer neuen organischen Ästhetik beitragen sollte.

1999 präsentierte Aisslinger Soft-cell-Möbel aus Technogel auf der Mailänder Möbelmesse. Der von ihm verwendete, auf Polyurethan-Basis hergestellte Kunststoff verhält sich wie eine Flüssigkeit: Er wird bei Belastung verdrängt und fließt danach wieder in seine ursprüngliche Form zurück. Zudem bietet eine Schicht von 1 Zentimeter Gel aufgrund der speziellen molekularen Struktur denselben Komfort wie ein 5 Zentimeter dicker herkömmlicher Polsterschaum, was bei gleich hohem Sitzkomfort eine enorme Verschlankung bedeutete – eine Revolution für das Polstermöbel.

Auf diesen Experimenten aufbauend, produzierte Aisslinger für Zanotta mit der Soft Chaise ein erstes industriell hergestelltes Möbelstück aus Gel, das 2000 auf der Mailänder Möbelmesse vorgestellt wurde. Es basiert auf einem optimierten Herstellungsverfahren der Firma TechnoGel, bei dem ein transluzenter Lack in die Werkzeugform gesprüht wird, der dann eine resistente Haut bildet. Die große Gelmatte ruht auf einem Gitter aus Textilbändern, das in einen schlanken Aluminiumrahmen gespannt und von einer filigranen Konstruktion aus Edelstahl getragen wird.

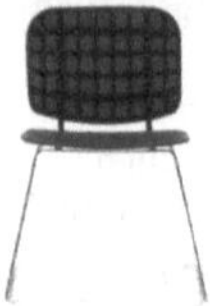

Entwurf: 2000
Produktion: Seit 2001 durch Cappellini, Mailand

2000

Gel Chair

Werner Aisslinger

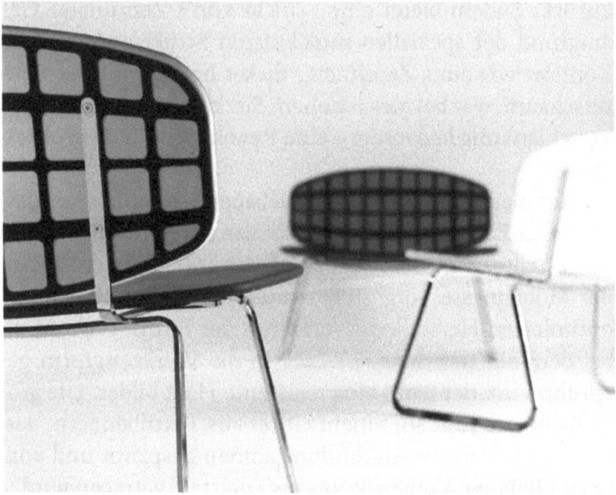

Leicht, schlank, transluzent und darüber hinaus äußerst bequem: der Gel Chair

Hightech organisch. Minimalistische transluzente Möbelskulptur, die mit ihrem überraschenden Sitzkomfort für Überraschung sorgte.

Zusammen mit Cappellini wurde der Gel Chair in der Gel-Chair-Kollektion umgesetzt. Für Sitzfläche und Rückenlehne des Stuhls wurde das TechnoGel im Sandwich-Verfahren mit einem organisch ausgeformten Nylongitter verbunden, so dass sich die Farben des matten, transluzenten Materials wie die Blätter einer Pflanze je nach Intensität des Lichtes leicht verändern. Damit verändert sich natürlich auch der Gesamteindruck des Stuhls.

Die matte Oberfläche der Sitzfläche ist mit einer speziellen Textur beschichtet, die der menschlichen Haut nachempfunden ist. Die Kombination der transluzenten Gelmatten mit rostfreiem Metall verleiht den Möbeln eine besondere Eleganz.

Brad Pitt soll von dem Gel Chair so begeistert gewesen sein, dass er gleich dreißig für sein Strandhaus in Santa Barbara bestellt hat – in einer speziell für ihn produzierten Farbe.

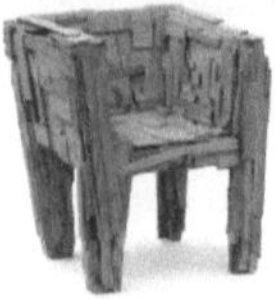

Entwurf: 1991
Produktion: Seit 2003 durch Edra, Perignano Pisa

2003

Favela-Sessel

Fernando und Humberto Campana

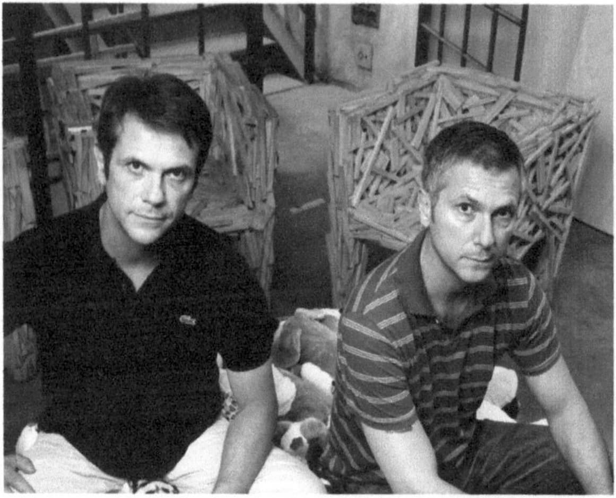

Der Favela-Sessel erzählt eine Geschichte …

Meister des Kunstfertigen und Handwerklichen. Mit dem Namen Favela für ihr Möbelstück der gehobenen Preisklasse verweisen die Brüder Fernando und Humberto Campana auf die unkoordiniert entstandenen Elendsviertel in São Paulo mit ihren aus Abfall errichteten Behausungen.

Der Stuhl, der aus vielen Schichten hunderter dünner Pinienholzklötze zusammengesetzt wird, feiert die autonome Kreativität einer handwerklichen Gestaltung, die in den notdürftig zusammengezimmerten Bretterbuden der Favelas spontan zum Ausdruck kommt.

Der Stuhl Favela wurde zunächst in Brasilien produziert, allerdings nicht in den Slums, sondern von einer deutschsprachigen Gemeinde nahe der argentinischen Grenze, die – so die Campanas in einem Interview – gewohnt gewesen sei, sehr rationelle Möbel zu bauen. In einem speziellen Workshop hätten die Campanas versucht, ihnen die Ordnung auszutreiben: »Macht euer Schlechtestes. Seid irrational!«, sei die Parole gewesen. Die Intention der Brüder Campana ist, das Potential einfachster Materialien auszuloten, um daraus Möbel mit hohen skulpturalen und poetischen Qualitäten zu schaffen.

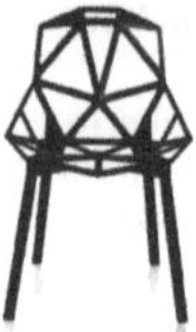

Chair One, Stuhl One
Entwurf: 2003 für Magis, Torre di Mosto
Produktion: 2004

2004

Chair One

Konstantin Grcic, Stefan Diez, Sami Ayadi, Jan Heinzelmann, Benoit Steenackers (KGID)

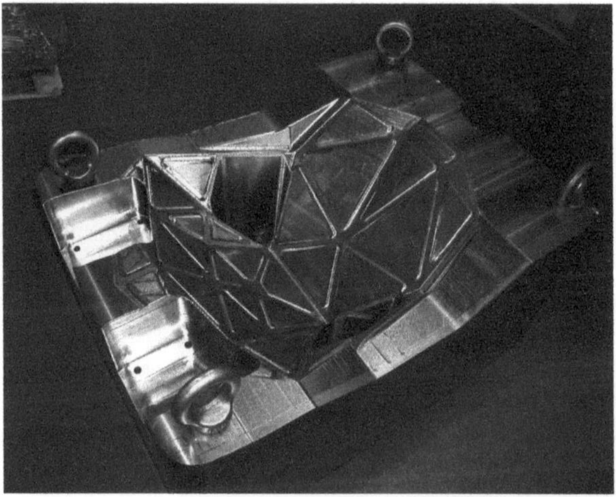

Kantiges Produktionswerkzeug für den Chair One

Analogital. Der Chair One ist ein stapelbarer Metallstuhl mit einem Sitz aus lackiertem Druckguss-Aluminium und Beinen aus eloxiertem Aluminium, dessen Polyesterlackierung in drei Farbvarianten erhältlich ist. Alternativ kann der Sitz auch durch einen schweren Sockel aus Beton stabilisiert werden. Zudem existiert eine Variante mit einem dynamischen Sitzsystem.

Gegen das geschmeidige »Neue Organische Design« → 348, 350 stellt Konstantin Grcic mit dem Chair One ein kantiges Netzwerk aus Aluminiumstreben, dessen kristalline Ästhetik an die Gitternetzkonstruktionen grober digitaler Renderings in CAD-Programmen erinnert. Entsprechend thematisiert der Chair One auch das Verhältnis zwischen digitalen und analogen Gestaltungsprozessen.

Tatsächlich ist der Stuhl das Resultat intensiver gestalterischer Forschungsarbeit über die Materialeigenschaften und strukturale Logik des Aluminiums. Wie in einem naturwissenschaftlichen Experiment entwickelte Grcic Versuchsreihen, die zu dem heute bekannten Stuhlmodell führten: Aus einfachen Zeichnungen entstand eine Serie von Papier- und Kartonmodellen sozusagen als dreidimensionalen Raumskizzen, die dann in Prototypen überführt und schließlich industriell gefertigt wurden. So entwickelte der Münchner Designer für Magis einen skelетthaften Sitz aus Polygonen, dessen Elemente – ähnlich wie bei einem Fußball – in einem flachen Winkel zueinander angeordnet sind und so eine dreidimensionale Sitzschale mit Rückenlehne ergeben.

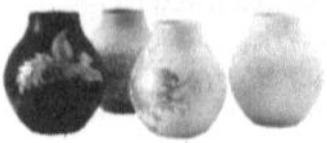

IKEA PS Jonsberg, Vase in vier Varianten
Entwurf: 2005
Produktion: Ab 2006 durch IKEA

2005

Jongerius-Vasen für IKEA

Hella Jongerius

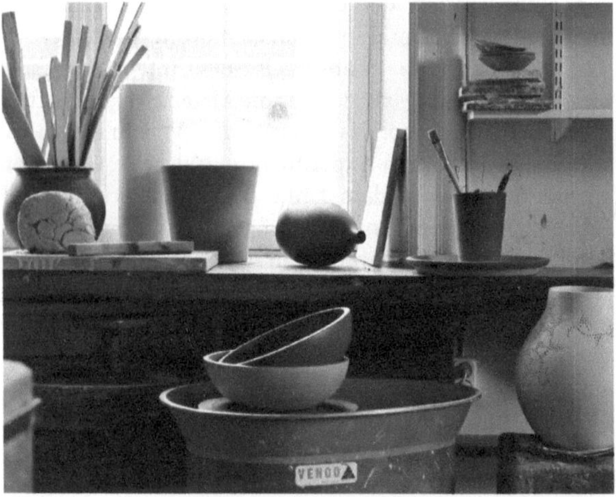

Großserienproduktion und Handarbeit – neu und überzeugend

Handwerk für alle. In ihren Arbeiten lotet Hella Jongerius das Verhältnis zwischen dem in großer Serie hergestellten Massenprodukt und dem handwerklich produzierten Unikat aus. Sie berücksichtigt praktische und ökonomische Aspekte der Serienproduktion, aber auch das Bedürfnis nach emotionaler und materieller Komplexität und Vielfalt, wie es von (kunst-)handwerklich Hergestelltem befriedigt wird.

Eine Methode von ihr ist, Techniken oder gestalterische Details einzusetzen, die einen persönlichen »Touch« bewirken, etwa kleine Fehler oder Unregelmäßigkeiten, wie man sie mit handwerklichen Unikaten verbindet. Nachdem Jongerius dieses Vorgehen bei kleinen limitierten Serien angewandt hatte, erprobte sie ihre Methode bei der sogenannten PS Kollektion von IKEA, einer in Großserie produzierten Kollektion von Einrichtungsgegenständen für ein designaffines Publikum.

Entsprechend wurden die sogenannten Jonsberg-Vasen in einer extrem hohen Stückzahl hergestellt und für 34,95 Euro angeboten. Trotz Großserienproduktion wurden die Vasen von Hand hergestellt, so dass sie sich durch eine individuelle Anmutung auszeichnen. Auch ihre Formgebung thematisiert das Verhältnis zwischen Allgemeingültigkeit und Individualität: Alle Vasen basieren auf derselben bauchigen, archaisch anmutenden Form. Für jede der vier Ausführungen wurden jedoch ein eigenes Muster, ein eigenes Material und eine eigene Technik eingesetzt, die Bezug nehmen auf die verschiedenen Teile der Welt, die von den Vasen repräsentiert werden: Russland, Afrika, Asien und Europa.

Entwurf: 2006

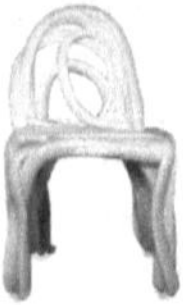

2006

Sketch Furniture

Front (Sofia Lagerkvist, Charlotte von der Lancken, Anna Lindgren, Katja Sävström)

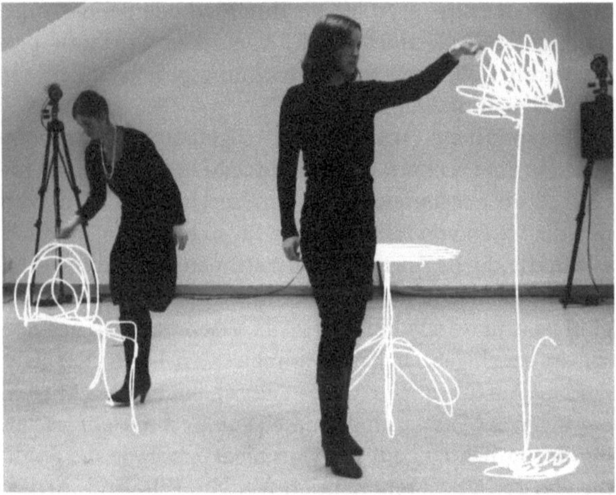

Experimente mit Materialität und Virtualität – ästhetisch reizvoll

In den Raum gezeichnet: Skizzenobjekte. Mit ihrem Projekt Sketch Furniture erarbeitete die Stockholmer Designerinnengruppe Front (Sofia Lagerkvist, Charlotte von der Lancken, Anna Lindgren und Katja Sävström) ein performanceartiges Design-Experiment, bei dem Skizzen, die frei Hand in den Raum gezeichnet werden, dreidimensional ausgeplottet werden konnten.

Spezielle Kameras nahmen die mit Leuchtstiften in schnellen Bewegungen frei in die Luft gezeichneten Skizzen aus unterschiedlichen Winkeln auf und speicherten die Bewegungen in digitalen Dateien. Dann wurden sie mittels »Motion Capture«, einer Technik, die bei der Animation von Filmen oder Computerspielen zum Einsatz kommt, in Echtzeit in den dreidimensionalen Raum projiziert, so dass der Eindruck eines dreidimensionalen Möbels simuliert wird.

Anschließend wurden die 3D-Dateien mittels Rapid-Prototyping dreidimensional ausgeplottet, indem die Möbel per Laserstrahl Schicht für Schicht aus einem flüssigen Plastik materialisiert und Millimeter für Millimeter ausgehärtet wurden, so dass der jeweilige Gegenstand nach ein paar Stunden vollkommen materialisiert und damit haptisch erlebbar wurde.

Bei diesem Experiment ging es den Designerinnen nicht um eine ideale Form, sondern darum, das Verhältnis zwischen Zeichnung und Materialisierung sowie zwischen Materialität und Virtualität auszuloten.

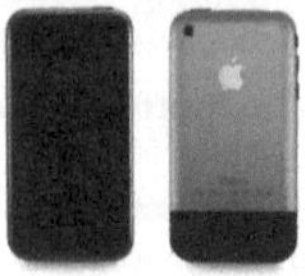

Produktion: 2007

2007

iPhone

Jonathan Ive (Apple Design Team)

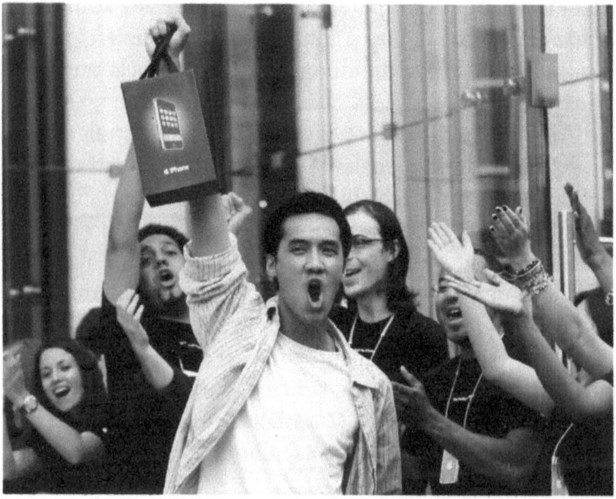

Kommunikation des neuen Jahrtausends,
konzentriert in einem Kultobjekt

Autonom: Urbild des Smartphones. 2007 brachte Apple mit dem iPhone ein Smartphone auf den Markt, das durch eine berührungsempfindliche Fläche bedient wird. Der Anschluss an den Datenraum findet ohne physische Tasten statt, nur über das Display und die Berührung des Touchscreens.

Natürlich hat Apple den Touchscreen nicht erfunden. Aber die Techniker von Apple haben verstanden, was man damit anfangen kann: Nach dem Motto »Touching is the new seeing« haben sie taktile Interfaces geschaffen, die dem Benutzer das Gefühl vermitteln, als könne er die Daten tatsächlich physisch verändern, indem er Coversammlungen von Musikalben durchblättert, Links anklickt oder mit den Fingern Bilder auseinander- oder zusammenzieht, d.h. vergrößert oder verkleinert.

Das iPhone ist zwar ein Telefon. Es ist aber noch viel mehr. Es ist eine etwa handgroße tragbare Kommunikationsplattform, die vor allem aufgrund der sich schnell entwickelnden Angebotspalette von Apps den Trend zur virtuellen Parallelwelt des Cyberspace gebrochen hat – schließlich verknüpfen Apps die Informationen des Datenraums mit der Realität des Benutzers im Hier und Jetzt. Der kleine Buchstabe »i«, Englisch für »ich«, suggeriert Individualität und soll die individuelle Beziehung zwischen technischem Produkt und Benutzer fördern. Das amerikanische Magazin »Time« wählte das iPhone 2007 zur Erfindung des Jahres.

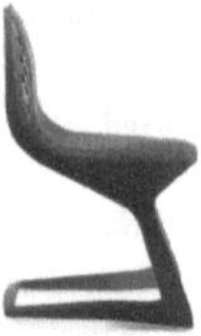

Entwurf: 2006/07
Produktion: Plank & BASF, 2008

2008

Myto

Konstantin Grcic Industrial Design

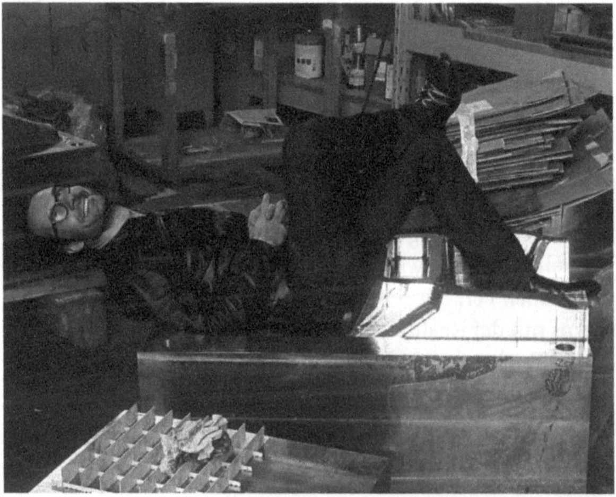

Ein Freischwinger mit großen Vorbildern in der Designgeschichte

Aus einem Guss: Stapelbarer Freischwinger. Myto ist die Umsetzung einer Materialinnovation: ein neuer Kunststoff der BASF, der als »Ultradur High Speed« vermarktet wird und sich dank spezieller Nanopartikel durch hohe Fließfähigkeit bei extremer Festigkeit auszeichnet.

Diese Materialeigenschaften ermöglichten es, Myto zwar als Monoblock anzulegen, jedoch gleichzeitig den Wechsel zwischen dicken und dünnen Querschnitten sowie die Verbindung der starren Rahmenkonstruktion mit der perforierten Fläche, die Sitz- und Rückenfläche bildet, in einem Guss herzustellen. So ist die Rückenlehne wie ein Kissen aufgespannt und wölbt sich dem Benutzer entgegen. Damit weist Myto weit über seine berühmten Vorgänger von Mart Stam → 68, Mies van der Rohe → 74 oder Marcel Breuer → 66 und selbst über den Panton Chair → 244 hinaus, der unzweifelhaft Ausgangspunkt und Ansporn für diesen neuartigen Kunststoff-Freischwinger war.

Der Entwurfsprozess begann im Sommer 2006 in einem Workshop bei der BASF in Ludwigshafen, in dem das kreative Potential neuer technischer Kunststoffe jenseits des Automobil-Designs ausgelotet wurde. Schnell war klar, dass ein Freischwinger entwickelt werden sollte, denn seit jeher bedeutet die Konstruktion von Freischwingern eine sehr große Herausforderung an das Material.

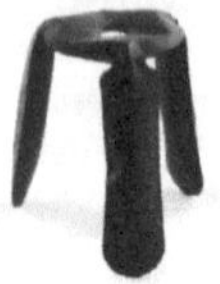

Entwurf: 2007
Produktion: Ab 2008 produziert, vertrieben durch die dänische Firma Hay, Horsens

2008

Plopp

Oskar Zieta

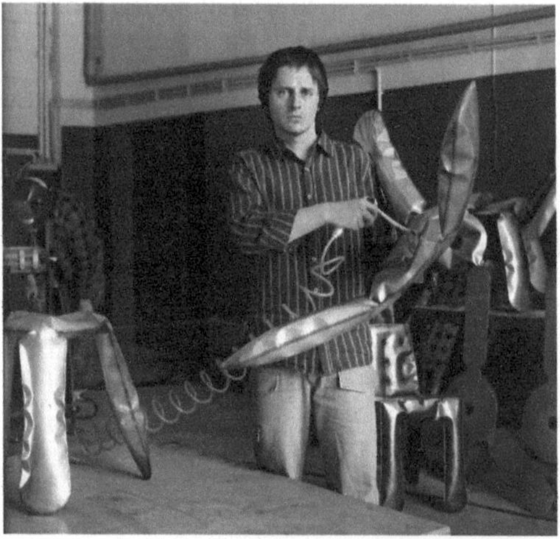

Leicht in der Wirkung, aber doch starr und stabil: der aufblasbare Metallhocker »Plopp«

Möbel unter Druck. Während seines Architekturstudiums an der ETH Zürich experimentierte Oskar Zieta mit leichten Blechkonstruktionen. Eines Tages entdeckte der gebürtige Pole das Innen-Hochdruck-Umformen (IHU), das vor allem in der Automobilindustrie genutzt wird, etwa um Rohrprofile für das Abgassystem herzustellen.

Daraus leitete Zieta sein FIDU-Verfahren (Freie Innendruck-Umformung) ab, bei dem zwei identische Formen aus 0,8 Millimeter dünnem Stahlblech in einer Lasercutmaschine ausgeschnitten und dann an den Rändern zusammengeschweißt werden. Durch ein Ventil wird anschließend mit hohem Druck Luft eingeleitet, was die Bleche verformt und ein dreidimensionales Metallobjekt erzeugt. Je nach Form, Druck und Dauer der Befüllung entstehen unterschiedliche Konturen, stärkere oder schwächere Knicke. So ist die charakteristische Form von Zietas Hocker Plopp dieser besonderen Technologie geschuldet, aber auch ein wenig dem Zufall überlassen: Obwohl er weich wirkt, ist der leichte Hocker starr und sehr stabil.

Produziert wird Plopp in Zietas eigener Fabrik in Zielona Góra, nahe der deutschen Grenze. Der polnische Designer ist davon überzeugt, dass sich sein FIDU-Verfahren nicht nur auf Möbeldesign, sondern auch auf größere Objekte anwenden lässt. Entsprechend übertrug er das Fertigungsprinzip auf den Brückenbau; 2010 wurde auf der IMM Cologne der erste Messestand aus aufgeblasenem Metall vorgestellt.

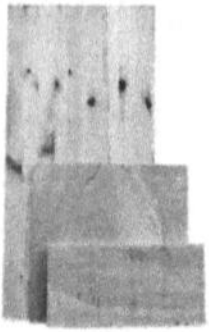

Projekt und Produktion: Ab 2010

2010

Hartz-IV-Möbel

Van Bo Le-Mentzel und die Crowd

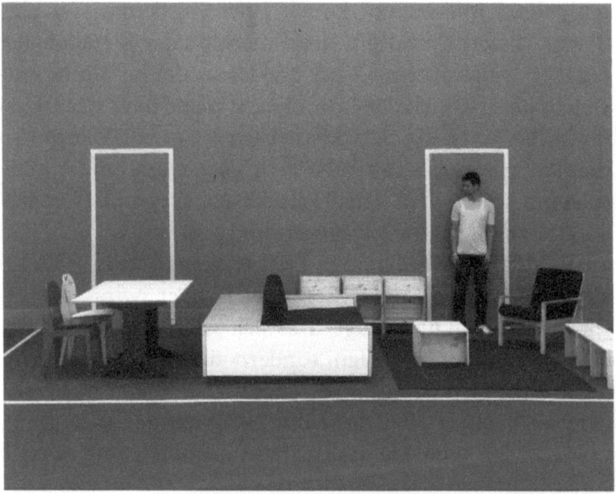

Für »wenig Einkommen und viel Geschmack«: Möbel für sozial Benachteiligte mit Sinn für Design

Nicht allein, sondern gemeinsam gestalten. Nach dem Motto »build more, buy less« baut diese alternative Möbelproduktion auf Eigenleistung. Sie spielt auf die deutsche Arbeitslosenhilfe an, um mit dem DIY-Projekt nicht nur eine designaffine Zielgruppe oder Heimwerker, sondern auch sozial benachteiligte Gesellschaftsgruppen zu erreichen.

Für das DIY-Selbsthilfe-Design mit politischem und sozialem Anspruch werden auf einer Website kostenlos Baupläne für einfache Holzmöbel oder Lampen zur Verfügung gestellt. Ziel ist es, nicht nur Möbel zu bauen, sondern selbst aktiv zu werden – gewohnte Barrieren zu überschreiten und Stolz für das mit eigenen Händen Geschaffene zu entwickeln. Die selbstgebauten, oft multifunktionalen Möbel wollen dem Virtuellen Echtes und Authentisches entgegensetzen, das Generationen überdauert, also »enkeltauglich« ist.

»Wenig Einkommen und viel Geschmack«, so beschreibt Van Bo Le-Mentzel seine Produzenten, die Crowd, die seine Pläne nutzt, weiterentwickelt und die gebauten Möbel wieder auf der Website einstellt.

Nicht nur die Formen der Möbel sind von Möbelklassikern der Moderne inspiriert. Auch die sozial motivierten Produktionsformen sind historischen Vorbildern verpflichtet, etwa den einfachen Möbeln von Ferdinand Kramer und Franz Schuster, die 1925 von arbeitslosen Schreinern in der Frankfurter »Erwerbslosenzentrale« hergestellt und über eine gemeinnützige »Hausrat GmbH« verkauft wurden.

Objekte von A bis Z

Objekte von A bis Z

Objekte von A bis Z

Objekte von A bis Z

Designer von A bis Z

Designer von A bis Z

Designer von A bis Z

Literaturverzeichnis

Allgemeine Literatur

Albus, Volker / Reyner, Kras / Woodham, Jonathan M. (Hrsg.): **Design! Das 20. Jahrhundert.** München / London / New York 2000.

Bailay, Stephen (Hrsg.): **In Good Shape.** Style in Industrial Products 1900 to 1960. New York 1979.

Bräuer, Hasso (Hrsg.): **Archiv des deutschen Alltagsdesigns.** Warenkunden des 20. Jahrhunderts (Digitale Bibliothek). Berlin 2004.

Breuer, Gerda: **Die Erfindung des modernen Klassikers.** Avantgarde und ewige Aktualität. Ostfildern 2001.

Breuer, Gerda / Eisele, Petra (Hrsg.): **Design. Texte zur Geschichte und Theorie.** Stuttgart 2018.

Breuer, Gerda / Meer, Julia (Hrsg.): **Women in Graphic Design 1890–2012. Frauen und Grafik-Design.** Berlin 2012.

Bürdek, Bernhard E.: **Design.** Geschichte, Theorie und Praxis der Produktgestaltung. 3. Aufl. Basel 2013.

Bürdek, Bernhard E.: **Design – auf dem Weg zu einer Disziplin.** Hamburg 2012.

Busch, Bernd / Leuschel, Karl Stefan / Oehlke, Horst: **Design – Entwicklungen in Deutschland.** Bonn 1992.

Byars, Mel: **The Design Encyclopedia.** 1880 to the Present. München 1994.

Literaturverzeichnis

Design Museum London / Michael Czerwinski: **Fifty Chairs That Changed the World.** London 2009.

Erlhoff, Michael (Hrsg. für den Rat für Formgebung): **Designed in Germany Since 1949.** Katalog München 1990.

Erlhoff, Michael / Marshall, Timothy (Hrsg.): **Wörterbuch Design.** Begriffliche Perspektiven des Design. Basel 2013.

Fischer, Volker (Hrsg.): **Design heute.** Maßstäbe: Formgebung zwischen Industrie und Kunst-Stück. Katalog München 1988.

Fuchs, Heinz / Burkhardt, François (Hrsg.): **Produkt Form Geschichte.** 150 Jahre deutsches Design. 2. veränd. Aufl. Berlin 1988.

Garner, Philippe: **Twentieth-Century Furniture.** New York 1980.

Godau, Marion / Polster, Bernd: **Design-Lexikon Deutschland.** Köln 2000.

Hauffe, Thomas: **Geschichte des Designs im Überblick.** Von der Industrialisierung bis heute. Köln 2016. Köln 2014.

Hiesinger, Kathlyn B. (Hrsg.): **Design Since 1945.** Katalog London 1983.

Lucie-Smith, Edward: **A History of Industrial Design.** Oxford 1983.

Lueg, Gabriele: **Design im 20. Jahrhundert.** Köln 1989.

Máčel, Otakar / Woertman, Sander / Van Wijk, Charlotte: **Chairs.** Catalogue of the Delft Faculty of Architecture Collection. Rotterdam 2008.

Mang, Karl: **Geschichte des modernen Möbels.** Von der handwerklichen Fertigung zur industriellen Produktion. Stuttgart 1989.

Morteo, Enrico: **Design-Atlas von 1850 bis heute.** Köln 2009.

Mundt, Barbara: **Produkt-Design 1900–1990.** Eine Einführung. Bildführer zur Neuen Sammlung im Kunstgewerbemuseum, Staatliche Museen Preußischer Kulturbesitz. Berlin 1991.

Oedekoven-Gerischer, Angela (Hrsg.): **Frauen im Design.** Berufsbilder und Lebenswege seit 1900. 2 Bde. Katalog Stuttgart 1982.

Phaidon Editors (Hrsg.): **Products from Phaidon Design Classics.** Bd. 1: Pioneers, Bd. 2: Mass Production, Bd. 3: New Technologies. Berlin 2009.

Polster, Bernd: **Möbeldesign Deutschland – die Klassiker.** Köln 2005.

Schepers, Wolfgang / Schmitt, Peter (Hrsg.): **Das Jahrhundert des Design.** Geschichte und Zukunft der Dinge. Katalog Frankfurt a. M. 2000.

Schneider, Beat: **Design. Eine Einführung.** Entwurf im sozialen, kulturellen und wirtschaftlichen Kontext. Basel [u. a.] 2009.

Seit langem bewährt. Klassische Produkte moderner

Formgebung. Katalog Die Neue Sammlung, Staatliches Museum für Angewandte Kunst. München 1968.
Selle, Gert: **Design im Alltag.** Vom Thonetstuhl zum Mikrochip. Frankfurt a. M. 2007.
Selle, Gert: **Geschichte des Design in Deutschland.** Aktualisierte und erweiterte Neuausgabe. Frankfurt a. M. / New York 2007.
Sembach, Klaus-Jürgen: **Moderne Klassiker.** Möbel, die Geschichte machen. 11. Aufl. Hamburg 1989.
Sievers, Christine / Schröder, Nicolaus: **Design des 20. Jahrhunderts.** Die Gestaltung der Moderne. 50 Klassiker. Hildesheim 2001.
Sparke, Penny: **Italienisches Design von 1870 bis heute.** Braunschweig 1989.
Sparke, Penny: **Design im 20. Jahrhundert.** Die Eroberung des Alltags durch die Kunst. Stuttgart 1999.
Sparke, Penny: **The Genius of Design.** London 2009.
Sturm, Hermann (Hrsg.): **Design retour.** Ansichten zur Designgeschichte (Schriftenreihe des Instituts für Kunst- und Designwissenschaften (IKUD) der Universität Essen. Bd. 2). Essen 2000.
The Design Collection. Selected Objects / The Museum of Modern Art, New York / Zürich 1970.
Vegesack, Alexander von / Dunas, Peter / Schartz-Clauss, Mathias: **100 Masterpieces aus der Sammlung des Vitra Design Museums.** Katalog Weil am Rhein 1996.

Wichmann, Hans: **Industrial Design, Unikate, Serienerzeugnisse.** Die Neue Sammlung. Ein neuer Museumstyp des 20. Jahrhunderts. München 2001.

Von der Industrie-Form zum Kunstgewerbe

Bang, Ole: **Thonet.** Geschichte eines Stuhls. Stuttgart 1979.

Bangert, Albrecht / Ellenberg, Peter: **Thonet-Möbel.** Bugholz-Klassiker von 1830–1930. Ein Handbuch für Liebhaber und Sammler. München 1979.

Gleininger, Andrea: **Der Kaffeehausstuhl Nr. 14 von Michael Thonet.** Frankfurt a. M. 1998.

Krichbaum, Jörg (Hrsg.): **Deutsche Standards.** Marken des Jahrhunderts. 9. erw. Aufl. Köln 1997.

Mang, Karl: **Thonet-Bugholzmöbel.** Von der handwerklichen Fertigung zur industriellen Produktion. Hrsg. von Hans Schaumberger. Wien 1982.

Manske, Beate (Hrsg. im Auftr. der Wilhelm-Wagenfeld-Stiftung, Bremen): **Wilhelm Wagenfeld.** Ostfildern 2000.

Müller, Dorothee: **Klassiker des modernen Möbeldesign.** Otto Wagner, Adolf Loos, Josef Hoffmann, Koloman Moser. München 1980.

Mundt, Barbara: **Die deutschen Kunstgewerbemuseen im 19. Jahrhundert.** München 1974.

Literaturverzeichnis

Mundt, Barbara: **Historismus.** Kunsthandwerk und Industrie im Zeitalter der Weltausstellungen (Kataloge des Kunstgewerbemuseums Berlin. Bd. 7). Hrsg. vom Kunstgewerbemuseum Berlin. Berlin 1973.

Mundt, Barbara: **Historismus.** Kunstgewerbe zwischen Biedermeier und Jugendstil. München 1981.

Ottillinger, Eva B. (Hrsg.): **Gebrüder Thonet.** Möbel aus gebogenem Holz. Wien/Köln/Weimar 2003.

Petroski, Henry: **Messer, Gabel, Reißverschluß.** Die Evolution der Gebrauchsgegenstände. Basel/Boston/Berlin 1994.

Schmidt-Bachem, Heinz: **Aus Papier.** Eine Kultur- und Wirtschaftsgeschichte der Papier verarbeitenden Industrie in Deutschland. Berlin / Boston, Mass. 2011.

Selle, Gert: **Design im Alltag.** Vom Thonetstuhl zum Mikrochip. Frankfurt a. M. 2007.

Selle, Gert: **Geschichte des Design in Deutschland.** Aktualisierte und erweiterte Neuausg. Frankfurt a. M. / New York 2007.

Vegesack, Alexander von (Hrsg.): **Das Thonet-Buch.** München 1987.

Wichmann, Hans: **Industrial Design, Unikate, Serienerzeugnisse.** Die Neue Sammlung, ein neuer Museumstyp des 20. Jahrhunderts. München 1985.

Von der Reformbewegung zum Werkbund

Aeschbacher, Jörg: **Dauerbrenner.** Von Dingen, die perfekt auf die Welt kamen. Erw. Neuaufl. Frankfurt a. M. / Berlin 1994.
Buddensieg, Tilmann: **Industriekultur.** Peter Behrens und die AEG 1907–1914. Berlin 1979.
Campbell, Joan: **Der Deutsche Werkbund 1907–1934.** Stuttgart 1981.
Crawford, Alan: **Charles Rennie Mackintosh.** London 2002.
Fischer, Wend: **Zwischen Kunst und Industrie.** Der Deutsche Werkbund. Katalog München 1975.
Houndshell, David: **Studies in Industry and Society**, Bd. 4. Baltimore/London 1984.
Lanfranconi, Claudia / Meiners, Antonia: **Kluge Geschäftsfrauen.** Maria Bogner, Aenne Burda, Coco Chanel, Florence Knoll, Estée Lauder, Miuccia Prada, Margarete Steiff, Marie Tussaud u. v. a. Berlin 2013.
Meurer, Bernd / Vinçon, Hartmut: **Industrielle Ästhetik.** Zur Geschichte und Theorie der Gestaltung (Werkbund-Archiv. Bd. 9). Gießen 1983.
Schwartz, Frederic J.: **Der Werkbund.** Ware und Zeichen 1900–1914. Hrsg. vom Museum der Dinge Werkbundarchiv Berlin und dem Karl-Ernst-Osthaus-Museum, Hagen. Amsterdam/Dresden 1999.

Literaturverzeichnis

Sekler, Eduard F.: **Josef Hoffmann.** Das architektonische Werk F. Sekler. Hrsg. von der Akademie der Bildenden Künste, Wien. Salzburg/Wien 1982.

Stiftung Bauhaus Dessau / RWTH Aachen: **Zukunft aus Amerika.** Fordismus in der Zwischenkriegszeit. Siedlung, Stadt, Raum. Dessau 1995.

Das Bauhaus und die Avantgarde der Zwanzigerjahre

Adam, Peter: **Der Beistelltisch E 1027 von Eileen Gray.** Frankfurt a. M. 1998.

Biundo, Christina / Eckstein, Kerstin / Eisele, Petra (u. a.): **bauhaus-ideen 1919–1994.** Bibliografie und Beiträge zur Rezeption des Bauhausgedankens. Hrsg. von Andreas Haus. Berlin 1994.

Droste, Magdalena: **Die Bauhaus-Leuchte von Carl Jacob Jucker und Wilhelm Wagenfeld.** Frankfurt a. M. 1997.

Droste, Magdalena: **Marcel Breuer.** Köln 2001.

Droste, Magdalena: **bauhaus 1919–1933.** Köln 2006.

Erfurth, Helmut: **Junkers, das Bauhaus und die Moderne.** Dessau 2010.

Fischer, Volker: **Die Liege LC4 von Le Corbusier, Pierre Jeanneret und Charlotte Perriand.** Frankfurt a. M. 1997.

Fiedler, Jeannine / Feierabend, Peter (Hrsg.): **Bauhaus.** Potsdam 2007.

Gronert, Siegfried: **Form und Industrie.** Wilhelm Braun-Feldweg. Frankfurt a. M. 1998.
Herzogenrath, Wulf (Hrsg.): **Bauhaus-Utopien.** Arbeiten auf Papier. Katalog Stuttgart-Bad Cannstatt 1988.
Heyden, Thomas: **Die Bauhauslampe.** Zur Karriere eines Klassikers. Berlin 1992.
Wolter, Bettina-Martine / Schwenk, Bernhart (Hrsg.): **Die große Utopie.** Die russische Avantgarde 1915–1932. Katalog Frankfurt a. M. 1992.
Bauhaus-Archiv Berlin – Museum für Gestaltung / Stiftung Bauhaus Dessau und Klassik-Stiftung Weimar(Hrsg.): **Modell Bauhaus.** Ostfildern 2011.
Jaffé, Hans L. C.: **De Stijl 1917–1931.** Der niederländische Beitrag zur modernen Kunst. Berlin / Frankfurt a. M. / Wien 1965.
Küper, Marijke / van Zijl, Ida: **Gerrit Th. Rietveld 1888–1964.** Het volledige Werk. Katalog Utrecht 1992.
Möller, Werner / Máčel, Otakar: **Ein Stuhl macht Geschichte.** Katalog München 1992.
Morris, Tim: **Hermann Gretsch – 75 Jahre Arzberg 1382.** Die gute Form für jeden Tag. Katalog Schirnding 2006.
Mundt, Barbara: **Klare Eleganz für die Staatliche Porzellan-Manufaktur in Berlin.** Eine Ausstellung zum hundertsten Geburtstag von Siegmund Schütz und Trude Petri. In: Museums Journal (Berlin). Bd. 21. (2007) S. 58–59.

Literaturverzeichnis

Museum für Stadtgeschichte Dessau (Hrsg.): **Der Stahlrohrstuhl.** Sein Entwicklungsweg durch das Industriedesign (Beiträge zur Stadtgeschichte. Bd. 4). Dessau 1986.

Nerdinger, Winfried (Hrsg.) in Zusammenarbeit mit dem Bauhaus-Archiv Berlin: **Bauhaus-Moderne und Nationalsozialismus.** Zwischen Anbiederung und Verfolgung. München 1993.

Noever, Peter (Hrsg.): **Die Frankfurter Küche von Margarete Schütte-Lihotzky.** Berlin 1992.

Porzellanfabrik Arzberg (Hrsg.): **Eine Form, die Geschichte macht: »Arzberg 1382«.** Arzberg 1981.

Schütz, Wieland (Hrsg.): **Hommage zum 90. Geburtstag Siegmund Schütz und Trude Petri.** Gestaltung für die Staatliche Porzellan-Manufaktur (KPM) Berlin und andere Arbeiten. Berlin 1996.

Straßer, Josef: **50 Bauhaus-Ikonen, die man kennen sollte.** München / Berlin / London / New York 2009.

Scheiffele, Walter: **Wilhelm Wagenfeld und die moderne Glasindustrie.** Eine Geschichte der deutschen Glasgestaltung von Bruno Mauder, Richard Süssmuth, Heinrich Fuchs und Wilhelm Wagenfeld bis Heinrich Löffelhardt. Ostfildern 1994.

van Geest, Jan / Máčel, Otakar: **Stühle aus Stahl.** Metallmöbel 1925–1940. Köln 1980.

Vegesack, Alexander von / Kries, Matthias: **Mies van der**

Rohe. Möbel und Bauten in Stuttgart, Barcelona, Brno. Katalog Weil am Rhein 1998.
Weber, Klaus (Hrsg.): **Die Metallwerkstatt am Bauhaus.** Katalog Berlin 1992.
Wick, Rainer K.: **Bauhaus.** Kunstschule der Moderne. Ostfildern 2000.
Wingler, Hans Maria: **Das Bauhaus 1919–1933.** Weimar, Dessau, Berlin und die Nachfolge in Chicago seit 1937. 2. erw. Aufl., unveränd. Nachdr. der Ausg. 1968, Köln 2002.
Wolsdorff, Christian (Hrsg.): **Bauhaus-Möbel.** Eine Legende wird besichtigt. Katalog Berlin 2002.

Die Dreißiger- und Vierzigerjahre

Abercrombie, Stanley: **George Nelson: The Design of Modern Design.** Cambridge, Mass. 1996.
Adam, Peter: **The Arts oft he Third Reich.** London / New York 1992.
Albrecht, Donald / Murphy, Diana (Hrsg.): **Die Welt von Ray und Charles Eames.** Katalog Berlin 1997.
Antonelli, Paola: **Objects of Design: From the Museum of Modern Art.** München / Berlin / London / New York 2003.
Baroni, Daniele: **Ursprung des modernen Möbels – das Werk Rietvelds.** Stuttgart 1979.

Literaturverzeichnis

Blake, Peter / Thompson, Jane: **More than you may want to know about a very significant chair.** In: Architecture plus (New York). Nr. 4 (Mai 1973) S. 72–80.

Brändle, Christian / Formanek, Verena: **Everything Design.** Die Sammlungen des Museum für Gestaltung Zürich. Hrsg. vom Museum für Gestaltung Zürich. Ostfildern 2009.

Clark, Robert Judson / Belloli, Andrea P. A.: **Design in America.** The Cranbrook Vision 1925–1950. New York 1983.

Fiell, Charlotte und Peter: **Skandinavisches Design.** Köln 2013.

Kirkham, Pat: **Charles and Ray Eames.** Designers of the Twentieth Century. Cambridge, Mass. / London 1995.

Krausse, Joachim / Lichtenstein, Claude (Hrsg.): **Your private sky.** Richard Buckminster Fuller. Design als Kunst einer Wissenschaft. Baden 1999.

Kunst und Medien. Katalog Staatliche Kunsthalle Berlin und Bundesverband Bildender Künstler Bonn, Berlin 1984.

Larrabee, Eric / Vignelli, Massimo: **Knoll Design.** New York 1981.

Leuschel, Klaus: **Swissness.** 43 helvetische Errungenschaften und 7 prägende Persönlichkeiten der Designgeschichte. Sulgen/Zürich 2009.

Lichtenstein, Claude: **Streamline.** Katalog Baden 1992.

Marquart, Christian: **Beetlemania.** Frankfurt a. M. 1998.
Murphy, Diana (Hrsg.): **Die Welt von Ray und Charles Eames.** Katalog Berlin 1997.
Neuhart, Marilyn / Neuhart, John: **Eames Furniture.** Berlin 2010.
Pelkonen, Eeva-Liisa (Hrsg.): **Eero Saarinen.** Shaping the Future. New Haven [u. a.] 2006.
Ruegg, Arthur (Hrsg.): **Schweizer Möbel und Interieurs im 20. Jahrhundert.** Basel/Boston/Berlin 2002.
Schuldenfrei, Robin: **Atomic Dwelling.** Anxiety, Domesticity, and Postwar Architecture. Abingdon / Oxon / New York 2012.
Votteler, Arno: **125 Jahre Knoll.** Vier Generationen Sitzmöbel-Design. Stuttgart/Zürich 1990.
Zec, Peter (Hrsg.): **LebensForm.** Tupperware – die Kultivierung des Gebrauchs. Katalog Essen (ca.) 1997.

Gute Form

Bill, Max: **Die gute Form.** Wanderausstellung des Schweizerischen Werkbundes (Wegleitungen des Kunstgewerbemuseums Zürich 183). Katalog Zürich 1949.
Bill, Max: **Die Gute Form.** 6 Jahre Auszeichnung »Die gute Form« an der Schweizer Mustermesse Basel, hrsg. von d. Direktion d. Schweizer Mustermesse in Basel u. vom

Literaturverzeichnis

Zentralvorstand d. Schweizer. Werkbundes SWB. Winterthur 1957.

Betts, Paul: **The Authority of Everyday Objects: A Cultural History of West German Industrial Design.** Berkley / Los Angeles / London 2004.

Borngräber, Christian: **Stilnovo.** Design in den 50er Jahren. Phantasie u. Phantastik. Frankfurt a. M. 1979.

Dickson, Thomas / O'Brien, Katrina: **Dansk Design.** Sydney 2008.

Erni, Peter: **Die gute Form.** Eine Aktion des Schweizerischen Werkbundes. Dokumentation und Interpretationen. Baden 1983.

FSB – Franz Schneider Brakel (Hrsg.): **Johannes Potente, Brakel.** Design der 50er Jahre. Köln 1988.

Günther, Sonja: **Die fünfziger Jahre.** Innenarchitektur und Wohndesign. Stuttgart 1994.

Hirzel, Stephan: **Kunsthandwerk und Manufaktur in Deutschland seit 1945.** Berlin 1953.

Im Eames-Chair zum Diktat. In: form 176 (Frankfurt a. M.). 6/2000. S. 63–67.

Museum of Arts & Design / Grand Rapids Art Museum / Henry Ford Museum: **The Eames Lounge Chair.** An Icon of Modern Design. London / New York 2006.

Scholtz, Andrea: **Die Türklinke 1020 von Johannes Potente.** Frankfurt a. M. 1998.

Schulz, Bernhard (Hrsg.): **Grauzonen – Farbwelten.**

Kunst und Zeitbilder 1945–1955. Katalog Berlin/Wien 1983.
Seeger, Mia / Hirzel, Stephan: **Deutsche Warenkunde.** Eine Bildkartei des Deutschen Werkbundes, hrsg. mit Hilfe des Rates für Formgebung. Stuttgart 1955.
Sywottek, Christian: **Das Geheimnis der Rillen.** In: brand eins (Hamburg). Nr. 07/08. S. 24–31.
Vegesack, Alexander von (Hrsg.): **Isamu Noguchi.** Sculptural Design. Katalog Weil am Rhein 2001.

HfG Ulm + Braun

Arx, Ursula von: **Willy Guhls Eternitstuhl.** In: NZZ Folio (Thema: »Alles Design?«). Nr. 10 (2001).
Burkhardt, François / Franksen, Inez (Hrsg.): **Design.** Dieter Rams &. 2. verb. und erw. Aufl. Berlin 1981.
Czemper, Karl-Achim (Hrsg.) / club off ulm e.V.: **hfg, ulm.** Die Abteilung Produktgestaltung. 39 Rückblicke. Dortmund 2008.
Gugelot, Hans: **Dia-Projektor »Carousel S«,** 1963. In: form (Seeheim). Nr. 29 (1965) S. 33–34.
Less and more. The design ethos of Dieter Rams. Katalog. Hrsg. von Keiko Ueki-Polet und Klaus Klemp. Berlin 2015.
Lindinger, Herbert: **Hochschule für Gestaltung Ulm.** Die Moral der Gegenstände. 2. veränderte Aufl. Berlin 2001.

Literaturverzeichnis

Mehr oder weniger. Braun-Design im Vergleich. Katalog Hamburg 1990.
Müller-Krauspe, Gerda: **Das Mono-Besteck von Peter Raacke.** Frankfurt a. M. 1999.
Polster, Bernd / Braun GmbH Kronberg: **Braun.** 50 Jahre Produktinnovation. Stuttgart 2010.
Ruegg, Arthur (Hrsg.): **Schweizer Möbel und Interieurs im 20. Jahrhundert (Stiftung Good Goods).** Basel/Boston/Berlin 2002.
Seckendorff, Eva von: **Die Hochschule für Gestaltung in Ulm.** Gründung (1949–1953) und Ära Max Bill (1953–1957). Marburg 1989.
Spitz, René: **hfg ulm.** der blick hinter den vordergrund. die politische geschichte der hochschule für gestaltung 1953–1968. Stuttgart/London 2002.
Spitz, René: **HfG Ulm.** Kurze Geschichte der Hochschule für Gestaltung. Anmerkungen zum Verhältnis von Design und Politik. Hrsg. von Jens Müller. Zürich 2014.
Uhle, Margret: **Die Lego-Story.** Der Stein der Weisen. Reinbek bei Hamburg 2000.
Wichmann, Hans (Hrsg.): **Systemdesign.** Bahnbrecher Hans Gugelot 1920–1965. 2. erw. Ausg. Basel/Boston 1987.

Sixties Design

Bachinger, Richard: **Von der Mechanik zur Elektronik: Olivetti: Konzept u. Form.** Frankfurt a. M. 1984.

Breuer, Gerda / Plüm, Kerstin / Peters, Andrea / Bergische Universität – Gesamthochschule Wuppertal, Lehrstuhl für Kunst- und Designgeschichte: **Die sechziger.** Positionen des Design. Köln 1999.

Brandes, Uta: **Richard Sapper.** Werkzeuge für das Leben. Hrsg. von der Raymond Loewy Stiftung zur Förderung von zeitgemäßem Industriedesign. Göttingen 1993.

Clausager, Anders Ditlev: **Mini Cooper.** Die Autos und ihre Geschichte 1961–1971 & 1990 bis heute. Stuttgart 1997.

Ferrari, Paolo: **Achille Castiglioni.** Mailand 1984.

Hufnagl, Florian (Hrsg.): **Plastics + Design.** Design Objekte aus Kunststoff von der Jahrhundertwende bis zur Gegenwart. Katalog Stuttgart 1997.

Kries, Mateo (Hrsg.): **Joe Colombo.** Die Erfindung der Zukunft. Katalog Weil am Rhein 2005.

Noever, Peter (Hrsg.): **Formlose Möbel.** Katalog Ostfildern 2008.

Ramge, Thomas: **Aus dem Bauch heraus.** In: brand eins (Hamburg). 08/2004. S. 80–82.

Remmele, Mathias: **Verner Panton.** Das Gesamtwerk, hrsg. von Alexander von Vegesack. Katalog Weil am Rhein 2000.

Literaturverzeichnis

Schepers, Wolfgang (Hrsg.): **'68 Design und Alltagskultur zwischen Konsum und Konflikt.** Köln 1997.

Vegesack, Alexander von (Hrsg.): **Möbel aus Kunststoff.** Katalog Weil am Rhein 1990.

Disegno radicale

Ambasz, Emilio / Museum of Modern Art, New York: **Italy. The new domestic landscape.** Achievements and problems of Italian design. Katalog New York 1972.

Breuer, Gerda / Plüm, Kerstin / Peters, Andrea / Bergische Universität – Gesamthochschule Wuppertal, Lehrstuhl für Kunst- und Designgeschichte: **Die sechziger.** Positionen des Design. Köln 1999.

Höger, Hans: **Die Architettura Radicale und ihre Bedeutung für die Designentwicklung seit den Sechzigerjahren in Italien.** In: Institut für Innenarchitektur und Möbeldesign (Hrsg.): Dienende Möbel. Dokumentation des 8. Weißenhofseminars an der Staatlichen Akademie der bildenden Künste Stuttgart 1990. S. 14–25.

Internationales Design Zentrum Berlin e. V. in Zusammenarb. mit d. Bundesverb. d. Dt. Industrie Köln (Hrsg.): **Design als Postulat am Beispiel Italien.** Katalog u. Anthologie zur Ausstellung im IDZ Berlin. Köln 1973.

Schepers, Wolfgang (Hrsg.): **68' Design und Alltagskultur zwischen Konsum und Konflikt.** Köln 1997.

Von der Funktionalismus-Kritik zum Neuen Design

Albus, Volker (Hrsg.): **Gefühlscollagen.** Wohnen von Sinnen. Katalog Köln 1986.

Albus, Volker / Borngräber, Christian: **Design Bilanz.** Neues deutsches Design der 80er Jahre in Objekten, Bildern, Daten und Texten (DuMont Dokumente). Köln 1992.

Albus, Volker / Fischer, Volker: **13 nach Memphis.** Design zwischen Askese und Sinnlichkeit. Hrsg. im Auftr. des Dezernats für Kultur und Freizeit der Stadt Frankfurt a. M. vom Museum für Kunsthandwerk. Katalog München / New York 1995.

Baake, Rolf-Peter / Brandes, Uta / Erlhoff, Michael: **Design als Gegenstand.** Der neue Glanz der Dinge. Berlin 1984.

Bertsch, Georg Christof: **Der Wasserkessel von Michael Graves (Design-Klassiker).** 2. unverändert. Aufl. Frankfurt a. M. 1999.

Borngräber, Christian (Hrsg.): **Das Deutsche Avantgarde – Design, Möbel, Mode, Kunst und Kunstgewerbe.** Kunstforum International. Die aktuelle Zeitschrift für alle Bereiche der bildenden Kunst (Köln). Bd. 82. 1985/86.

Literaturverzeichnis

Branzi, Andrea: **La casa calda.** Esperienze del nuovo design italiano. Mailand 1984.

Darius, Veronika / Jockel, Nils: **Design Dasein.** Ausgewählte Objekte zum Sitzen, Stellen und Leben. Katalog Hamburg 1987.

Eisele, Petra: **BRDesign.** Deutsches Design als Experiment seit den 1960er Jahren. Köln/Weimar/Wien 2005.

Fischer, Volker: **Design heute.** Maßstäbe: Formgebung zwischen Industrie und Kunst-Stück. Katalog München 1988.

Gura, Judith: **Postmodern design complete.** London 2017.

Hauffe, Thomas: **Fantasie und Härte.** Das »Neue deutsche Design« der achtziger Jahre. Gießen 1994.

Museum für Kunst und Gewerbe Hamburg (Hrsg.): **Möbel perdu – Schöneres Wohnen.** Katalog Hamburg 1982.

Radice, Barbara: **Ettore Sottsass.** Leben und Werk. München 1993.

Radice, Barbara: **Memphis.** The new international style. Milano 1981.

Sato, Kazuko: **Alchimia.** Italienisches Design der Gegenwart. Berlin 1998.

Design heute

Aisslinger, Werner: **Fast forward.** Ludwigsburg 2010.
Albus, Volker: **Der Bookworm von Ron Arad.** Frankfurt a. M. 1997.
Antonelli, Paola [u. a.]: **Ron Arad: No Discipline.** Katalog New York 2009.
Barley, Nick (Hrsg.): **Lost & found: Lust und Verlust.** Kritische Stimmen im britischen Design heute. Basel/Boston/Berlin 1999.
Borka, Max (Hrsg.): **Nullpunkt.** Nieuwe German Gestaltung. Katalog Bielefeld/Leipzig 2009.
Böhm, Florian: **KGID. Konstantin Grcic Industrial Design.** London 2005.
Boom, Irma / Schouwenberg, Louise: **Hella Jongerius.** Misfit. London / New York 2010.
Bramston, David: **Basics Product Design 02: Material Thoughts.** Lausanne, Switzerland / La Vergne, TN 2009.
Dyson, James: **Sturm gegen den Stillstand.** Hamburg 2004.
Eisele, Petra / Gaugele, Elke (Hrsg.): **Technonaturen.** Design & Styles (Schriftenreihe Akademie der Bildenden Künste Wien). Wien 2008.
Eisele, Petra / Bürdek, Bernhard E. (Hrsg.): **Design, Anfang des 21. Jh.** Diskurse und Perspektiven. Ludwigsburg 2011.
Fairs, Marcus / Wanders, Marcel: **21st century design.** New

Literaturverzeichnis

Design Icons from Mass Market to Avantgarde. London 2011.

Fremdkörper – Designstudio: **Fremdkörper.** Modern furniture. 150 years of design = Meubles modernes = Moderne Möbel. Potsdam 2012.

Geiger, Annette (Hrsg.): **Spielarten des Organischen in Architektur, Design und Kunst.** Berlin 2005.

Greenhalgh, Paul: **The persistence of craft: the applied arts today.** New Brunswick, N.J. 2003.

Le-Mentzel, Van Bo: **Build More, Buy Less.** Konstruieren statt konsumieren. Ostfildern 2012.

Lovell, Sophie: **Limited Edition.** Prototypes, One-Offs and Design Art Furniture. Basel 2013.

Malpass, Matthew: **Critical design in context.** History, theory and practices. London 2017.

Peters, Sascha: **Materialrevolution: Nachhaltige und multifunktionale Materialien für Design.** Basel 2013.

Ramakers, Renny / Bakker, Gijs: **Droog Design: Spirit of the Nineties.** Rotterdam 1998.

Ramakers, Renny: **Less + More.** Droog Design in Context. Rotterdam 2002.

Redhead, David: **Products of our time.** Basel/Boston/Berlin 2000.

Robert, Rebecca: **MoMA: Highlights Since 1980.** 250 Works from The Museum of Modern Art, New York. New York 2007.

Schulze, Sabine / Grätz, Ina: **Apple design.** Katalog Ostfildern 2011.
Terstiege, Gerrit (Hrsg.): **The Making of Design: Vom Modell zum fertigen Produkt.** Basel 2013.
Vegesack, Alexander von / Schwartz-Clauss, Mathias (Hrsg.): **Antibodies.** Antikörper. Fernando & Humberto Campana 1989–2009. Weil am Rhein 2009.
Wagner, Monika / Rübe, Dietmar: **Material in Kunst und Alltag.** Berlin 2002.
Zeller, Ursula (Hrsg.): **Bewußt, einfach.** Das Entstehen einer alternativen Produktkultur. Katalog Stuttgart 1998.

Abbildungsnachweis

Alle Informationen zu diesem Buch wurden sorgsam und gründlich recherchiert. Sollten sich bei der Fülle von Einträgen (Objekte, Designer, Produkte, Jahreszahlen) dennoch Ungenauigkeiten ergeben haben, freuen sich die Autorin und der Verlag, Hinweise zu erhalten.

© Alessi s. p. a. – Crusinallo, Italien: 288, 310 (Zeichnung: Michael Graves), 326 (Foto: Stefan Kirchner)
Arzberg Porzellan GmbH, Selb: 86
Bauhaus-Archiv Berlin / VG Bild-Kunst 2019: 64
Cintia Barroso Alexander, Wuppertal: 142
Braun GmbH, Kronberg: 210
Dyson GmbH, Köln: 334
© 2014 Eames Office, LLC (eamesoffice.com): 120, 124, 130, 132, 154
erede Ettore Sottsass / VG Bild-Kunst, Bonn 2024: 258, 294
Esselte Leitz GmbH & Co. KG, Stuttgart: 28
F. L. C. / VG Bild-Kunst, Bonn 2024: 78, 80
gdb.de: 252
Germanisches Nationalmuseum, Nürnberg: 70
© HfG-Archiv, Ulmer Museum, Ulm: 134, 170 u., 208, 236
Iittala: 108
© Inter IKEA Systems B.V. 2011: 356
Knoll International, Mailand: 150 o.
KPM Königliche Porzellan-Manufactur Berlin GmbH: 98

Kunstflug (Bartels, Fischer, Hullmann), Foto: Walter Vogel, Frankfurt: 312
Margarete Steiff GmbH: 40
Nils Holger Moormann GmbH: 308, 322
picture-alliance/dpa: 302
Porsche-Werkfoto: 214
Prym Consumer Europe GmbH, Stolberg: 22
REUTERS / Jeff Zelevansky: 360
SCHOTT Archiv: 88
Stelton, Kopenhagen: 276
THONET GmbH, Frankenberg: 24, 38, 76
© VG Bild-Kunst, Bonn 2024: 60, 62, 64, 74, 78, 80, 84, 88, 106, 112, 162, 170, 254, 296, 352
Victorinox AG, CH-Ibach: 26
© Vitra Design Museum Archiv: 238
Vitsœ Ltd., London: 204
Volkswagen AG, Wolfsburg: 270
WMF AG, Geislingen: 162
www.dieterschwer.com: 178
www.fritzhansen.com: 146, 172, 186, 188
www.stiletto.de (Foto: Idris Kolodziej) / © VG Bild-Kunst, Bonn 2019: 296
Zanotta Spa – Italy: 170 o., 182, 266
Zürcher Hochschule der Künste: 118 o.

Dank. Besonderes habe ich den beiden Gestalterinnen Sarah Schmitt und Anja Weßner zu danken, die noch während ihres Studiums an der Mainzer Hochschule mit diesem Gestaltungskonzept überzeugt und nicht nur ihr Buch-, sondern auch ihr Bildkonzept umgesetzt haben, das sich jenseits gewohnter Bildstereotypen verorten will. Betreut wurden sie von meinem Kollegen Johannes Bergerhausen mit großem typographischen und gestalterischen Feingefühl. Auch ihm gilt mein besonderer Dank. Dem Reclam-Verlag danke ich für die besonders konstruktive und vertrauensvolle Zusammenarbeit. Für die zweite Auflage hat mit Peter Frank wertvolle Hinweise gegeben – auch ihm herzlichen Dank.